厦门大学经济学系列教材

政治经济学

资本主义部分

（第五版）

主　编　刘熙钧
副主编　李秉濬

厦门大学出版社 XIAMEN UNIVERSITY PRESS
国家一级出版社
全国百佳图书出版单位

前　言

厦门大学经济学专业1998年经教育部批准为国家经济学基础人才培养基地。为了加强基地建设，提高基地班学生的经济学基本理论素质，我们根据教育部对国家经济学基础人才培养基地建设的要求，对经济学专业的课程体系进行了一定的调整，并组织力量对各门主要课程的教材进行修订。这次修订的原则是：第一，根据基地班学生的培养目标及其要求，更加注重教材的理论性和系统性；第二，根据经济实践和经济理论的新发展，补充了一些新的内容；第三，每本教材的每一章后面，都开列一些思考题和指定参考书，以开拓学生的思路，扩大学生的知识面。

这套教材包括：《政治经济学（资本主义部分）》、《政治经济学（社会主义）》、《宏观经济学》、《微观经济学》、《经济计量学》、《西方经济学流派》、《发展经济学》、《世界经济概论》、《国际经济学》、《中国经济史》、《外国经济史》、《中国经济思想史》、《外国经济学说史》、《农业与农村经济学》、《人口、资源与环境经济学》、《信息经济学》，共16本。本来包括在本套系列教材之内的《〈资本论〉选读》已由厦门大学出版社先行出版，《〈资本论选读〉讲座》、《马克思经济学说》、《中国社会主义经济论纲》、《世界经济学》4本教材另由中国财政出版社出版。

基地班其他一些主干课程的教材，如《财政学》、《货币银行学》、《统计学》、《会计学》等，已包括在厦门大学经济学院组编的另一套厦门大学财经类系列教材中，不再列入本经济学系列教材。

限于编者的水平，本套教材还存在许多不足，敬请读者批评指正。

庄宗明

2000 年 8 月 9 日

目　　录

第一章　导　论

政治经济学，又称经济学，本书说的是马克思主义政治经济学。马克思的经济学是马克思主义的三个组成部分的主要内容，是马克思理论最深刻、最全面、最详细的证明和运用。因为它是马克思主义哲学观的具体运用，又是科学社会主义的理论依据，所以，它在马克思理论体系中占有极其重要的地位。

第一节　政治经济学的对象

马克思主义政治经济学是研究社会生产关系及其发展规律的科学。人们从事社会经济活动的最主要内容就是进行物质资料的生产，以便满足物质生活的消费需要。因此，以生产关系为研究对象的政治经济学，要探寻其内在规律性，就必须把物质资料生产活动作为研究的载体，即从人们的物质生产活动过程中去研究人们相互之间发生的生产关系。

一、物质资料的生产是社会生产关系的载体

物质资料的生产，指的是人们按一定方式结合起来去改造自然并创造物质财富的过程。它是人类社会存在和发展的物质基础。人类首先是一定社会的人类，他们要生存，就必须有满足吃、住、

穿、用的基本生活资料，而这些物质资料却只能通过利用自然、改造自然的生产活动去取得，否则，人类无法生存，人类社会也无从存在。同时，人类不仅要求生存，而且还必须发展，因此只有物质资料生产发展了，物质生活才会不断丰富，生产活动以外的政治、科技、文化、艺术、教育、宗教等活动才能产生、存在和发展。所以，物质资料的生产和发展，是人类社会生存和发展的基础。人类社会发展到今天的状态和规模，归根到底都是物质资料生产逐渐发展的结果。

人们进行改造自然获取物质生活资料的生产活动，必须经过劳动过程。任何劳动过程都必须具备三个简单要素，即劳动、劳动对象和劳动资料。

劳动，是指人的劳动力有目的的发挥或支出。劳动力是潜伏在人身上的劳动能力，即人体中体力和脑力的综合存在。人从事生产活动而进行的劳动，就是人的体力和脑力的综合支出。可见，人是物质生产活动的主体。作为生产活动主体的人，要进行劳动，必须具备一定的生产经验和劳动技能。因此，更确切地说，有一定生产经验和劳动技能的人按特定的目的而支出劳动力，就是劳动。

劳动对象，是指人的劳动加工在它上面的一切东西，即劳动作用的客体。这种客体有天然存在的东西，也有已被劳动加工生产过的东西。前者如原始森林中的树木和地下的矿藏等，后者如织布厂用的棉纱和机器厂用的钢材等原料或原材料。此外，燃料、辅助材料也归入劳动对象。

劳动资料又叫做劳动手段，是指人们用来影响或改变劳动对象的一切东西。它包括生产工具、生产用的建筑物(如厂房、仓库等)、土地、道路等等。在所有的劳动资料中，生产工具是最主要的。人在劳动中制造和使用生产工具的进步，从原始的石器到现代的机器设备、自动化系统和信息技术的演进，标志着人改造自然的能力不断提高。

从上述三个要素可见，人有目的的劳动是生产中的能动的主体要素，劳动对象是被动的客体要素，劳动资料是主体要素作用于客体要素所借助的手段要素。人们通过有目的的劳动，借助劳动资料作用于劳动对象，创造出物质产品，这就是现实的物质资料的生产。在这三个要素中，人的劳动概括起来有两个特点：第一，人的劳动是有目的的劳动，它不同于动物的本能活动；第二，人使用生产工具进行劳动，并且只有人类才能创造生产工具。劳动对象和劳动资料统称为生产资料，是生产必备的物质条件。因此，现实的物质资料的生产，简单地说，就是人的劳动和生产资料有机结合起来，创造人类生存和发展所需要的物质产品的过程。

二、社会生产的两个方面：生产力和生产关系

物质资料的生产作为社会生产，不仅是人改造自然的过程，即表现为人与自然的关系，与此同时，必然还要在人与人之间发生一定的社会关系。前一种关系标志着人改造自然能力的高低，称为生产力或社会生产力；后一种关系反映生产过程中所发生的生产关系或社会生产关系。这也就是说，社会生产就是人们在一定的生产关系下去改造、变革自然，生产出物质资料。因此，生产力和生产关系是任何社会生产不可欠缺的两个方面。

生产力是社会生产的自然方面，是人们改造、变革和征服自然的能力。这种能力的高低是由构成生产力的三要素所决定的，即(1)具有相当生产经验和劳动技能的劳动者；(2)劳动资料；(3)劳动对象。①

生产力的构成要素反映人与物的关系，在它们的相互关系中，劳动者这一人的要素，是基本的生产力。这是因为：(1)人是生产活

① 关于生产力的构成，我国经济学界也有二要素论者，认为生产力只包括劳动者和生产工具(劳动资料)两项，不包括劳动对象。

动的主体和能动的因素，任何生产过程都是人主动地利用他的生产经验和劳动技能，去发挥他的劳动能力，去使用生产工具和其他劳动资料加工劳动对象，创造物质产品。(2)人是生产工具的操作者和劳动对象的使用者，离开了人，任何先进的生产工具都只是死的东西，不能发挥其生产物质条件的优势，久而久之，就会被氧化而生锈或腐烂，成为一堆废物。(3)人不仅是生产工具的使用者，而且还是生产工具的制造者，任何生产工具都是人创造发明并制造出来的；劳动对象中也有许多是人制造出来的，现代的合成材料更是人通过复杂的认识研究过程而发现、发明和制造出来的。

劳动资料特别是生产工具，是生产力发展水平的物质标志，是人类劳动力发展的测量器，是劳动依以进行的社会关系的指示器。这是因为，任何不同经济时代的划分，从物质的角度去看，不在于该时代能生产出什么产品，而在于它使用什么生产工具或劳动资料去进行生产，从而标志着人们改造自然能力的高低。换言之，人们使用的生产工具，其自然性能的复杂程度，才是衡量人控制自然界的能力的尺度。从社会的角度去看，使用的生产工具进步了，预示着或迟或早要引起社会生产关系发生变化，出现崭新的社会生产关系。

劳动对象与劳动资料一样，都是生产力构成中的物的因素。这不仅是因为没有劳动对象就无从生产物质产品，而且还因为劳动对象的质量，对于劳动产品的质量和数量具有重大的影响。特别是当代科学技术革命，正在引起劳动对象的革命性变革，如核能、太阳能、地热能等能源的利用，人工合成材料的利用等等。此外，当代许多新型的原材料因具有特殊的性能，成为制造高效率生产工具和机器体系的重要前提。因此，本书采用三要素论。

在生产力中，无论是人的因素还是物的因素，都是与一定的科学技术密切结合着的。任何一种新科学技术的发现、发明和应用于生产，将直接引起生产工具的进步和发展、劳动对象的优化和创新，而劳动者操作新生产工具和使用新劳动对象，又将引起劳动者科技文化素质的提高和劳动技能的发展，使生产力的发展达到一个新的水平。由此可见，新科技的出现是先导性的，现实生产力的发展是后续性的。随着当代科学技术的迅速发展，人们越来越把科学技术看成是第一生产力，并且更加重视科技迅速转化为现实生产力的过程。马克思从这个意义上认定“生产力中也包括科学”①。当代世界生产力的巨大发展，充分证明马克思预见的正确性。

生产关系是生产的社会方面，即物质资料生产赖以进行的社会形式。如上所述，任何生产都是社会生产，人们进行生产活动总是在某种特定社会范围里进行的，他们不能脱离社会而孤立进行。因为在改造自然的生产过程中，人与人之间总要发生一定的社会联系和社会关系，互相影响，互为对方提供生产条件，直接间接地互相交换各自的活动。总之，人们只有以一定方式结合起来共同活动，才能进行生产。由此可见，所谓生产关系，是指人们在物质生产过程中发生的社会关系，即经济关系。生产关系是一切社会关系中最基本的关系，在阶级社会中它表现为阶级关系。

综上可见，生产力是社会生产的物质内容，生产关系则是它的社会形式。作为社会形式的生产关系有狭义和广义之分。狭义的生产关系是指直接生产过程中结成的人与人之间的关系。应该看到，生产过程在事实上总是再生产过程，再生产由生产（直接生产过程）、分配、交换、消费四个环节周而复始，构成一个有机的统一体。因此，广义的生产关系就是指包括生产、分配、交换、消费诸关系在内的生产关系体系。

广义的生产关系这四个环节之间的相互联系、相互制约的辩证关系，就是人们在社会生产总过程中的经济关系的总和或生产关系的总和。详细而论，直接生产过程是再生产过程的出发点，发

---

① 《马克思恩格斯全集》第 46 卷（下），第 211 页。

挥着决定作用。它一方面表现为生产的物质成果决定分配、交换、消费的物质内容，生产的数量和品种，决定分配、交换、消费的数量和品种；另一方面表现为生产的社会形式即生产关系决定分配、交换、消费诸关系。这也就是说，狭义的生产关系的性质和结合方式决定分配关系、交换关系、消费关系的性质和方式。此外，分配、交换、消费也对生产起着促进或阻碍的反作用。当它们在上述两方面都适应于生产时，就会促进生产的发展；反之，就会阻碍甚至破坏生产的发展。

在生产、分配、交换、消费的相互关系中，分配、交换、消费各自还有其丰富的内容。分配包括生产产品中个人消费品的分配与生产资料、劳动力在各生产部门的分配两类。前者供社会成员直接生活消费之需；后者却是生产过程依以进行的前提条件，它决定生产的结构和产品的结构，它服从生产关系的制约，决定生产的数量和品种，从而决定供个人生活消费的数量和品种。交换包括生产成果的交换和生产者互相交换各自的劳动两类。随着社会生产发展程度的不同，生产成果的交换又分为产品交换和商品交换。这种交换方式的选择，交换往深度、广度的发展，交换的性质归属，都是取决于生产关系的。而生产者互相交换其劳动的行为，事实上是发生在生产过程之中的，属于狭义的生产本身。其交换劳动的方式是采取简单协作方式还是采取分工协作方式，则取决于劳动者与生产资料的特定结合方式，而这种特定的结合方式又终归是取决于生产关系的。消费包括个人的生活消费和生产消费两类。前者的数量、品种、结构等等的发展变化，反映生产关系的发展变化。后者无论是生产资料的消耗还是劳动力的支出，事实上也都是生产过程的事情，实际上就是生产本身。生产消费的省与费，物质内容的简单与复杂，生产资料的先进与落后，劳动者素质和效能的高与低，本身就是生产力和生产关系发展水平的标志。由此可见，我们在认识生产、分配、交换、消费诸环节的作用和反作用的辩证关系时，必须把这些复杂关系也包含在考察范围之内。

综上可见，社会生产是生产力和生产关系相互关系的辩证统一。

三、政治经济学的研究对象是生产关系

社会物质生产是政治经济学找寻其研究对象的载体，而不是对象本身；政治经济学不是自然科学，它不以社会生产中的生产力为研究对象。政治经济学的研究对象是生产关系，因而政治经济学属于社会科学。生产关系是生产、分配、交换和消费诸环节构成的诸社会关系的总和。但是如上所述，在这四环节中，除了反映生产总过程的人与人的关系外，还有错综复杂的人与物的关系和物与物的关系，而露在表面的恰恰是这种物的关系，它掩盖着人与人的关系，从而政治经济学要研究人的关系，就不能撇开物的关系而不顾，必须把繁杂的物的关系条理化，揭示其背后的生产关系，即从物质资料生产的经济活动过程中，去发掘被其掩盖着的社会关系本质。这正像马克思在他专述资本关系的《资本论》序言中所说的那样："我要在本书研究的，是资本主义生产方式以及和它相适应的生产关系和交换关系。"①

物资资料的生产过程又是再生产过程，表现为物质资料生产的总过程。这个总过程是以四个环节互相作用与反作用的运动过程展示出来的，因此，政治经济学以生产关系为研究对象，不是研究静态的生产关系，而是研究动态的生产关系。政治经济学是研究社会生产关系运动、发展、变化规律的科学。鉴此，恩格斯把政治经济学具体规定为"一门研究人类各种社会进行生产和交换并相应地进行产品分配的条件和形式的科学"②。这样，政治经济学作为

---

① 《马克思恩格斯全集》第 23 卷，第 8 页。

② 《马克思恩格斯选集》第 3 卷，第 189 页。

一门科学，本身又分为狭义政治经济学和广义政治经济学。前者是研究资本主义社会生产关系及其运动规律的科学；后者是研究人类各种社会生产关系及其运动规律的科学。本书研究的是狭义的政治经济学。

生产资料所有制是整个生产关系的基础，它决定着生产关系的性质，因此，它是区别不同类型生产关系的主要标志。生产力和生产关系的互相适应与不适应，生产力发展的快速与缓慢、先进与落后，生产关系的巩固与动摇、变革与更替，都主要是从生产资料所有制入手去解决问题的。这是因为劳动者与生产资料的社会结合方式取决于生产资料所有制，而劳动者与生产资料的社会结合方式又直接影响生产力的发展和人们在生产过程中的地位与相互关系。以上说明，政治经济学必须重视对生产资料所有制的研究。

生产资料所有制对生产关系的基础作用不是自发形成的，它必须建立一整套适合于经济运动及其发展规律的经济体制和经济机制体系，保证社会经济活动能够正常地运行。因此，在现有生产资料所有制范围里的经济调整，往往表现为经济体制和经济机制的变动。政治经济学理所当然地不能忽视对经济体制和经济机制的研究。

第二节 政治经济学和经济规律

学习政治经济学就有必要了解这一科学名称的历史渊源。最早启用“政治经济学”一词的是17世纪初重商主义学派的蒙克莱田。19世纪中叶诞生的马克思的经济学说沿用了“政治经济学”这一科学名称，其任务是探究社会经济现象和经济过程本身所固有的、本质的、必然的联系，揭示这种联系的内在客观规律性，即经济规律。

一、政治经济学或经济学

本书所说的政治经济学指的是马克思主义的政治经济学，而非其他学派的政治经济学。政治经济学，就其考察的范围来看，它不是既包括政治领域又涵盖经济领域的科学，而是专门考察社会经济结构诸方面运动和变化的科学。就此而言，它也称为经济学。政治经济学作为科学名称，并不是马克思的首创，更不是马克思主义经济学的专称；不论什么学派的经济学，也都分别是该学派的政治经济学。

政治经济学成为现代意义的一门独立科学，作为专门研究商品经济的科学，是伴随着资本主义商品经济的建立和发展而逐渐形成的。在此之前，虽然在色诺芬(公元前 430－354 年)的《经济论》和亚里斯多德(公元前 384－322 年)的《政治学》里有专篇探讨经济学的研究对象，但它们都是研究奴隶主家庭经济的管理，颂扬自然经济，称不上现代意义的独立科学。

作为独立科学的经济学发端于重商主义学说。17 世纪初，法国重商主义者蒙克莱田(1577－1622 年)在 1615 年出版了一本名为《献给国王和王太后的政治经济学》的书。在这本书中，最早出现了"政治经济学"一词，也是经济学首次被称为政治经济学。之所以这样，意思是表明其研究的经济问题已超出家庭或庄园经济的范围，而是涉及国家或社会的经济问题，即阐明社会结构的经济学说。从此以后，"政治经济学"一词就逐渐被经济学家们广泛使用，成为一门独立的科学，并经历过不同的历史阶段，出现了种种的经济学说。既然"政治经济学"已经从社会结构出发去研究经济问题，而不再以研究家庭经济为己任，那么省略了"政治的"这一定语的"经济学"，也已经就是"政治经济学"了。19 世纪中叶问世的马克思的经济学说，理所当然地也使用"政治经济学"这一名称。

自从具有现代意义的经济学说诞生以来，各学派的经济学说，尽管有不同程度的先后继承性，有其不同乃至相对立的学术观点，但大体说来，都以探讨商品经济为其内容。历史上一些著名经济学家对他们各自的著作，大致采用三类名称。一是用“政治经济学”为书名。如1817年出版的李嘉图的《政治经济学及赋税原理》，1848年约翰·穆勒发表的《政治经济学原理》，还有边沁、萨伊、马尔萨斯、西斯蒙第、琼斯等知名经济学家的著作，均使用“政治经济学”为书名。另一是以“经济学”为其著作命名。如1890年问世的马歇尔的《经济学原理》，1887年考茨基发表的《马克思的经济学说》，列宁在1913年撰写的《卡尔·马克思》中有一节题为“马克思的经济学说”，1928年有河上肇的《经济学大纲》，还有1948年初版的萨缪尔森的《经济学》以及近期的斯蒂格利茨所著的《经济学》，等等。又一是以其经济学著作的主题而另辟书名。有趣的是三位划时代的经济学大师都是这样做的。斯密在1767年发行的经济学著作谓之《国民财富的性质和原因的研究》（即《国富论》），1865年马克思发表的经济学巨著叫做《资本论》（政治经济学批判），20世纪30年代问世的凯恩斯的名著叫做《就业、利息和货币通论》，等等。

通观以上三类经济著作的不同名称，可以看到，在经济学说的发展历史上，只有不同学派、不同理论观点和理论体系的区分，而没有所谓政治经济学与经济学的区别。

二、经济规律的客观性、特点及其类型

马克思主义政治经济学揭示的生产关系及其运动的规律，通称为经济规律。经济规律是经济现象和经济运动过程本身所固有的、本质的、必然的联系。这种内在的联系通过文字组织并阐述成为理论体系，就是政治经济学的著作。

一个社会的经济运动总是受它内在的客观必然性支配着的，因而有一定的规律性可循。但是这种规律性不是单一的，而是由许

多经济规律构成经济规律体系在综合发挥作用。这是因为:(1)一个社会的生产关系是覆盖生产、分配、交换、消费的全过程的,因此,其中每个环节都必然有其各自运动的规律性。(2)每个社会之间,后来社会对先前社会都有继承性和连贯性,因此必然有覆盖一切社会或多个社会的共同的经济规律。

经济规律是在一定的经济条件,即在一定的生产关系的基础上产生和发生作用的。当这些经济条件不存在时,与它有关的经济规律也就退出历史舞台。可见,经济规律同自然规律一样,具有客观必然性,它不以人们的意志为转移,而且反而决定人们的意志。这就是说,不管人们是否喜欢它,是否认识它,只要某种经济条件存在,同这种经济条件相联系的经济规律就必然存在并发生作用。人们不能凭自己的意志或法律随意创造或废除经济规律,也不能改造经济规律。人们从事任何经济活动,只能顺应经济规律而不能违背它的客观要求,否则,就会在实践中失败,受到客观经济规律的惩罚。这就是经济规律的客观性。

任何客观存在的事物都是可以被认识的,因此,人们在客观存在的经济规律面前并不是无能为力、莫衷一是而束手无策的。人们经过反复实践而积累经验,不断学习而提高认识能力,是能够发现未曾被认识的经济规律的,是能够加深认识前人已经发现的经济规律的必然性的,从而,能够遵循经济规律所揭示的客观必然性,克服主观盲目性,按照经济规律的要求去进行经济活动和经济变革,为人们谋福利。这就是说,经济规律是可以认识和利用的。

经济规律属于社会规律,当然有别于自然规律,主要表现在:大多数经济规律不是长久存在的,而只是在一定历史时期发生作用;只有少数经济规律是一切社会形态或多个社会形态所共有的。在各个不同的社会里,都存在着自己特有的经济规律,其中起主导作用的是基本经济规律。基本经济规律表现一定社会生产的特殊本质,决定该社会生产发展的一切主要方面和主要过程,如剩余价值规律便是资本主义社会的基本经济规律。其他特有的经济规律，则决定该社会生产发展的个别方面和个别过程，并受基本经济规律的制约。一切社会形态共有的经济规律，如生产关系一定要适合生产力性质的规律，决定各个社会生产发展的某些共同本质。多个社会形态共有的经济规律，如价值规律，作用于多个社会生产。只要哪个社会存在商品生产的经济条件，哪个社会就存在价值规律并发生作用。这一特点实际上把经济规律区分为三种不同类型。

经济规律的另一特点是，在阶级社会里，人们利用经济规律总是有阶级背景的。虽然经济规律如同自然规律一样，它本身没有阶级性，但是由于经济规律是生产关系及其运动的规律，而在阶级社会里的生产关系表现为阶级关系，所以，人们认识和利用经济规律是要受各自阶级利益所左右的。每一个时代的先进阶级及其代表人物总是要利用经济规律来促进社会的发展，腐朽没落阶级及其代表人物则对此顽固地进行反抗。

各个社会形态不仅以自己特有的经济规律彼此区别开来，而且以一切社会形态共有的经济规律互相联系着。人类社会的发展已经相继出现了五种生产方式，即五种社会经济制度：原始公社制度、奴隶制度、封建制度、资本主义制度和社会主义制度。各种社会经济制度的性质不同，生产关系及其运动规律也不一样。因此，政治经济学应该根据生产关系发展的不同历史阶段，揭示出各个社会特有的经济规律，然后才能在这个基础上揭示出各个社会共有的、最普遍的规律。

研究特有的经济规律是为了探寻该社会经济运动的内在动力和冲突、激励和制约因素以及发展方向。研究共有的经济规律是为了探寻不同社会经济制度顺序更替的必然性，以便适时地顺应这种过渡或飞跃；同时也为了探寻不同社会经济运动所必须遵循的共同适用的经济规律，以防超前否定经济规律依以存在的客观经济条件，避免遭受仍在发挥作用的经济规律的惩罚。

三、生产关系一定要适合生产力性质的规律

作为单个社会特有的资本主义经济规律和几个商品社会共有的价值规律，是本章以后各章详细阐述的内容。这里专门阐明一切社会共有的规律，即生产关系一定要适合生产力性质的规律，也称之为生产力、生产关系相互关系的规律。

生产力和生产关系的统一，是对立的统一。在这个对立统一体中，生产力是矛盾的主要方面，起着决定作用。有什么样的生产力，就要求有什么样的生产关系与它相适应。在社会生产中，生产力是最活跃、最革命的因素，它处于不断发展变化之中。这说明生产力发展有其自身的内部动力，这种动力来自它自身的内部矛盾，即生产力诸要素之间的矛盾不断发生和不断解决，推动整个生产力系统不断自我更新和发展。

肯定生产力对生产关系的决定作用和生产力自身的内在动力，并不等于否定生产关系对生产力有巨大的反作用。生产关系作为生产的社会形式，是生产力发展变化的外部原因或最重要的社会条件，当生产关系适合生产力的性质和发展水平时，它能够强有力地推动生产力的发展。但是一种生产关系一经建立，则处于相对稳定的状态，它会逐渐变得不适合生产力发展的要求，阻碍生产力的发展，并终归演变成生产力的桎梏。这时，生产力就要求冲破生产关系的束缚，变革旧的生产关系，建立与之相适应的新生产关系。必须严肃地指出，生产关系的变革，是一场尖锐的革命斗争，它必须以生产力的充分发展为物质基础，当原来的生产关系所能容纳的全部生产力发挥出来以前，它是决不会灭亡的；而新的更高的生产关系，当它存在的物质条件在旧社会的胎胞里成熟以前，是决不会出现的。因此，无论从“左”的方面还是右的方面去对待生产关系的变革问题，都将引起生产力乃至整个社会经济发生紊乱。只有按生产力和生产关系辩证关系的理论去指导革命实践，才能有效

地推动人类历史的发展。

一定的生产关系总和，构成社会的经济基础。在这个基础上建立的与它相适应的政治、法律制度和社会意识形态，是社会的上层建筑。在经济基础与上层建筑的对立统一体中，经济基础起决定作用。随着经济基础的变革，全部庞大的上层建筑也会或慢或快发生变革。但是上层建筑具有相对独立性，当新的经济基础建立后，旧的上层建筑残余，特别是旧的意识形态并不会轻易退走，必须经过长期复杂的变革过程，才能使新的上层建筑完善化，与新的经济基础相适应。

上层建筑对经济基础有巨大的反作用，它总是为自己的经济基础服务的。新的先进的上层建筑是摧毁旧的经济基础和促进新的经济基础形成、巩固、发展的强大力量；旧的腐朽的上层建筑，则是维护过时的经济基础，阻碍新的经济基础的产生、巩固和发展的反动力量。在阶级社会中，旧的上层建筑，特别是旧的国家机器，总是顽固地维护旧的经济基础，阻止新经济基础的建立。所以革命阶级要变革旧生产关系，建立新经济基础，以适应和促进生产力的发展，必须与旧上层建筑展开艰苦复杂的反复较量。在阶级社会里，尤其是这样。

一个社会发展到高度成熟阶段，标志着新的生产力已经发展到一定的相当高度，但是原有生产关系的相对稳定性，却越来越显出其顽固的惰性。这时，生产力的发展自然强烈地要求冲破原有生产关系的束缚，建立与之相适应的、新的生产关系。新生产力越是要求改变旧生产关系，原有的生产关系连同其上层建筑就越是顽强地维护自己的统治地位。所以，在新旧社会制度的更替过程中，生产关系一定要适合生产力性质的规律的作用，往往表现得最为突出和明显。新旧社会的更替是如此，在某一特定社会的发展过程中也是如此。每一个社会的发展都表现为漫长的过程，其中，生产力在其内在动力的推动和生产关系的促进下，经过一段相当时间以后，它的物质内容的发展，往往要超过生产关系这一社会形式所能容纳的范围。这时，该社会的经济运行就会出现这样那样的阻滞。其实，这就是现有生产关系已经在局部或在某些环节上不适合生产力发展的突出表现。它启迪人们必须运用其上层建筑的巨大力量，对社会经济进行调整或对经济体制进行改革，为社会经济运行创造顺遂的内部条件和外部环境，为生产力的发展提供广阔的坦途。由此可见，所谓经济调整或改革，说到底就是调整或改革现有生产关系中那些不适合生产力性质的部分，使之符合生产关系一定要适合生产力性质这一规律的要求。

综上可见，生产关系一定要适合生产力的性质，是不以人们的意志为转移的客观规律。正是由于生产关系的产生、巩固、发展和更替，一定要以生产力为物质基础，并与上层建筑有密切关系，所以，政治经济学不能孤立地研究生产关系，而必须联系生产力对它的决定作用和上层建筑对它的反作用去研究生产关系。

本书不属于广义政治经济学，只是通过对典型资本主义社会经济运动进行系统分析，去阐明资本主义社会生产力与生产关系的相互关系，从而揭示该社会生产关系的实质及其走向更高阶段生产关系的必然性。

第三节　政治经济学的方法

学习和研究任何一门科学，都必须运用正确的、科学的方法，否则，不是徒劳而一事无成，就是歪曲研究对象的原貌，形成错误的观点，得出错误的结论。马克思创立的唯物辩证法，是研究政治经济学的基本方法。只有运用唯物辩证法，才能揭示一个社会经济现象和经济过程本身所固有的、本质的、必然联系，并利用这种必然性去组织社会经济运行，同时也才能认识社会经济制度更替的必然性，顺应其潮流而勇往向前。唯物辩证法这一基本方法的运用，是通过科学抽象法和逻辑方法与历史方法的统一而得到具体贯彻的。

一、唯物辩证法

唯物辩证法是建立在唯物论基础上的辩证方法，简单地说，它是运用对立统一规律、量变质变规律和否定之否定规律来研究客观事物的发展变化。马克思不仅把辩证唯物主义的观点和方法用来认识和解释自然，并且把它推广应用于人类社会的历史发展，创立了唯物史观。政治经济学既是社会科学又是历史科学，所以政治经济学的研究方法是唯物辩证法，更确切更全面地说，应该是唯物辩证法和唯物史观。运用这种观点和方法来研究政治经济学，解剖社会经济问题，就是从社会生活的各个方面中划分出经济方面，从一切社会关系中划分出生产关系。作为社会科学的政治经济学，所研究的不应该是物，但是生产关系总是被物掩盖着，并表现为物与物的关系，所以它必须通过对物质资料生产的研究去剖析出人与人的社会关系，并确认它是决定一切社会关系的最根本、最本质的关系。再从更深层次剖析下去，就会发现社会生产关系还不是社会发展的最终决定因素，因为这种社会生产关系还必须有它的物质基础，从而必须把生产关系归结于生产力性质或水平。这样来研究社会经济现象和经济过程，就把社会经济发展过程还原为一个不以人们意志为转移的自然历史过程。

社会经济发展表现为自然历史过程，不论就一种社会经济制度的发展而言还是从不同社会经济制度的更替来说，都是如此，即都是依循对立统一、量变到质变和否定之否定等规律揭示客观经济过程的发展变化的。一种社会内在的经济矛盾是推动该社会经济运动，由不成熟阶段到成熟阶段发展的根本动力；一种社会经济制度在其成熟过程中，必须进行生产关系的自我调整和经济体制、机制的改革，也就是从它的内在矛盾对立统一关系去说明其必要性的；一种社会经济制度向另一种社会经济制度的过渡，则是前者内在经济矛盾对立充分发展的结果，是后者胚胎在前者母体中孕育成熟的结果。以上这些社会经济过程既不是突发式的偶然奇迹，也不是随便离开其内在因素而作的外来式的主观强加。它们都是对立统一体从量变渐进到质变和经过否定之否定的螺旋式的上升过程。

唯物辩证法无疑地是认识、解释客观事物乃至社会经济过程本质关系的科学方法，经济学人只有认真刻苦地去熟练掌握它，才能正确把握马克思主义政治经济学的真谛。当然，随着人们运用唯物辩证法认识自然、认识社会的不断深化，人们对唯物辩证法的认识和掌握能力，也是不断发展的，唯物辩证法本身的丰富内涵也随之不断被洞悉，成为更加锐利的科学工具。

二、科学的抽象法

政治经济学运用唯物辩证法来研究生产关系，必须通过科学的抽象法来进行。因为政治经济学与自然科学不同，自然科学研究自然现象和自然过程所固有的本质的必然的联系，可以通过实验室的种种仪器进行实验，撇开实验客体中的非本质的、偶然的干扰因素，找到科学的结论。政治经济学是研究经济现象和经济过程所固有的本质的必然的联系，它不能在实验室里进行试验。每一个社会经济制度下交错纵横着许多庞杂零乱的经济现象和经济过程，其中有反映该时代的本质因素，又有过去时代的残余因素和未来时代的萌芽因素；它们之间既并行不悖地运行，又矛盾对立地存在。因此，要舍去错综复杂的种种干扰因素，探寻其本质的必然因素，就必须用科学的抽象方法去做排芜存真和去粗求精的分析工作。

科学的抽象法是从具体到抽象的研究方法和从抽象到具体的叙述方法的统一。作为研究方法，要求在研究经济现象和经济过程时，必须从占有大量具体材料入手，进行详细的科学分析，暂时舍去与本质无关的表面现象，揭开其内在的本质的必然联系，去认识经济运动规律。

在这样的经济研究过程中，人们的认识过程是：先对具体经济现象有广泛的感性认识，然后由这些感性认识逐步上升到对经济过程的理性认识，并在脑海中形成一系列的经济概念，即经济范畴。由此可见，经济范畴的形成实际上就是人们在研究分析经济现象和经济过程的关系时所进行的理论抽象。因此，经济范畴是社会生产关系在某一本质方面的理论表现或概括。例如商品、价值、货币、资本、剩余价值、利润、利息、地租等等都是经济范畴，这种由一系列经济范畴有序构成的理论体系，就是政治经济学丰富的科学内涵。

说到一系列经济范畴构成有序的理论体系，这已经涉及政治经济学的叙述方法了。概括说来，研究方法是从现象到本质，从具体到抽象，从复杂的经济现象概括出本质规律性。叙述方法则采取相反的途径，即由简单到复杂，从抽象到具体，从本质规定到现象说明。这样的叙述方法才能把研究所得，通过经济范畴的理论推演，以最简单的本质抽象为起点，有序地去对各个复杂的具体现象作出科学的说明，使之成为内在联系的理论系统。例如，只有首先说清价值范畴是商品关系的本质抽象，才能用它去揭示资本主义生产的实质是剩余价值生产，剩余价值是资本主义经济关系中抽象的、本质的范畴，然后运用剩余价值范畴去说明其具体形式如产业利润、商业利润、利息、地租等。这样，政治经济学上的源和流的问题，就明白无误地展现在读者的面前了，从而便于读者顺其思维的进程去获悉和把握社会经济制度产生、发展、更替的经济规律。

三、逻辑和历史相统一的方法

以上所说的叙述方法，其实就是按照经济范畴之间的逻辑关系，由抽象逐步上升到具体的推理发展进程。它已经涉及逻辑和历史相统一的方法。逻辑方法，是指经济学说以最简单的和最基本的经济范畴为思维活动的始点，而后依次推及与其直接相关的比较复杂和比较具体的经济范畴，进而又这样逐步上升到最复杂和最具体的经济范畴的逻辑发展进程。历史方法，是指经济学说所阐明的经济范畴的发展进程，是按照社会经济发展真实进程的轨迹而展开的。由此可见，前者说的是思维逻辑，后者说的是历史逻辑，两种方法对不同的研究课题来说有时可以是同向的，有时却不一定是同向的。作为政治经济学的方法，则要求逻辑方法与历史方法相统一。但是二者相统一并不等于相吻合，因为政治经济学运用历史方法，必须排除经济发展史进程中的偶然现象和干扰因素，进而阐述历史发展的内在必然性，否则，就与科学的抽象法相抵触了。例如，从商品、价值、货币的本质规定出发，进而说明货币怎样转化为资本和商品生产怎样从价值形成转化为价值增殖的资本主义商品生产。这样的逻辑发展，与历史上先有商品关系的产生，后来才有专门表现价值的货币关系的产生以及再后来才诞生资本雇佣劳动关系的历史发展是同向演进的。但是，政治经济学并非经济史学，它排除了每一个历史现象、历史事件和历史年代的描述。

必须指出，以上的几种方法，从不同角度着眼，在马克思的经济学中是同时并用的，而且在应用任何一种方法时，都离不开归纳和演绎或分析和综合等手段的娴熟使用。

四、其他方法的借鉴

以现代科学技术为标志的生产力的发展，引起了反映生产关系的经济体制模式及其运行机制的种种变化，世界各国的经济产生了许多新现象和新问题。因此，我们在运用马克思经济学去分析当代资本主义或社会主义的经济问题时，完全应该适应新的形势，引进现在流行的自然科学方法和经济科学方法。其实，马克思本人是最注意吸收自然科学和社会科学研究的新成果、新观点和新结论的。他早期曾运用法学的观点、方法研究社会经济问题，当他发现这样研究不能解决问题时，就努力探索并创立唯物辩证法去研究社会经济问题，取得了辉煌的成果。

根据上述精神，引进自然科学和西方经济学的某些方法，作为马克思经济学方法的补充或借鉴，不仅有必要，而且对于我们运用马克思经济学的基本原理去研究当代的新经济问题，是能够有方法论上的裨益的。例如，借助数学方法可分析经济发展中的量的规定和变化；运用系统论、控制论、信息论、协同论、耗散结构论等提供的方法论，可研究宏观经济调控问题；此外，西方经济学中的实证分析、均衡分析、边际分析、总量与个量分析、静态与动态分析等等方法，都应在马克思主义观点的基础上，有选择地引入到对经济理论和现实问题的研究中。

第四节　政治经济学的性质和意义

马克思主义政治经济学的性质回答的是它的科学性和阶级性的统一问题，这可以从它与其他经济学说作比较而得知。了解这一问题，对于我们自觉学习和掌握马克思经济学说的丰富内容，运用它所揭示的经济规律去把握社会经济发展动向，组织国民经济运行，改造主观世界，都具有重大的意义。

一、政治经济学的科学性

认识马克思主义政治经济学是一门科学，对于每一个读者都是非常重要的。因为，第一，只有按照科学本来的面貌和性质去学习政治经济学，才能真正领会和掌握它的科学内涵。第二，只有充分认识政治经济学的科学性，才不会故步自封地把这门科学的内容看成绝对真理，才能面对当代的新经济现象和新经济问题，不断探寻规律，发展真理。

所谓科学，就是透过事物的表层现象去挖掘其深层次的本质规律。事物的本质和现象如果任何时候都是一致的话，也就没有进行科学研究的必要了。以此为尺度去衡量一种经济学说，如果它停留在经济现象的描述上而不能论及或有意掩盖经济过程内在的本质规律，它就是非科学或伪科学；如果它只能触及并说明某些本质规律，它就是不够成熟的科学；如果它能透过经济现象，发现经济过程内在固有的规律体系并正确地描述出来，它就是成熟的科学，名副其实的科学。当然，成熟的科学并非真理的终结，它还必须在实践中不断发展和完善自身。马克思主义政治经济学就是这样一门科学。

马克思剔除德国古典哲学唯心论和形而上学的杂质，汲取其唯物论和辩证法的合理内核，创立了崭新的唯物辩证法这一科学的方法论，为解剖任何事物，从而也为解剖社会经济制度提供了锐利的方法和手段。马克思经济学说在唯物辩证法的方法论的基础上创立了唯物史观，把社会经济制度的存在、发展和更替，建立在生产力和生产关系对立统一运动的关系上，使之成为有客观规律可循的科学。马克思经济学说批判、继承了英国古典政治经济学的劳动价值论，创立了科学的商品学说，并在这一学说的基础上，通过商品内在价值规律作用的分析，发现剩余价值规律这一资本主义基本经济规律及其相关的资本规律体系，创立了崭新的剩余价值学说，把资本主义社会经济制度产生、蓬勃发展和最终过渡到社会主义社会经济制度的客观必然性，作了淋漓尽致的论述。同时，在科学眼光所能达到的范围内，对未来的社会主义、共产主义社会的基本模式，作了预测性的科学启示。这样，就使政治经济学能够摆脱形形色色的偏见和束缚，成为一门完整、成熟、严密和系统的科学。

政治经济学是一门科学，我们应该用科学的态度对待科学，任何科学都必须通过勤奋和艰苦的学习才能跨入其辉煌的殿堂。我们必须努力学习和掌握政治经济学的立场、观点和方法及其精神实质。只有先弄通其系统理论和每一个具体论点，才能避免歪曲它的原义而走入歧途；只有把理论联系并应用于实际，才能避免教条式的套用而陷入错误的实践或遭到失败。实践是检验真理的唯一标准，也是真理不断发展的源泉，马克思主义政治经济学所揭示的真理，必须接受当代资本主义和社会主义的经济实践的检验，不断总结经济实践的经验而求得发展。同时，马克思经济学说作为科学，当然具有科学的胸怀。它必须不断接受其他经济学说在理论上的某些科学成分和正确见解，经过吸收消化而充实自身。

随着资本主义经济产生、发展和走向衰退，在马克思经济学说形成以前和以后，都出现过许多流派的政治经济学。概括说来，最早的有重商主义学派。作为政治经济学的“前史”，它是重金主义的理论反映，只研究资本主义的表面经济现象，即局限于流通领域的探讨，认为流通是财富的源泉，因而它不能科学地揭示资本主义经济运动的规律性和本质。

继重商主义之后，有古典的政治经济学。它把研究对象从流通领域移到生产领域，提出劳动价值论。劳动价值论属于该学说的科学成分。但古典政治经济学看不清资本主义生产方式是一个历史阶段，而视之为永恒的制度，把劳动决定商品价值的理论，分解为“资本得利润、劳动得工资和土地得地租”的三位一体公式等，这些论点属于该学派的庸俗成分。因而古典学派不能彻底地揭示资本主义经济运动的规律性。

贯穿于马克思经济学前后的庸俗政治经济学，则抛弃了古典学派的科学成分，继承和发展其庸俗成分，把资本主义生产的表面现象和外部联系作了颇能惑人的描述。这就把本来掩盖资本主义经济本质的经济现象，披上了理论的外衣，美化了资本主义制度，因而，被名副其实地称为庸俗经济学。

随着当代科学技术的重大突破及其引发的生产社会化的巨大发展，出现了当代西方经济学的种种流派。它们糅合古典学派和庸俗学派的理论，对当代资本主义经济运行进行研究。当代西方经济学对社会化大生产的经营与管理，对市场经济的微观运动与宏观调控，对经济的增长与发展，对产业结构、产品结构的调整与优化，对现代企业制度的框架与运营，对劳动生产率和经济效益的提高与发展等等的共同规律性，都作了一些理论探讨和概括。这些对以社会化大生产为特征的社会生产和流通所作的理论探讨，是有借鉴意义的，因而越来越受到马克思主义经济学者的密切注视，并把其精华部分溶化在自己的经济理论之中。

二、马克思主义政治经济学的科学性与阶级性相统一

前面说过，经济规律本身并没有阶级性，但是在阶级社会中认识和利用经济规律是带有阶级性的。政治经济学是人们认识经济规律的科学，所以，它具有阶级性。马克思主义政治经济学所揭示的理论是与无产阶级的阶级利益和阶级发展前景相一致的，因此它是代表无产阶级利益的经济学说，又称无产阶级政治经济学。

我们说马克思主义政治经济学具有无产阶级性，并不是指它带着本阶级的偏见和私利去创立和宣传自己的经济学说，而是说这种学说所阐明的颠扑不破的真理，它的科学性所揭示的社会经济的发展方向，同无产阶级乃至全体人民的阶级地位和阶级利益

正好相一致，而无产阶级在全体人民当中，由于它的经济地位与社会化大生产最紧密相连，决定了它是最先进的阶级，因此，它在认识、接受和利用社会经济发展规律和进行社会制度变革以及领导建设社会主义、共产主义社会等方面，最富有革命的彻底性。它不会因为自己的阶级私利而放弃人民大众的利益，而逆着经济规律所示的发展方向去进行社会实践和经济实践。这使马克思经济学说的科学性与无产阶级的根本利益、担负的革命和建设的历史使命一致起来。

综上可见，马克思主义政治经济学有两个明显的特点：一是科学性和阶级性的统一，另一是理论和实践的统一。它是最有生命力的经济科学。

其实，各不同学派的政治经济学的学说主张，都是有明显的阶级性的。重商学派的理论代表资本主义早期商业资产阶级通过贱买贵卖和掠夺性的海外贸易聚敛财富，形成原始资本的阶级利益。古典学派代表新兴资产阶级特别是产业资产阶级的利益，所以它能重视生产领域的研究，正确认定资本主义生产领域是唯一能生产财货的领域，把劳动看成是财富的源泉，发现资本主义生产关系的某些内部的本质联系。同时也正因为资产阶级的局限性和劳资矛盾的日益发展，使该学派无法正视资本主义制度的历史过渡性，不能一如既往地把自己的科学理论贯彻始终。由此可见，古典学派已经达到资产阶级眼光所能达到的科学理论高度。

古典学派在客观上不能达到的理论高度，正是庸俗学派在主观上力图避讳的研究领域。因为劳资矛盾的日益明朗，无产者阶级觉悟的日渐提高和阶级斗争的日趋剧烈，使资产阶级经济学者越需要为本阶级特别是垄断资产阶级的利益进行辩护，庸俗学派自然应运而生。同时，也因为到了垄断资本主义阶段，自由资本主义阶段所遗留下来的种种固有弊病，发生了综合效应；现代科技迅猛发展使固定资产更新期限明显缩短，生产社会化程度达到空前的高度和庞杂，经济危机周期益显缩短和萧条阶段持续拉长；国内市场和世界市场既缩小又扩大的错综复杂的矛盾等等，迫使资产阶级经济学家必须努力去探寻摆脱这些困境，致力于既维护自由主义制度又加强国家干预经济的理论研究，提出既解决经济增长又缓解通货膨胀的妙策，研究既能激励又有约束的经济体制及其运行机制。总之，他们必须研究在世界范围的生产社会化下，资本主义生产、分配、交换、消费如何顺利运行的问题。因此，我们在前面提到的当代西方经济学那些尚称可取的理论见解也就随之出现。在这里，我们可以看到当代西方经济学各流派的共同特征，即他们已经大大削弱对经济学最根本的商品价值来源问题的研究兴趣，而大大强化了对经济对策的研究热情。这无论从其理论体系还是从其根本内容来看，都说明它主要是为当代资本主义的发展和资产阶级的利益服务的。

综上所述，从科学性和阶级性相统一的角度着眼，政治经济学可分为两大理论体系，即资产阶级政治经济学和无产阶级政治经济学。

三、学习政治经济学的重大意义

马克思主义政治经济学把揭示社会经济发展规律的科学属性和无产阶级利益与前景的阶级属性统一起来，这并不等于说无产阶级会自发产生和掌握马克思主义政治经济学。因此，不论是作为无产阶级的构成分子的工人，还是其他阶级阶层的人们，学习政治经济学都有十分重大的意义。

第一，政治经济学是无产阶级认识客观世界的思想武器。马克思主义政治经济学告诉了无产阶级如下的基本原理，即：阶级剥削的不同形态和资本主义剥削的秘密和源泉；无产阶级和资产阶级矛盾的经济根源；资本主义自身发展及其终将被社会主义取代的必然性；无产阶级的阶级地位决定其必须担负领导劳动人民去完成向社会主义过渡和建设社会主义、共产主义制度的历史重任。当无产阶级深刻认识到客观世界存在这些必然性时，就会变成进行社会革命的巨大物质力量。

第二，政治经济学是无产阶级改造客观世界的理论基础。无产阶级在改造客观世界的行动中，担负着两大历史任务，一是推翻资本主义制度，另一是创建社会主义制度并向共产主义迈进。这些任务必须由无产阶级的政党——共产党领导全体人民去完成。

要完成第一个任务，无产阶级政党必须根据马克思主义经济学的基本原理，结合本国的具体实际，制定有本国特色的战略策略，团结一切可以团结的力量，在曲折坎坷的革命道路上进行艰苦卓绝的斗争，不断总结经验和修正错误，最终战胜资本主义制度，建立社会主义制度。在这一过程中，最根本的前提就是学习、掌握马克思经济学说基本原理的精神实质，否则，起点发生错误，那么以后的每一步就必然在左右倾机会主义的道路上摇摆。

完成第二个任务在某种意义上讲，比完成第一个任务更为艰巨。因为在马克思主义政治经济学的基本原理中，对社会主义制度的具体内容并没有现成的答案。但是应该认识到，在马克思主义政治经济学原理中，对社会主义经济制度的基本特征有过科学的预测。这些预测就是无产阶级政党及其政府领导人民建设社会主义制度的指南。就我国来讲，就是要根据其精神实质，认真研究本国的具体情况，坚持四项基本原则，坚韧不拔地去探索和建设有本国特色的社会主义经济制度。在发展社会主义经济的长期过程中，必须根据生产关系一定要适合生产力性质的原理，充分认识我国尚处于社会主义的初级阶段，在这一漫长的阶段中必须不断自觉调整社会主义生产关系中不适合生产力发展要求的部分。这是经济体制改革的理论基础。在经济体制改革的整个过程中，我们必须认真学习和掌握政治经济学关于商品经济一般规律及其运行机制和社会化大生产一般规律的原理，自觉地制定和执行正确的方针政策，解放生产力，发展生产力，使社会主义国民经济的物质基础不断巩固，综合国力迅速增强，人民生活水平日益提高。

第三，政治经济学是人们改造主观世界的指导思想。辩证唯物论和历史唯物论是政治经济学的方法论，又是无产阶级的世界观。我们长期在学习和运用它去认识社会发展规律、各不同社会经济运动规律的过程中，不但会增强改造客观世界的能力，而且会不断抛弃自己主观世界中的非无产阶级思想，逐渐树立无产阶级的世界观。当人们牢固树立正确的立场、观点和方法时，无论对本国发生的错综复杂的经济现象和社会现象，还是对世界各国、不同社会制度发生的纷繁庞杂的冲突事件，乃至对由此而出现的非无产阶级或无产阶级的理论形态，都会有自觉辨别其本质的洞察力，从而增强了解决各种实际问题的能力。

马克思主义政治经济学是马克思主义的三个组成部分之一。它又是经济科学属下各部门经济学、应用经济学、技术经济学等等学科的基础理论。它们之间的关系可表述为：政治经济学是先导性的指导理论体系，其他各财经学科则是后续性的理论体系。因此，无论在什么范围内活动的具体经济工作者或经济理论工作者，学习马克思主义政治经济学，都有其业务上的重大意义。

小结

政治经济学又称经济学，它以社会生产关系为研究对象，即在生产力与生产关系、经济基础与上层建筑的辩证关系中，去阐明社会生产关系运动、发展、变化和交替的规律性。这种规律性就称为经济规律，揭示这种规律性的科学就是政治经济学。

经济规律是经济现象和经济运动过程本身所固有的、本质的、必然的联系。它以一定的经济条件为其产生、存在并发生作用的条件。人们学习政治经济学就是为了认识和顺应经济规律的这种客观性和必然性，并利用它来为人们服务。

政治经济学运用唯物辩证法去研究生产过程中所发生的人与人之间的关系，必须使用科学的抽象方法，必须把研究方法和叙述方法区别开来，必须采取逻辑方法和历史方法相结合的方法。马克思主义政治经济学是科学性与阶级性相统一的科学。

关键词

劳动者　劳动力　劳动资料　劳动对象　生产资料　生产力　生产关系　经济基础　上层建筑　经济规律　经济范畴　唯物辩证法

思考题

1. 如何理解生产关系是政治经济学的研究对象？

2. 为什么研究生产关系必须以物质资料生产总过程为其载体？

3. 为什么研究生产关系必须探寻经济规律？

4. 为什么经济规律是客观存在的？它为什么又可以被人们所认识和利用？

指定参考书

1. 马克思：《政治经济学批判》导言，《马克思恩格斯选集》第 2 卷，人民出版社 1972 年版。

2. 恩格斯：《反杜林论》第 2 编(政治经济学，一、对象和方法)，《马克思恩格斯选集》第 3 卷，人民出版社 1972 年版。

3. 樊明：《论经济学的研究对象》，《政治经济学研究报告Ⅰ》，社会科学文献出版社 2000 年版。

4. 钱津：《什么是政治经济学》，《政治经济学研究报告Ⅰ》，社会科学文献出版社 2000 年版。

5. 卫兴华、顾学荣：《政治经济学原理》第 1 章第 1—2 节，经济科学出版社 1998 年版。

第二章　商品和货币

在资本主义社会，商品生产成为占统治地位的生产形式，商品是资本主义经济的细胞，商品包含的矛盾，孕育着资本主义经济一切矛盾的萌芽。因此，要了解资本主义生产方式的产生和发展过程，必须从分析商品入手。本章通过对商品和货币的分析，阐明马克思的劳动价值论和货币理论，为学好剩余价值理论，认识资本主义经济运行规律和经济制度的实质奠定理论基础。

第一节　商品的二因素及其劳动的二重性

劳动价值论是整部政治经济学的理论基础，要理解劳动价值论，必须从了解商品的属性入手，尤其是商品的社会属性，从而正确把握商品生产的基本矛盾。

一、商品的二因素

商品是用来交换的劳动产品，即是为了出卖而不是供自己消费的劳动产品。商品要能够用于交换，必须具有使用价值和价值两个因素。它是劳动产品在特定经济条件下所采取的社会形式，体现着一定的社会生产关系。

使用价值是指物品能够满足人们某种需要的属性，即物的有用性。这种属性是由物品的自然性质决定的，即物的自然属性，它与社会形态无关。因此，就使用价值本身来讲，并不反映社会生产关系，它的用途、性能等不属于政治经济学的研究范围。

无论在什么社会，物的使用价值总是构成社会物质财富的内容，成为人们生存和发展的条件。但作为商品的使用价值与一般物品的使用价值有两点不同：首先，商品的使用价值不是对生产者自己有用，而是对别人、对社会有用；其次，商品作为社会使用价值，它必须通过交换才能进入消费，因而商品使用价值是交换价值的物质承担者。

使用价值有质和量的规定。使用价值的质是指不同的用途、性能，一种物品具有多种用途，是人们在生产活动中由于经验积累和科学知识的增进而逐步发现的。使用价值的量是指计量物品的自然尺度，它是人们习惯形成并约定俗成的，最终发展为由国家法定的统一的计量尺度。

虽然商品的使用价值不是政治经济学的研究对象，但由于它是商品交换价值的物质承担者，离开具有使用价值的商品体，交换价值就无法存在，所以我们的研究又不能完全地离开它。因为要从使用价值和交换价值的对立统一中来研究商品，揭示商品的内部矛盾及其运动规律。

一定数量商品的使用价值必须通过交换才能换回另一种商品不同数量的使用价值，因此，商品就有交换价值。交换价值表现为一种使用价值同另一种使用价值相交换的量的比例或关系。譬如，1 只羊与 2 把斧头相交换，2 把斧头就是 1 只羊的交换价值。在一定地区、一定时期，交换价值是一定的，也就是说，只有一个交换价值。

为什么不同的使用价值能够在量上按比例交换呢？交换价值既不能由商品的效用决定，也不能由供求关系决定。因为，商品的不同效用表明彼此在质上是有区别的，因而在量上是不能进行比较的;商品的供求关系只能调节商品交换价值量的上升或下降,而不能决定交换数量的多少。它们之所以能够按一定比例进行交换,这表明在它们之间有一个共同物。这个共同物在质上是相同的,因而在量上才可以比较。如果把商品不同的使用价值舍去,这就撇开了商品生产中投入劳动的不同具体形式,那么,这里所讲的商品只剩下了劳动产品这一共同的属性,从而不同形式的劳动都化为人类劳动了。这种人类无差别的劳动凝结在一切商品中,就是一切商品中含有的共同物,即价值。商品互相交换可以在量上进行比较,正是因为它们之中凝结着等量的人类劳动,或者说价值量相等。所以说,价值是交换价值的基础,交换价值是价值的表现形式。

价值的实体是劳动,以价值为基础的商品交换,实际上是劳动交换的表现形式。人们的劳动交换采取价值关系来表现,是与社会形态相联系的。所以价值不是劳动产品所固有的自然属性,而是商品特有的社会属性,属于历史范畴。

商品是使用价值和价值的矛盾统一体。它们统一的方面表现在:互相依存,缺一不可。价值必须以使用价值的存在为前提,一种物品如果没有使用价值,就是无用之物,根本谈不上有价值,即使人们为它付出了大量的劳动,也是白费了的,不可能成为商品。一种物品虽然有使用价值,但倘若它不是劳动生产物,就没有价值,也不是商品,如阳光、空气、处女地等等。有些物品既有使用价值又是劳动生产物,但它是用来满足自己的需要的,因此这里劳动不形成价值,这些物品也不是商品,如农民自己生产的用来满足自己需要的粮食。还有一些物品是为别人使用而生产的,但转手过程不是通过交易形式,也没有价值,从而也不是商品,如封建社会农民向封建主缴纳的实物地租——粮食等等。所以,一切物品要成为商品,必须同时具备使用价值和价值这两种属性,使用价值是价值的物质承担者,价值寓于使用价值之中,两者统一于商品中。

它们互相矛盾的方面表现在:互相排斥,互相对立。生产商品对于生产者来说不是为了使用价值，生产者关心并生产使用价值，只是为了价值。商品的实现，以使用价值和价值相分离为条件，生产者让渡使用价值借以实现价值，对方取得使用价值要付出价值，交换双方都不能同时占有商品的使用价值和价值。商品是通过交换来实现所有权的转移的，但交换过程并不可能都是顺利的。在商品交换过程出现困难时，价值就不能实现，使用价值也就无从让渡给对方。

可见，商品内在的使用价值与价值的矛盾，只有通过商品交换才能解决。

二、生产商品的劳动的二重性

商品的二因素是由体现在商品生产中的劳动的二重性决定的。

生产商品的劳动，从形式上看，其劳动的具体形式各不相同。在具体形式下进行的劳动，称之为具体劳动。具体劳动创造商品的使用价值。劳动形式之所以千差万别，是由劳动的预期目的、劳动对象、劳动资料和操作方式决定的。具体劳动形成了社会分工。

劳动从它的实质看，即把劳动的特殊性质和形式撇开，那么，任何生产商品的劳动都有一个共同点，即人类劳动力的支出或消耗，都是人类脑髓、肌肉和神经等等在生产上的支出。撇开具体形式的人类无差别的劳动，称之为抽象劳动。抽象劳动形成商品的价值。

但是，把抽象劳动仅理解为生理意义上的人类劳动力的支出，是不全面的，更重要的应理解为商品经济的社会关系。因为在劳动交换不能直接进行，必须借助于产品交换间接地进行时，要以价值为基础，从而，决定了具体劳动要还原为抽象劳动。这时，劳动才分解为具体劳动和抽象劳动。抽象劳动体现生产者之间的关系，是一个历史范畴。

生产商品的劳动的二重性，其职能是不同的：具体劳动反映人与自然的关系，任何社会都不能没有具体劳动，它回答的是劳动如何进行或用什么形式进行的问题；抽象劳动体现人与人的关系，是商品生产所特有的范畴，它回答的是生产商品的劳动的共性，即耗费劳动时间多少的问题。

具体劳动和抽象劳动的关系是既统一又矛盾的。凡是生产商品的劳动都具有这二重性，共存于一个商品体中。但当商品进入交换过程时，就可能出现具体劳动能否还原为抽象劳动的问题。只有在交换过程中，商品的使用价值转让出去了，商品的价值得到实现以后，生产商品的具体劳动才能被还原为抽象劳动，具体劳动与抽象劳动的矛盾才能得到解决。

劳动二重性学说是马克思首先创立和论证的。虽然资产阶级古典经济学家亚当·斯密、大卫·李嘉图已经看到了使用价值和价值的区别，提出了劳动创造价值的观点，但是由于不懂得劳动二重性，无法说明什么劳动形成价值，因此，他们的劳动价值论是很不严密的，对很多问题不能加以解释。马克思在批判地继承了资产阶级古典经济学的基础上，创立了劳动二重性学说，把生产商品的劳动区分为具体劳动和抽象劳动，指出二者的不同作用，从而建立起了完整科学的劳动价值论，使得一切难题迎刃而解。

劳动二重性是理解政治经济学的枢纽。首先，劳动二重性理论是建立科学的劳动价值论的坚实基础。其次，劳动二重性理论是建立剩余价值理论的重要基础。剩余价值理论是马克思主义经济学说的基石，它是建立在科学的劳动价值论的基础上的。第三，劳动二重性理论的发现，为正确地阐明资本主义生产过程的二重性、不变资本和可变资本的区别、资本的本质等一系列重大理论奠定了基础，从而，论证了剩余价值的来源和资本主义剥削的秘密，揭示了资本主义的内在矛盾及其产生、发展和灭亡的规律。

三、私人劳动与社会劳动的矛盾是商品生产的基本矛盾

在以生产资料私有制为基础的商品生产中，体现在商品生产中的劳动二重性，反映着商品生产的基本矛盾——私人劳动和社会劳动之间的矛盾。这一对矛盾，是由商品生产的两个条件——社会分工和私有制而产生的。社会分工使生产者互相依存，生产者生产的物品是供应别人的，而自己需要的物品又依赖别人提供。他们彼此为对方劳动，为社会劳动，其劳动成为社会总劳动的一部分，是社会劳动，即生产商品的劳动具有社会性质。但由于私有制，每个生产者都是分散生产，独立经营，全凭个人估计和打算行事，劳动成为自己的私事，直接表现为私人劳动。劳动的社会性质是人类劳动的根本特征，而在商品生产条件下，被私人劳动掩盖了，这就形成了矛盾。私人劳动和社会劳动矛盾的表现是，劳动的社会性质要求劳动产品在数量和品种上符合社会的需要，但劳动的私人性质，使生产的商品往往不能与社会需要直接相一致，以致私人劳动不能或不能全部转化为社会劳动。

劳动的社会性质与社会制度无关，但在不同的社会制度下，它表现的社会形式却不一样。在私有制条件下的商品生产的劳动，表现为直接的私人劳动、间接的社会劳动，社会劳动表现的社会形式是商品的价值。因此，要解决这对基本矛盾，证明私人劳动具有社会性质，只有通过交换过程。而交换实质上是劳动量的交换，必须以价值为基础，交换成功，私人劳动被社会承认，才具有社会性质。

私人劳动和社会劳动之间的矛盾之所以成为简单商品生产的基本矛盾，是因为：

其一，这个矛盾是商品内在各种矛盾的根源。私人劳动转化为社会劳动，要通过劳动量的交换过程，必须撇开劳动的具体形式，把劳动差别还原为同质的抽象劳动，从而决定了生产商品的劳动的二重性。而具体劳动是创造商品使用价值的劳动，抽象劳动是形

成商品价值的劳动，于是，产生了商品的二因素。换言之，商品内部使用价值和价值的矛盾，是具体劳动和抽象劳动之间矛盾的反映；而具体劳动和抽象劳动的矛盾，又是私人劳动和社会劳动之间矛盾的反映。如果商品生产者生产的商品不符合社会需要，他的私人劳动就不被承认为社会劳动，那么，他生产商品时虽然进行了一定的具体劳动，创造了一定的使用价值，但他的商品不为社会所需要，他的具体劳动就不能还原为抽象劳动，商品的使用价值就不能让渡出去，从而就不能实现它的价值。因此，私人劳动和社会劳动的矛盾是商品生产的基本矛盾，它决定着商品生产的其他两对矛盾。

其二，私人劳动和社会劳动的矛盾决定着商品生产者的命运。因为商品生产者主观上是为自己劳动，但在客观上是为社会劳动。如果他的商品能够顺利通过交换，即被社会所承认，那么，他的再生产就能够继续进行；如果他的商品卖不出去，他的劳动耗费就得不到补偿，就无法继续进行再生产而破产。因此，私人劳动和社会劳动的矛盾，必然导致简单商品生产者的两极分化。

其三，私人劳动和社会劳动的矛盾，决定着私有制商品经济的产生和发展的全过程。由于分工和私有制，产生了交换的必然性，出现了简单商品经济。随着分工和私有制的发展，简单商品经济规模的不断扩大，两极分化不断加剧，私人劳动和社会劳动的矛盾进一步转化为生产社会化和资本主义私人占有之间的矛盾，从而简单商品经济转化为资本主义商品经济。

第二节　商品的价值量

商品是用来交换的劳动产品，而交换必须依循等量劳动相交换，即商品价值量相等的原则，因此了解商品价值的质的规定和量的确定，以及价值量的变动因素，有着非常重要的意义。

一、商品价值量由社会必要劳动时间决定

上一节分析商品价值的质的规定，这一节要研究商品价值的量的规定。既然价值是抽象劳动的凝结，那么，价值量就由生产商品所耗费的抽象劳动的量来决定。而劳动量是由劳动时间（日或小时）来衡量的，所以，一切商品的价值，都是凝结在商品内的抽象劳动时间。

由于商品生产者的劳动条件、技术水平、熟练程度等存在着差别，因而，生产同一种商品所耗费的劳动时间也不一样。但是，商品价值量不能由个别劳动时间来决定，因为商品价值的质的规定制约着商品价值的量的规定。形成商品价值的实体的劳动是人类无差别的劳动，它本身具有同一性或一般性，因此，决定商品价值量的劳动时间只能是一般的或平均的劳动时间，即社会必要劳动时间。

什么是社会必要劳动时间呢？社会必要劳动时间是指在现有的社会正常的生产条件下，在社会平均的劳动熟练程度和劳动强度下制造某种使用价值所需要的劳动时间。这里，包含着物的客观因素和人的主观因素两个方面。所谓现有社会正常的生产条件是指一定时期某一生产部门大多数产品的生产技术装备条件。例如，在纺织部门，同样的一匹布用机器生产和手工工具生产，所需要的劳动时间相差很多，而某一时期大多数的布是用机器生产出来的，那么机器生产就是纺织部门在这时期的正常生产条件。在现有正常的生产条件下，由于劳动者的劳动熟练程度和劳动强度不同，生产一匹布所需要的劳动时间也不一样，因此，劳动时间只能以他们的平均值为标准。

社会必要劳动时间对于生产者的成败具有重大意义。商品按

社会必要劳动时间决定的价值量进行交换，而个别劳动时间决定的个别价值，是小于、等于或大于社会价值，则是关系到他的劳动能否得到补偿和盈亏的问题，同时，直接关系到他的竞争能力和胜败。应当指出，在私有制下，商品中包含的个别劳动时间（个别价值）和社会必要劳动时间（社会价值）之间的矛盾，也是根源于私人劳动和社会劳动之间的矛盾。

二、简单劳动和复杂劳动

不同生产部门的劳动，其复杂程度不同，有简单劳动和复杂劳动的区别，譬如生产钟表的劳动和砍柴的劳动，前者比后者复杂得多，那么他们的劳动产品如何比较呢？这就涉及到社会必要劳动时间以什么为标准的问题。

简单劳动和复杂劳动都属于抽象劳动的范畴。简单劳动是指没有经过专门训练的普通人平均具有的劳动力支出。任何一个正常的普通人，他都具有这种劳动力。经过专门培养和训练，具有一定技术专长的劳动力支出，称之为复杂劳动。所以，劳动复杂程度的区别，反映了劳动力的差别，而劳动力素质的不同，是与国民教育水平分不开的。

在商品交换过程中，各种复杂程度不同的劳动化作统一的简单劳动，作为共同的计量单位，来确定商品的价值量。一小时的复杂劳动形成的价值量等于若干倍的简单劳动形成的价值量。这种换算或者还原，不是由商品生产者直接计算出来的，而是自发地在生产者背后由社会过程来确定的。因此，从价值的质和量的统一来考察，商品的价值量是由社会必要的简单抽象劳动来确定的。

简单劳动和复杂劳动的区分会随着国民教育水平的提高而改变。国民教育水平提高后，过去的复杂劳动已经或者正在变成简单劳动，从而，整个社会简单劳动的标准提高。因此，它们的区分是相对的，但在一定时期，两者的区分却是一定的。

三、单位商品的价值量与劳动生产率成反比

商品的价值量是由社会必要劳动时间决定的，而社会必要劳动时间随着劳动生产率的变化而改变，因此，考察价值量变动规律，主要是考察价值量与劳动生产率的关系。

劳动生产率是指具体劳动的效率，即指在一定时间内生产某种使用价值的效率。它一般以单位时间内生产的产品数量来表示，也可以用单位产品内包含的必要劳动时间来表示。其计算公式是：劳动生产率＝产品量/劳动时间。影响劳动生产率的因素是多方面的，其中主要是劳动者的平均熟练程度、科学技术的发展和运用程度、生产过程的社会结合程度、生产资料的质量和数量、自然条件等等。以上诸因素同时对劳动生产率发生作用，但各种因素对不同性质的部门和社会经济的不同发展时期，作用的程度是不一样的。

关于价值量同劳动生产率之间的关系，马克思指出："商品的价值量与体现在商品中的劳动量成正比，与这一劳动生产力成反比。"[①]劳动生产率提高，同一劳动在单位时间内创造的使用价值数量增加，单位商品所包含的劳动时间少，其价值量就小；反之，劳动生产率降低，同一劳动在单位时间内创造的使用价值数量减少，单位商品所包含的劳动时间多，其价值量就大。由此可见，使用价值和价值在量上是对立运动的。这种对立运动根源于劳动二重性。因为劳动生产率始终是具体劳动的效率，它与抽象劳动无关。劳动作为具体劳动，它的效率高，使用价值量就多；而劳动作为抽象劳动，它在相同的时间内所创造的价值量与过去一样，不会增加价值总量。其结果，就是单位商品的价值量与劳动生产率成反比。

理解这个原理时，要注意这里是把商品中所包含的生产资料旧价值舍象不计，仅指单位商品中所包含的新价值与劳动生产率

---

① 《马克思恩格斯全集》第 23 卷，第 53～54 页。

成反比。如果把前者包括在内，则只是成反方向变化，而不是刚好成反比例。

第三节　价值形式的发展

商品是使用价值和价值的统一体，因此，它就有两重表现形式：使用价值形式和价值形式。使用价值形式就是商品的自然形式，人们可以直接感觉到它。而价值形式则不然，因为价值是商品的社会属性，体现商品生产者之间的关系，因此，社会属性的表现形式，就不能从孤立的商品上直接显露出来，只有处在交换过程中，通过价值形式即交换价值，价值才相对地表现出来。

研究价值形式的发展有两个目的：一是通过价值和交换价值的关系，阐明价值的质和量的规定怎样通过价值形式表现出来；二是说明货币的起源和本质。商品的价值形式同商品交换一同发展，至今已经历了四个阶段：简单的、个别的或偶然的价值形式，总和的、扩大的价值形式，一般的价值形式，货币形式。

一、简单的、个别的或偶然的价值形式

原始社会后期，部落之间偶然地出现剩余产品的交换，即原始公社或部落之间偶然发生的互通有无的物物交换。这时候还没有商品生产。与偶然的商品交换相适应的是简单的、个别的价值形式。一种商品的价值个别地偶然地表现在与它相交换的另一种商品上的价值形式，称之为简单的、个别的、偶然的价值形式。可以用下列等式表示：

1 只羊＝2 把斧头

20 尺布＝1 担米

……

用符号概括起来就是：

x 量商品 A=y 量商品 B

简单的价值形式隐藏着一切价值形式的秘密，要了解发展了的、现实的价值形式，必须首先弄懂它。然而，分析简单的价值形式确实困难，困难所在不是它本身有什么迷惑人的地方，而在于它所分析的内容实际上是一切价值形式的共性，其他的价值形式只不过是在其共性的基础上，加进一些特殊的规定而已。

在 1 只羊＝2 把斧头的价值关系式中，这两种商品所处的地位和所起的作用完全不同。商品羊主动地要表现价值，并通过商品斧头相对地表现出来，处在相对价值形式的地位上，起主动的作用。商品斧头作为价值的表现材料，证明商品羊有同自身相等的价值，处于等价形式的地位上，起被动的作用。相对价值形式和等价形式是价值形式的两极，它们是对立统一的关系。一方面，两者互相依赖、互为条件。因为离开了等价形式，相对价值形式便不会存在。商品羊如果没有商品斧头作为自己的价值镜，它的价值就不能相对地表现出来，也就不能处于相对价值形式上。同样道理，离开了相对价值形式，等价形式也不可能存在。如果没有商品羊要表现自己的价值，商品斧头就不能成为商品羊的价值镜，也就不能处于等价形式上。另一方面，两者又互相排斥、互相对立。一种商品不能同时处在价值形式的两极，如果是 1 只羊＝1 只羊，这个等式不反映价值表现关系，只是说明 1 只羊就是 1 只羊。同一价值形式的两极，只能由两种商品分别担任，互相处于对立的地位。如果斧头要表现价值，等式就要另外换成 2 把斧头＝1 只羊，而不能一式两用。

下面分别考察价值形式的两极：相对价值形式和等价形式。

首先，分析相对价值形式。

相对价值形式是商品交换的价值关系的两极之一，必须摆在等号的左边。处在这一形式上的商品，其价值通过另一种商品相对地表现出来，主动要表现价值。因此，对相对价值形式的考察，主要是说明处在这个形式上的商品，其价值的质的规定和量的规定怎样相对表现出来。

在1只羊＝2把斧头的等式中，先不考察它的量的比例关系，等式就可以表示为羊＝斧头。这里，说明羊和斧头是同质的东西，都包含有价值，否则，它们不可能同处于价值形式中，这就把相对价值形式的质的规定反映出来了。但是羊的价值怎样表现呢？羊通过和斧头相交换，将斧头作为自己的等价物。斧头只能用自己的使用价值来表现羊的价值，而不能用价值，因为斧头的价值也是看不见摸不着的东西。这里所说的斧头的使用价值是指斧头的自然形式，而不是指斧头的用途。这样，斧头（的自然形式）成为羊的价值的存在形式，或者说是羊的价值的体化物，而羊的价值得到了独立的表现。这个等式，还把价值的内容是一般人类劳动的凝结这一规定也表现出来了。在羊＝斧头的等式中，实际上已把生产羊的劳动和生产斧头的劳动看成是相等同的，也就是说，两种不同的具体劳动化作共同的抽象劳动，而且这种劳动已是凝结状态。

现在，我们把它们的量的关系加进来，说明价值量是如何表现的。

仍以1只羊＝2把斧头为例。1只羊和2把斧头耗费的社会必要劳动时间相等，2把斧头是1只羊的相对价值表现。由此可见，相对价值量取决于处在相对价值形式上商品的价值量和处在等价形式上商品的价值量之间的对比，即1只羊的价值量等于2把斧头价值量之和。而这两种商品内在的社会必要劳动时间又随着各自的劳动生产率的变化而变化。价值量的变化对价值量的相对表现的影响，可以概括为以下四种情况：

1. 处于相对价值形式上的商品羊（A）的价值量变动，处于等价形式上的商品斧头（B）的价值量不变，则羊（A）的相对价值量（A′）与商品羊（A）的价值量的变动成正比例变化。

2. 处于相对价值形式上的商品羊(A)的价值量不变，处于等价形式上的商品斧头(B)的价值量变动，则羊(A)的相对价值量(A')与商品斧头(B)的价值量的变动成反比例变化。

3. 商品羊(A)和商品斧头(B)的价值量同时按同方向、同比例变动，则羊(A)的相对价值量(A')不变。

4. 商品羊(A)和商品斧头(B)的价值量同时按同方向不同比例变动，或者按反方向不同比例变动，则羊(A)的相对价值量(A')可以从上述三种情况中选择两种作为一个组合进行推算，但不能把三种一起组合起来推算。

在选择组合时，以1和2组合推算最为通用。只有A和B的价值量按同方向但不同比例变化，而且它们又能成为简单倍数时，才适宜用1和3组合，或2和3组合进行推算。

原来x量商品A＝y量商品B，可简化为$xA=yB$的式子作基础，在第4种的各种变化条件下，由于x量A的相对价值量按1和2的正比和反比关系组合，它都$=\frac{\text{A的价值变化倍数(a)}}{\text{B的价值变化倍数(b)}}\times$y量$B'$，可简化为$xA'=\frac{a}{b}yB'$($A'$和$B'$指价值量变化了的A和B，在使用价值量上$A'=A$，$B'=B$)。第4种情况中的种种变化，用$xA'=\frac{a}{b}yB'$这个公式，都可以算出。

仍从原来1羊＝2斧的例子出发，如羊的价值提高60%，即$a=1+60\%=1.6$，斧的价值下降20%，即$b=1-20\%=0.8$，代入公式$xA'=\frac{a}{b}yB'$，得出1羊$=\frac{1.6}{0.8}\times2$斧＝4斧。

又如生产羊的劳动生产率提高1倍，由于价值量与劳动生产率成反比，所以$a=\frac{1}{2}$，制造斧的劳动生产率提高50%，同理$b=\frac{1}{1.5}$，代入上述公式求得1羊$=\frac{1/2}{1/1.5}\times2$斧＝1.5斧，即2只羊＝3把斧头。

这个公式不仅适用于第 4 种情况，而且适用于前三种情况。

在第 1 种情况下，由于 B 的价值不变，即 $b=1$，代入公式 $xA'=\frac{a}{b}yB'$，得 $xA'=ayB'$，表明 A' 与 A 的价值变化倍数 a 成正比。仍从原例 1 羊=2 斧出发，如羊的价值提高 50%，即 $a=1.5$，代入 $xA'=ayB'$，得出 1 羊=1.5×2 斧=3 斧。

在第 2 种情况下，由于 A 的价值不变，即 $a=1$，代入公式得：$xA'=\frac{1}{b}yB'$，表明 A' 与 B 的价值变化倍数 b 成反比。仍从原例出发，如制造斧的生产率提高 1 倍，即 $b=\frac{1}{2}$，代入 $xA'=\frac{1}{b}yB'$，得出 1 羊$=\frac{1}{1/2}\times 2$ 斧=4 斧。

在第 3 种情况下，A 和 B 的价值按同方向同比例变化，不论羊和斧的价值都提高 30%，或二者的劳动生产率都提高 20% 等等，a 总是=b，即 $\frac{a}{b}=1$，代入公式得：$xA'=yB'$，就是说 xA 的相对价值量 xA' 保持不变，仍然是 1 羊=2 斧。

以上分析表明，一个商品的相对价值量的变化，不能完全反映它的价值量的实际变化。商品的价值量变了，它的相对价值量可以保持不变(如第 3 种情况)；商品的价值量不变，它的相对价值量可以发生变化(如第 2 种情况)；商品的价值量和它的相对价值量虽然同时发生变化，但两者的变化可以不一致(如第 4 种情况)。只有第 1 种情况，商品的相对价值量的变化能反映它的价值量的实际变化。

其次，分析等价形式。

所谓等价形式就是它能与另一个商品直接交换的形式。处在等价形式上的商品是等价物。商品斧头之所以能直接与商品羊相交换，是因为它是价值的代表。处在相对价值形式上的商品羊就没有这种特殊地位，因为商品羊只是作为使用价值而存在，它是否具有价值，能否实现，必须与等价物相交换才能得到证明。处在等价形式上的商品斧头，只是以它的使用价值的自然形式作为表现商品羊的价值和价值量的材料，而不是用自身看不见、不可捉摸的价值和价值量。因此，商品的等价形式不包含价值量的规定。

等价形式有三个特征：

第一，处在等价形式地位上的商品，其使用价值成为价值的表现形式。等价物商品本身具有价值，作为价值物，它与处在相对价值形式上的商品是同质的，可以发生量的关系。但它只能用自己的使用价值来表现处在相对价值形式上的商品的价值材料。所以处在等价形式上的商品，它的使用价值代表价值。

第二，具体劳动成为抽象劳动的表现形式。充当等价物的商品，它本来就是具体劳动的产品。当它处于等价形式上时，劳动的具体形式就作为抽象劳动的现实形式而与另一种商品的具体劳动形式相对立。

第三，私人劳动成为直接社会劳动。在私有制下的商品经济的条件下，具体劳动都具有私人劳动的性质，但当一种商品充当等价物时，它的具体劳动作为抽象劳动的化身而出现，因而生产它的私人劳动就作为直接社会劳动的代表出现，别种商品的劳动的社会性质就要通过它来表现。

在简单价值形式中，一种商品只有当另一种商品偶然与之交换时，才处在等价形式的地位上，成为个别等价物，才具有以上三个特征。而这些特征产生了等价形式的谜，这种谜在等价形式发展为货币形式时，就成为货币之谜了。

简单价值形式使潜藏在商品中的使用价值和价值的内在矛盾，表现为两种商品的外部对立。所以，简单价值形式就是商品中包含的使用价值和价值矛盾的简单表现形式。但在这种价值形式下，商品交换是偶然的，等价物是个别的，还不能充分表现价值作为无差别人类劳动的凝结这一本质。正是由于简单价值形式存在着局限，随着商品交换过程的发展、商品品种和数量的增加，价值的表现必然由新的价值形式所替代。

二、总和的、扩大的价值形式

随着社会生产力的发展和第一次社会分工的出现，可用于交换的剩余产品逐渐增加，商品交换也就进一步发展起来。有些商品再不是偶然地与个别商品相交换，而是经常地和其他多种商品相交换。这样，简单价值形式就发展为总和的、扩大的价值形式。所谓总和的、扩大的价值形式，是指一种商品的价值表现在与它相交换的一系列商品上。用公式表示如下：

$$1\text{只羊}\begin{cases}\text{或}=40\text{斤谷子}\\ \text{或}=2\text{把斧头}\\ \text{或}=30\text{尺布}\\ \text{或}=5\text{克黄金}\\ \text{或}=75\text{克白银}\\ \cdots\cdots\end{cases}$$

从简单的价值形式发展为扩大的价值形式，是价值形式的飞跃。首先，商品的价值第一次表现为无差别的人类劳动的凝结。从公式中可以看到，商品羊和公式中任何一种商品都可以交换，无论哪一种特殊等价物，都可以用来表现羊的价值，这充分说明商品羊和一系列商品都是同一的人类劳动的凝结。其次，商品羊的价值量同它包含的社会必要劳动量大致符合。羊和各种商品相交换，都表现为各不相同的比例，这证明价值是决定交换比例的东西，交换比例的偶然性消失了。但是扩大的价值形式也有局限性。从扩大的相对价值形式看，商品的价值表现是一个无穷的系列，出现的每一种新商品都可以作为价值表现材料；同时，各种商品都有它的价值表现系列，这些系列互不相同，不统一。从特殊等价形式看，一种商品有无数的特殊等价形式并列着，它们彼此互相排斥，当某种特殊等价物发生作用，表现一种商品价值时，另一种特殊等价物就被排斥，而每一种特殊等价物的具体劳动，都只是人类劳动的一种特殊表现形式，这表明还没有统一的等价形式。

扩大的价值形式的局限性，造成交换经常发生困难，如物物交换双方并不都刚好需要对方的商品，那么就要经过多次曲折的交换，才能换到自己所需要的商品。因此，扩大的价值形式必须向更成熟的价值形式发展。

三、一般的价值形式

为了克服直接的物物交换的困难，人们从实践中自发地发现，如果用自己的商品先换得人们普遍乐意接受的某种商品，再用它去换取自己需要的商品，困难就能得到解决。于是，从商品世界中分离出一种商品充当一切商品价值的表现材料。这时候，价值形式就过渡到一般价值形式。

一切商品的价值共同表现在一般等价物上，称之为一般的价值形式。用公式表示如下：

$$\left.\begin{array}{l}40\text{ 斤谷子}=\\2\text{ 把斧头}=\\30\text{ 尺布}=\\5\text{ 克黄金}=\\75\text{ 克白银}=\\\cdots\cdots\end{array}\right\}1\text{ 只羊}$$

一般的价值形式的出现，在价值形式发展中具有极为重要的意义。必须指出，由扩大的价值形式发展到一般的价值形式，不是简单的等式位移，而是反映了价值形式发生了质的变化。因为：第一，由于商品的价值表现既简单，又统一，表明了价值是商品的劳动的社会性质的特有表现。因为一般等价物以其自然形式成为一切人类劳动可以看得到的化身，成为社会公认的、共同的、统一的等价物，一切商品与之相交换，显露出质的等同性。第二，一切商品都作为特殊商品固定在相对价值形式上，只能直接表现为使用价值；而等价物作为一般等价形式，直接表现为价值，等式两极的商品不能再移位了。第三，交换行为由直接的物物交换，变为以等价物为媒介的间接的物物交换。第四，处于相对价值形式上的一切商品有等价关系，它们作为价值物，在这时候可以互相发生关系，作为价值量能够互相比较。

一般的价值形式虽然对商品生产和商品交换的发展起着很大的促进作用，但是，它仍然存在着不足之处。这时候，一般等价物还不是完全固定在一种商品上，它因时因地而异。这个缺点，致使不同地区间的商品交换仍然存在困难，不利于商品交换的进一步发展。

四、货币形式

在商品生产和商品交换有较大规模发展的情况下，客观上要求一般等价物在各地区都是适用的。在历史过程中，夺得这个特权地位的商品，就是黄金和白银。金银成为货币商品，固定充当一般等价物，一般的价值形式就转化为货币形式。

货币形式是价值形式发展的最后阶段。一切商品的价值固定地表现在货币上，称之为货币形式。可用公式表示：

1 只羊＝
40 斤谷子＝
2 把斧头＝
30 尺布＝
……
（以上各项）} 5 克黄金（或 75 克白银）

货币形式替代一般的价值形式并没有发生本质的变化，它的进步仅仅在于：一般等价物固定于金银商品上，克服了由于一般等价物因时因地不同所造成的交换困难。

金银这一特殊商品之所以能够固定地成为货币商品，独占等价形式的地位，是由于它的自然属性从而使得它最适宜充当货币的材料，因为金银质地均匀，便于分割计算；体积小价值大，便于携带；不会腐烂变质，可长期保存等。所以"金银天然不是货币，但货币天然是金银"①。不能把金银变为货币的社会属性和金银适宜作为货币材料的自然属性混淆起来。

货币出现后，整个商品世界分裂为两极：一切特殊使用价值的商品，处于相对价值形式；货币代表一切商品的价值，处于等价形式上。这样，使商品内在的使用价值和价值的矛盾，从表现为商品与商品的外部对立，发展为商品和货币的对立。这时候，商品必须转化为货币，其价值才能得到实现。货币解决了上述商品交换的困难，促进了商品交换的发展，但没有消除使用价值和价值之间的矛盾，相反地，在商品交换发展的新的基础上，商品的内部矛盾更加发展。关于这个问题，在下一节将进一步说明。

五、货币的本质

货币并不是什么神秘的东西，它本身也是商品，也是人类劳动的产品。货币是商品交换发展的必然产物。从价值形式的分析可知，金银成为货币商品以前，也是一种特殊商品，只是由于商品内部矛盾的发展，货币才成为价值独立化的形式，所以，货币根源于商品。从个别等价物——特殊等价物——一般等价物——货币的演变过程，表明货币是商品交换发展到一定阶段后出现的。

那么，货币的本质是什么呢？

---

① 《马克思恩格斯全集》第23卷，第107页。

货币的本质就在于它是固定充当一般等价物的特殊商品。固然,金银本身原来是特殊商品,有它的特殊使用价值,如可以镶牙,可以做首饰等,但它一旦成为货币,强调的是它的社会职能,也就是形式上的使用价值,而不是特殊的使用价值。

自货币出现以后,一切商品要先换到货币,才能换到其他商品。这就使商品生产者之间的社会关系,都通过货币表现出来。所以,货币体现着商品生产者之间交换劳动的生产关系。

第四节 货币的职能和货币流通规律

货币的职能是由货币的本质决定的,又是货币本质的表现。在发达的商品经济中,货币执行着价值尺度、流通手段、贮藏手段、支付手段和世界货币等五种职能。其中前两种是最基本的职能,后三种是派生的职能。

一、价值尺度

货币作为表现商品价值的材料,把一切商品的价值量表现为一定的金量,使它们质上相同,量上可以比较,称之为货币的价值尺度职能。因此,所谓价值尺度,就是货币充当表现、衡量、计算商品价值的尺度。货币能够充当价值尺度,是因为货币本身是劳动生产物,具有价值。

商品之所以可以互相比较,并不是因为有了货币,而是由于它们本身都是社会劳动的产品,具有价值。因此,劳动时间是它们内在的价值尺度,货币充当价值尺度只是外部尺度。

商品价值的货币表现,叫做商品价格。就两者的关系来看,商品的价格同商品的价值成正比,同货币的价值成反比。

货币执行价值尺度的职能，只要想象的或观念的货币，不需要有现实的货币。因为它只是商品进入流通前的准备过程，表明商品的价值等于多少金量，例如，1只羊值5克黄金。当然，用观念的货币来衡量商品的价值，决不意味着人们可以随心所欲地任意想象。事实上，由观念的货币表现出来的商品价格，是以现实中生产该商品和货币所耗费的社会必要劳动时间客观上已存在着比例为基础的，也就是说，观念上确定1只羊的价格为5克黄金，就是人们购买1只羊需要支付5克黄金的反映。

货币充当价值尺度，把各商品的不同价值量，表现为不同的金量。因此，客观上要求货币本身必须确定计量单位。含有一定贵金属重量的计量单位，叫做货币单位。在货币单位下，又分为若干等分。货币单位及其等分，叫做价格标准。例如，在我国的人民币价格标准中，基本单位为“元”，1元分为10角，1角分为10分。在历史上，曾长期用金属作货币，金属的自然计量单位，即其重量单位，就成了货币单位即价格标准。如秦朝的“半两”铜钱，汉朝的“五铢”铜钱，这“两”和“铢”都是重量单位。唐朝以后，铜钱单位改为“文”，也仍然代表一定重量的铜。英国的货币单位“镑”原也是重量单位名称。

价格标准的名称，最初同重量标准的名称一致，如人们说某件商品值多少“文”、多少“元”，无非是转换一种价格标准概念来说这件商品值多大重量的金、银、铜。后来由于各种原因，使它们逐渐相分离，如外币流入，其货币名称同本地区的重量名称不一致；贵重金属代替较不贵重金属作为货币材料；国家铸造不足值的货币等等。

价格标准不是货币的独立职能，它与价值尺度既有联系，又有区别。价格标准是货币执行价值尺度职能而派生的，并为其服务的技术规定；货币执行价值尺度的实现，必须通过价格标准。两者主要的区别有三方面：第一，产生条件不同。货币作为价值尺度是商品的客观要求,而价格标准是通过国家法律规定的。第二,作用不同。货币作为价值尺度是社会劳动的代表,用来衡量商品的价值,而价格标准则代表一定的金属重量,作为计量货币本身的量。第三,变动不同。货币商品的价值量会随着劳动生产率的变化而变动,但由于这种变化是同程度地遍及一切商品[①],因而不影响它执行价值尺度职能,而价格标准随国家法律规定的变化而变动。

价格形式的出现,使商品经济的矛盾加深。一方面,因为价格是表示商品价值的实现程度,是商品的价值与货币的价值的比率,只是商品的相对价值,因而,价格和价值在量上可能产生背离;另一方面,有时价格和价值在质上也可能背离。价格不以价值为基础,不再是价值的表现形式。换句话说,没有价值的东西,也会有价格。

二、流通手段

货币执行流通手段和货币执行价值尺度是同时产生的。货币作为商品交换的媒介,即沟通商品买卖之间媒介的职能,就是货币执行流通手段职能。充当流通手段的货币,必须是现实的货币。

货币执行流通手段职能,使商品交换的形式发生了变化。在货币出现以前,采取直接的物物交换(W_1—W_2)和间接的物物交换(W_1—一般等价物—W_2),实际上还没有买卖的概念。货币出现以后,物物交换发展为商品流通(W_1—G—W_2)。这时商品交换过程分裂为商品换货币(W_1—G)和货币换商品(G—W_2)两个阶段,相

---

① 例如,生产银的劳动生产率提高 25%,则银的价值下降为原来的 $\frac{1}{1.25}=80\%$,这种变化对一切商品的银币表现,可以按相对价值量第 2 种变化的公式求得,即 $xA'=\frac{1}{b}yB'=\frac{1}{0.8}yB'=1.25yB'$。就是说,一切商品的银币表现一律提高 25%,这种变化并不改变各种普通商品之间的比价,所以,并不影响货币执行价值尺度的职能。

应地产生了买和卖两个独立的行为。这两个行为的发生，在时间上和地区上可以不同，当事人也会有变化，于是，加深了商品的内在矛盾，造成了买卖脱节，隐藏着危机的可能。不过，在简单商品经济下，危机仅仅是抽象的可能性，还不会成为现实。

货币作为流通手段，最初采用金、银条块的形式，每次交易过程，都要鉴定成色，称重量，甚至还要分割，很不方便。因此，出现了铸币。

铸币是具有一定形状、重量、成色和面额价值的贵金属的符号。它起初由地方著名商人铸造(烙上自己的印记)，后来由国家集中统一铸造。铸币在流通中会日渐磨损，致使实际价值低于面额价值，成为不足值的铸币。磨损的铸币在法定磨损程度内仍然按其面额流通，无人会计较。铸币的实际价值和面额价值相分离的事实，日益显露出铸币是贵金属符号的性质，并表明完全可以用没有价值的象征性的纸币，来代替金属货币流通。

纸币是由货币的流通手段职能产生的。纸币本身没有价值，纯粹是金属货币的符号，代替金属货币流通。正是因为如此，在流通中纸币才能作为商品价值的符号，成为价值的独立形式，媒介商品运动。由此可见，纸币和商品价值的关系是：商品价值观念地表现为一定的金属货币量，而这个金属货币量则由纸币象征性地体现出来。因此，撇开具体金属货币去说明纸币，或者就纸币本身去说明商品价格，都是违背科学的价值理论和货币理论的。

纸币是由国家发行，并强制使用的价值符号或货币符号。但是，不能由此认为纸币的出现，是国家政治权力决定的。因为纸币本身没有价值，它如果不是作为金属货币的符号，即使国家权力再大，也不可能成为价值的独立形式，从而执行流通手段的职能。

三、贮藏手段

货币是一般等价物，有货币就能随时买到任何商品，于是货币成了财富的绝对形式和一般代表，人们要贮藏财富，就贮藏货币。这时候货币执行着贮藏手段的职能，即货币退出流通领域，被当作独立的价值形式和社会财富的一般代表而保存起来的职能。金银在历史上曾经是货币贮藏的最重要形式。现在虽然世界各国的货币已割断了与黄金的法定联系，但由于黄金始终保有很高的价值，且有不易损坏、便于保存等自然特性，所以各国仍然把它当作最保险的贮藏手段。

货币的贮藏手段是在商品经济发展以后出现的，因为贮藏一定量的货币成为顺利进行再生产的条件。每一个商品生产者，商品的生产和销售都要经过一定的时间，并且要受到市场支配。在商品转化为货币之前，为了不使生产中断，继续购买生产资料和生活资料，就必须经常有一笔贮藏货币。同时，货币可以直接转化为任何商品，而一定量的货币只代表一定的价值量，因而，货币质的无限性和量的有限性，引起了货币贮藏的欲望。商品生产者出售商品的收入，不再用来购买商品，而是将它贮藏起来，货币就变成贮藏货币。

在金属货币制度下，货币贮藏可以自发地调节货币流通量。流通中需要的货币量，会因各种因素变化而不断增减。当商品流通所需要的货币量减少时，多余的部分货币就会退出流通界，成为贮藏货币。当流通所需要的货币量增加时，一部分贮藏货币又会投入流通领域来充当流通手段。由于货币贮藏有自发地调节货币流通量的作用，使货币流通量经常适合商品流通的需要，不会出现通货膨胀。货币贮藏之所以能够调节货币流通量，其原因在于金银成为货币商品，它既是货币的材料，又是普通商品。在流通中货币过多，会引起金银作为普通商品的价格上涨，人们就自然会把货币熔掉，变成商品金或银来卖，货币流通量就减少了。反之，在流通中货币不足，作为普通商品的金银的价格下跌，人们就将金银铸成货币投入流通，货币流通量就增加了。

四、支付手段

支付手段是指货币在商品赊购赊销过程中的延期支付，以及用于清偿债务或支付赋税、租金、工资等职能。

随着商品生产和商品交换的进一步发展，出现商品出卖同价格实现在时间上的分离，如预先交货、约期付款的赊销方式。这时，货币执行着支付手段。

由于生产的特点不同，从而资本周转时间长短不一样，有的需要长一些，有的则比较短；有的产品还带有季节性；甚至距离市场远近也会影响售卖时间。因此，就会出现商品生产者中，有的人商品已生产出来，正处于商品转化为货币的阶段，而有的人商品生产尚未结束或者商品尚未售出，手中缺少现金。于是，经双方协商同意以赊销方式进行交易，卖者成了债权人，买者成了债务人。

货币作为支付手段，起初出现在流通领域，起清偿债务的作用。后来由于商品经济的发展，这一职能越出流通领域，用于支付工资、租金、税收和利息等等。

货币的支付手段职能，一方面促进商品经济的发展，另一方面又加深了商品经济的矛盾。赊销方式使商品生产者之间形成了一长串的债权债务锁链关系，互相依赖更加紧密，如果其中有人到期不能支付，就可能造成整个债权债务关系的混乱，有的商品生产者甚至陷入破产境地。所以，货币作为支付手段，商品流通和货币流通分离，包含着危机的可能性。当然，它在简单商品经济下，也仅仅是可能性，不会变成现实。

五、世界货币

随着国际贸易的发展和世界市场的形成，货币越出国内市场，在国际市场上发挥一般等价物的作用，就是货币执行着世界货币的职能。可见货币的世界职能，是价值尺度、流通手段、贮藏手段、支付手段等货币职能在世界范围内的应用。当前由于经济全球化和贸易自由化发展进程的加快,世界货币在国际社会经济发展中起着极为重要的作用。货币执行这一职能时,要脱掉“民族服装”,即货币的价格标准、铸币、辅币及其符号等,以足值的黄金和白银充当。

世界货币的主要职能,首先是充当支付手段,用来支付国际贸易的差额。其次,作为购买手段,用于单方面向外国购买商品。再次,作为社会财富的代表,在国与国之间转移。

早在古代,黄金就被人们当作货币商品。英、德、俄、日、美等国最早先后实行金本位制。在很长的历史时期内,贵金属——黄金或白银是执行世界货币职能的唯一货币,即使在 20 世纪 30 年代各国宣布放弃金本位制,割断了纸币与黄金的联系后,黄金在国际经济交往中仍然充当世界货币。而且各国货币的兑换比率,即汇率还是以不同国家货币的法定含金量为基础的。

战后,美国经济获得空前发展,1945 年其 GNP 占西方国家的 60%,黄金储备相当于西方国家的 75%,于是形成了以美元为中心的国际货币体系。美元与黄金挂钩,各国货币与美元挂钩,美元成为世界货币。这样,除美元外的其他货币不仅在国内市场,而且在国际市场上也割断了与黄金的直接联系。但是,20 世纪 50 年代后,西欧和日本等国经济迅速发展,美国的外汇收支逆差日趋增大,出现了黄金储备不足以抵偿短期外债的现象,导致人们竟相用美元向美国挤兑黄金;到 70 年代初,美元数次贬值,国际金融市场爆发金融危机,美元再度大幅度贬值,美国被迫宣布停止按官价兑换黄金。西方主要国家的货币对美元实行浮动汇率,以美元为中心的固定汇率解体。于是逐渐形成了以美元、德国马克、日元、瑞士法郎、英镑、欧元为主的多元世界货币体系。

上述货币的五种职能是紧密联系的。货币要首先表现商品价值并衡量出其价值量,完成商品进入流通前的准备过程。接着,货币才能媒介商品运动,实现商品的价值。正因为货币已处在流通中,货币在一定时间内退出流通领域被贮藏起来才能成为现实。所以,货币的贮藏手段职能是价值尺度和流通手段两种职能发展的结果。货币执行支付手段是以货币充当价值尺度,把商品价值表现为价格和货币作为观念上的购买手段,转移商品的所有权为前提的,为了如期支付债务,货币需先完成贮藏手段职能。在这些职能基础上,世界货币才出现。所以货币这五种职能的排列顺序,表明它们之间关系的历史和逻辑的统一,体现着货币作为一般等价物的本质。

六、货币流通规律

货币作为流通手段,媒介商品运动。商品出卖后,就退出流通界,进入消费领域,但货币并没有因此也离开流通领域,它继续服务于整个商品世界。货币不断地作为购买手段在买者和卖者之间交换位置,称之为货币流通。货币流通以商品流通为基础,并且服务于商品流通。商品流通的规模和速度,决定货币流通的规模和速度。货币在执行流通手段时,是需要一定的数量的。当然,流通中的货币需要量不是任意规定的,而是有规律性的。这种决定一定时期内流通中所需的货币量的规律,就叫做货币流通规律。

那么,在流通中需要多少数量的货币呢?

货币作为流通手段,其数量取决于两个因素:一是全部商品价格总额,二是货币流通速度。商品价格总额等于各种商品数量和各自价格水平的乘积之和。商品价格总额愈大,流通中所需要的货币量就愈多;反之,就愈少。可见,两者成正比例关系。由于同枚货币可以多次地为商品价值形式变化服务,与商品掉换位置,这种易位的速度越快,在商品价格总额已定的情况下,流通中所需要的货币量就越少,两者成反比例关系变化。这两个因素是按不同方向和不同比例不断变化的,从而引起货币流通量不断增减变化。货币流通量、商品价格总额和货币流通速度三者之间的关系，可以概括为如下公式表示：

$$\text{一定时期内流通中所需要的货币量}=\frac{\text{全部商品价格总额}}{\text{同单位货币平均流通速度(次数)}}$$

货币作为支付手段后，由于采取赊销方式进行商品交易，必然会引起货币流通量发生变化。因此，一定时期内货币流通规律的公式，应作如下相应的修改：

$$\text{一定时期内流通中所需要的货币量}=\frac{\text{全部商品价格总额}-\text{赊销商品价格总额}+\text{到期支付总额}-\text{相互抵消的支付总额}}{\text{同单位货币平均流通速度(次数)}}$$

公式表明：货币流通量同全部商品价格总额、到期支付总额成同方向变化；同赊销商品价格总额、相互抵消的支付总额成反方向变化。

以上是金属货币下的货币流通规律。当纸币代替金属货币时，这个规律仍然存在。上面说过，纸币是金属货币的符号，所以，纸币流通必然是以金属货币流通规律为基础的。纸币特有的流通规律是：纸币的发行量相当于流通中需要的金属货币量。若以公式表示则是：流通中全部纸币所代表的价值量＝流通中金属货币的需要量。如果纸币的发行符合这个要求，则单位纸币的购买力与同单位金属货币的购买力相等；如果纸币的发行量超过流通中所需的金属货币量，但由于它们仍然只代表流通中所需的金属货币量，因此单位纸币所代表的金属货币量就相对减少，纸币贬值，物价上涨。假如一定时期内商品流通所需要的金属货币量为 2 000 亿元，而纸币发行量达到 4 000 亿元，那么，4 000 亿元的纸币就只能代表 2 000亿元的金属货币，每元纸币只代表 0.5 元金属货币，在其他条件不变的情况下，物价就会相应地上涨 1 倍。实际上，滥发纸币还必然会引起货币流通速度加快，因为人们都尽快地要把纸币脱手换成商品，以减少纸币贬值的损失。假如上例货币流通速度加快

1 倍，则流通中所需要的金属货币量就应减少一半，即只需要1 000亿元，这时，每元纸币只代表 0.25 元的金属货币，物价上涨了300%。这种滥发纸币，使流通中的货币量超过流通中所需要的金属货币量，但却仍然只代表这些金属货币量，因而引起纸币贬值、物价上涨的经济现象，叫做通货膨胀。

第五节　价值规律

劳动价值论所阐明的商品和货币产生、存在、变动、发展的客观必然性，可以称之为价值规律。价值规律是商品经济的基本规律。

一、价值规律的基本内容和实现形式

凡有商品生产，就有价值规律，它是商品生产的客观规律。价值规律的基本内容和要求是：商品的价值量由生产该商品的社会必要劳动时间决定，商品的交换按照价值量来进行，即等价交换。

根据价值规律的要求，同一种商品，其价值量是一样的，不管生产者生产它花费的个别劳动时间多少，一律按由社会必要劳动时间决定的价值量进行交换。换句话说，价格要符合价值。但是，实际上，价格同价值一致，是偶然的，而经常不一致却是正常的。为什么呢？虽然价值是价格的基础，但是，影响价格高低的因素，除价值外，还有许多，其中主要的因素是货币自身的价值量和市场的供求关系。如果货币的价值量不变，商品价值量的增减，会引起价格同幅度的涨落。反之，如果商品的价值量不变，货币所代表的价值量的增减则会引起价格的涨落，于是货币的价值增加则价格下跌，反之则价格上涨。如果货币的价值量和商品的价值量同时按相同

方向和同比例变化，则价格不变。可见，价格水平与商品价值量的大小成正比，与货币价值量的变化成反比。当商品供不应求时，卖者纷纷抬价，引起价格高于价值，形成卖方市场；当供过于求时，卖者竞相降价，以求商品脱手，导致价格低于价值，形成买方市场。供求不平衡通过竞争引起价格变动，用价格背离价值的形式，以求得暂时平衡。价格以价值为轴心上下波动，是价值规律在商品经济中贯彻并实现的基本形式。所以，价值规律的实现形式就是价格围绕价值自发地上下波动。

这种实现形式，从表面现象看，它与价值规律的要求是相矛盾的，因为价值规律的要求是价格和价值一致，而价格却经常跑在价值之上或之下。但实际上它并没有否定价值规律。第一，价格偏离价值的幅度一般不会太大。价格是价值的相对表现形式，其变动必然是以价值为基础的。正因为如此，一辆自行车的价格绝对不可能超过一部摩托车的价格。第二，从个别商品的长期交换过程看，高于和低于价值的价格会互相抵消，趋于同价值相等。供求与价格是互相制约、互为因果的关系。当供过于求时，价格下跌，引起生产和供给缩减，需求增加；当求增供减到一定程度时，自然出现供不应求，价格上涨，限制需求，形成供增求减。因而，从长期看，价格偏离价值部分会互相抵消，使两者趋于一致。第三，从整个社会看，商品中总有一部分商品价格高于价值，另一部分价格低于价值。把各种商品当作一个整体来考察，高于和低于价值的价格也会互相抵消而趋于大体一致。所以，价格自发地围绕着价值这个轴心而上下波动，并不是对价值规律的破坏，恰恰相反，这正是价值规律在商品经济中贯彻其作用的唯一可能的形式。恩格斯指出："只有通过竞争的波动从而通过商品价格的波动，商品生产的价值规律才能得到贯彻，社会必要劳动时间决定商品价值这一点才能成为现实。"①

二、价值规律的作用

价值规律在商品经济中起着三个作用：

第一，自发地调节生产资料和劳动力在社会各生产部门之间的比例分配，即配置社会经济资源。价值规律是通过供求和价格、竞争等机制来发挥这方面作用的。这是因为在典型的商品经济下，社会生产是盲目的，生产者各自为政，独立分散经营，生产什么、生产多少、社会需要量、社会可供量等，谁也不了解，只能由市场上商品价格的涨落来调节。当某种商品求过于供，价格涨到价值以上时，人们才发现有利可图，就竞相追加投资，扩大生产规模，于是就有更多的生产资料和劳动力等社会经济资源投入这个生产部门。反之，供过于求，价格跌到价值之下，无利可图，甚至劳动耗费不可能得到补偿时，必然缩减投资，减少生产，就形成生产资料和劳动力从该部门撤出，或追加的资本转到其他部门。由此可见，价值规律以它不可抗拒的强制力自发地调节社会总经济资源在各部门之间的配置，使商品生产大体维持在一个适当的比例上。

价值规律的这个作用，由于是事后的调节，调节的结果也未必能够恰好达到供求一致时立即停止，它可能使供给扩大到已经超过需求，或缩小到不足需求的地步，所以价值规律的自发调节并不能确保社会生产和社会经济资源自然地、准确合理地、和谐地配置到各个生产部门，因此不可避免地要引起社会劳动的浪费。

第二，自发地刺激生产力的发展，激励创新。商品是按照社会必要劳动时间决定的价值进行交换的，在竞争规律的强制支配下，每一个商品生产者都力争使自己的商品所耗费的个别劳动时间低于社会必要劳动时间，提高劳动生产率，降低商品个别价值，提高

---

① 《马克思恩格斯全集》第 21 卷，第 215 页。

竞争能力，排挤同行，夺取市场，获得额外利益。如果生产者不能做到这一点，他的个别劳动时间高于社会必要劳动时间，那么，生产中的劳动耗费就不能得到全部补偿，甚至亏本，在竞争中处于不利的地位，有可能被淘汰。竞争的这种状况，强制地迫使生产者努力改进生产技术，采用先进设备，改善经营管理，加强核算。其结果，整个社会生产技术水平提高，社会生产力进步。

但应该指出，生产者为了保持在竞争中的有利地位，对新的生产技术和管理方法往往严加保密，因而，社会生产力的发展是有局限性的。

第三，优胜劣汰促使商品生产者的分化。商品生产者由于其生产条件和经营能力参差不齐，因而生产同一种商品所耗费的个别劳动时间千差万别。资金雄厚、生产条件好、劳动熟练程度高、经营能力强的生产者，生产商品的个别劳动时间少于社会必要劳动时间，在市场竞争中获利，发财致富，甚至成为资本家。而资金欠缺、生产条件差、劳动者素质差、劳动生产率低、经营能力弱的生产者，生产商品的个别劳动时间多于社会必要劳动时间，在竞争中处于不利地位，遭受亏本损失，甚至破产，沦为无产者。所以，价值规律的这个作用，不可避免地会引起生产者的分化，即优胜劣汰，在一定条件下，产生资本主义的生产关系。

三、商品和价值体现生产关系

商品对生产者没有使用价值，它是社会的使用价值。而从生产者手中转到消费者手上，这种让渡是通过商品的交换来实现的。从表面上看，商品交换是物与物之间的交换关系，但实际上，是商品生产者之间相互交换劳动的关系，是劳动不同形式的交换。前面说过，具体劳动不能互相比较，它必须还原为抽象劳动；具体劳动是私人劳动，必须转化为社会劳动；劳动的复杂程度的差别也一律还原为简单劳动。由此可见，商品的交换是在物的外壳掩盖下的劳动交换关系。凡是有商品生产和商品交换的地方，这种关系始终是存在的，只是体现的生产关系的性质不同而已。

价值是商品的根本属性，是社会劳动的表现形式。因此，它也是生产者之间关系的体现。首先，它把同类商品的个别价值平均化。生产者生产同种商品所耗费的劳动时间各不一样，但商品价值量不是根据个别劳动时间，而是由社会必要劳动时间决定的，因此，价值范畴表现为部门内不同的商品生产者之间个别劳动时间差别的平均化。其次，它把不同部门的劳动复杂程度差别同一化。不同部门的劳动的具体形式、劳动的复杂程度不一样，它们之间的商品交换，也是劳动量的比较，其计量单位是简单的抽象劳动。也就是说，为了比较劳动量，必须将各种具体形式的劳动化为同质的人类劳动，复杂劳动化为简单劳动的倍数，从而，使商品生产者之间发生经济关系。

四、商品拜物教

什么是商品拜物教呢？商品拜物教是从原始宗教世界那里借用来的比喻。菩萨是人手塑造起来的，神是人脑的产物，但它表现为独立于人之外的异己力量而存在着，并与人发生关系，支配人的命运，从而产生了人对神的崇拜。商品也是如此。产品是人们双手创造出来的，它一旦采取商品形式，那么劳动者交换劳动的关系，表现为商品与商品的关系，即物的关系。本来是人与人的关系，尔后才有物与物的关系；而在商品经济条件下，它首先表现为物与物的关系，人的经济关系通过它来表现。马克思把这种生产关系的物化和物支配人的经济现象，以及人们对商品的神秘观念，叫做商品拜物教。必须指出，商品拜物教是一种形象的比喻，决不能单纯看成是人们对商品的神秘观念，而首先应理解为人们生产关系的物化，物的关系掩盖了人的关系。正因为这样，才产生了物统治人，价值规律作为异己力量自发地支配商品劳动，从而支配人的命运的经济现象。在这个现实的基础上,才出现人对商品的神秘观念。

商品拜物教的神秘性根源在哪里呢?它不是来源于商品的使用价值,因为使用价值的效用性是显而易见的,从而创造使用价值的具体劳动,也没有什么神秘的地方。而且,商品的神秘性也不是来源于形成价值的劳动,即抽象劳动,因为抽象劳动是人的脑髓、神经、肌肉等的耗费,是可以理解的。劳动的量由劳动时间来计量,并取得平均性,也没有什么特别难以理解的地方。那么,商品拜物教的神秘性从何而来呢?它根源于商品形式本身。当产品采取商品形式以后,人类社会劳动就通过价值的物的形式来表现,而人们并不了解价值是什么,通常把它看成是商品这种物的天然属性;同时,劳动时间也表现为价值量;最后,生产者劳动的社会性质和生产关系,也就必然表现为商品与商品相交换的形式。所以说,商品形式本身带来了神秘性质。

商品形式会产生出拜物教性质,是由于存在着商品生产的基本矛盾:私人劳动和社会劳动之间的矛盾。在私有制下,商品生产者的劳动直接表现为私人劳动,而他们劳动的社会性质只有通过商品交换才能间接表现出来。这样,商品生产者的私人劳动就取得了二重的社会性质:一方面,他们的私人劳动必须作为有用的具体劳动,生产出符合社会需要的使用价值,使它成为社会总劳动的一部分;另一方面,他们私人的具体劳动又必须还原为抽象劳动,形成可以比较的商品价值,并在价值量相等的基础上交换不同的商品,从而间接地实现彼此交换劳动的经济关系。于是,人的关系被物化了,被颠倒了。

同时,商品生产者实际关心的问题,是自己的商品价值的实现程度。商品的交换比例的不断变动,同生产者的个人意志、预见和行为相独立,好像商品运动不是由生产者自己的社会运动引起的,而是由商品固有的价值本性生出来的独立运动。在商品运动中,价值规律的自发作用使一些生产者破产,一些生产者发财,支配着他们的命运，人们因而认为商品具有神秘性。

由此可见，商品拜物教是商品经济形式及其私人劳动和社会劳动的基本矛盾的必然产物，并随着商品经济的发展而进一步发展。当一切商品的价值由金和银来表现时，金银成为货币，成为价值的独立形式。可是，人们把商品的价值看作为物的自然属性，同样也把货币表现商品价值的能力看作是金银的自然属性。似乎不是一切商品把价值表现在金银上，金银才成为货币，而是因为金银天然就是货币，就是价值的独立形式。这时候，人们的社会关系的物化和物对人的统治，集中表现在货币对人的统治上，从而出现了“钱能使鬼推磨”、“拜金主义”等货币拜物教。货币拜物教是商品拜物教的发展。在资本主义社会里，商品生产得到充分发展，从而商品拜物教也发展到最充分的程度，又进一步地发展为资本拜物教。

无产阶级政治经济学的任务，就是要把那些由物的外壳掩盖着的社会生产关系揭示出来。马克思通过对商品、货币本质的分析，第一次揭穿了商品拜物教的谜。但资产阶级经济学者从其阶级本性出发，硬说什么资本生出利润、土地生出地租，这就是典型的资本拜物教。他们企图利用这个现象的尘雾来迷惑劳动人民的视线，掩盖资产阶级的剥削罪恶。

小结

商品是用来交换的劳动产品，具有使用价值和价值两个因素。使用价值是物的有用性，即物的自然属性。价值是人类无差别劳动在商品中的凝结，是商品的社会属性。

商品的二因素是由体现在商品生产中的劳动二重性决定的。具体劳动创造商品的使用价值，抽象劳动形成商品的价值。它们是同一人类劳动过程的两个方面。劳动二重性是理解政治经济学的枢纽。

私人劳动和社会劳动的矛盾是简单商品生产的基本矛盾。使用价值和价值的矛盾，具体劳动和抽象劳动的矛盾，其根源在于私人劳动和社会劳动的矛盾。

商品的价值量是由生产商品的社会必要劳动时间决定的。商品的价值量与体现在商品中的劳动量成正比，与这一劳动生产率成反比。生产商品的劳动有简单劳动和复杂劳动之别。复杂劳动可以折算为加倍的简单劳动。

货币是商品交换发展到一定阶段的产物，是价值形式发展的最后结果。货币的本质是固定地充当一般等价物的特殊商品，体现着商品生产者之间交换劳动的生产关系。货币具有价值尺度、流通手段、贮藏手段、支付手段和世界货币等五种职能。

价值规律是商品经济的基本经济规律。它的内容和要求是：商品的价值量由生产该商品的社会必要劳动时间决定，商品必须按照价值量相等的原则进行交换。它的作用是：分配社会劳动，调节资源配置，激励创新，优胜劣汰。

关键词

商品　使用价值　交换价值　价值　具体劳动　抽象劳动　私人劳动　社会劳动　社会必要劳动时间　劳动生产率　简单劳动　复杂劳动　货币　价值尺度　价格　价格标准　货币流通规律　通货膨胀　价值规律　商品拜物教

思考题

1. 如何理解商品的二因素？商品的二因素与生产商品的劳动二重性的关系如何？

2. 商品的价值量是如何确定的？劳动生产率如何影响商品的价值量？

3. 为什么说私人劳动和社会劳动的矛盾是简单商品生产的基本矛盾？

4.如何理解商品价值体现着商品生产者之间的生产关系？

5.商品价值形式的发展过程是怎样的？货币的本质是什么？它有哪些职能？

6.货币的价格标准与价值尺度有什么区别和联系？

7.什么是货币流通规律？什么是纸币的流通规律？

8.什么是价值规律？它的实现形式和在私有制商品经济中的作用是什么？

指定参考书

1.恩格斯：《反杜林论》第2编（政治经济学，五、价值论），《马克思恩格斯选集》第3卷，人民出版社1972年版。

2.厦门大学经济学系选编：《〈资本论〉选读》第1卷第1章，厦门大学出版社2000年版。

3.蒋绍进、罗郁聪等：《〈资本论选读〉讲座》第1卷第1章，中国财政经济出版社2000年版。

4.张雷声：《马克思主义政治经济学原理》第2章，中国财政经济出版社1999年版。

第三章　资本和剩余价值

本章是在劳动价值论的基础上，考察资本主义的直接生产过程，阐明剩余价值生产的问题。剩余价值学说是马克思经济理论的基石，本章从考察货币转化为资本开始，分析剩余价值的来源和生产方法，以及进一步阐述与剩余价值理论有密切联系的资本主义工资的本质，揭示资本主义社会存在的无产阶级和资产阶级对立的经济根源。

第一节　货币转化为资本

作为商品流通手段的货币不是资本，但在一定条件下，货币就转化为能够增殖价值的资本。劳动力成为商品是货币转化为资本的根本条件。劳动力一旦成为商品，它就具有使用价值和价值，这是作为商品必须具备的两种属性。

一、商品流通和资本流通

资本主义经济是在封建社会末期，从商品经济发展过来的。商品生产和交换发展的结果所产生的货币，是资本的最初表现形式。任何资本家首先要掌握足够的货币，才能进行资本主义的生产和经营。但是，货币本身并不是资本。作为资本的货币和作为商品流通媒介的货币是不同的。在简单商品流通中，货币单纯作为流通手段，其流通形式是：商品—货币—商品（W—G—W）；作为资本的货币，其流通形式是：货币—商品—货币（G—W—G）。这两种流通形式，不仅在形式上表现为买卖顺序的颠倒，而且有着本质的差别：

第一，运动的形式不同。简单商品流通是先卖后买，以商品作为出发点和归宿点；资本流通是先买后卖，以货币作为出发点和归宿点。

第二，运动的目的不同。简单商品流通是为买而卖，生产者出卖商品后，再买回自己所需要的商品，交换的目的是换取不同的使用价值；资本流通是为卖而买，买进商品是为了再出卖商品重新取得货币，流通的目的是交换价值本身。

第三，运动的内容不同。在 W—G—W 中，因为交换是为了满足生产者生产和生活需要，因此整个流通的实际内容是W—W，即一种使用价值换取另一种使用价值。在 G—W—G 中，其目的是交换价值，因此整个流通的实际内容是以货币换取另一货币，即G—G。由于货币在质上是相同的，因而它们之间只能在量上有区别。所以，流通的实际内容是终点的货币必须多于起点的货币，例如，经营的起点为 1 000 元，经营的结果获得 1 200 元。可见，作为资本的货币，其流通过程的完整的形式，应当是 G—W—G′，其中 $G'=G+\Delta G$，G 为原来的投资额，ΔG 为增殖额。这个增殖额就是剩余价值。

第四，两种流通的运动限度不同。从运动的持续性看，简单商品流通是为了满足生产者自身的消费需要，货币只是充当商品交换的媒介。当生产者买到自己所要的商品时，流通就结束了，货币退出流通，商品进入消费。而资本流通是为了交换价值，取得货币，这个运动是无止境的。资本只有在不断流通中才能保存自己和扩大自己的价值。

从上面的比较中可以看出，作为资本的货币和单纯的货币是根本不同的。货币这个概念不包含价值增殖，而资本最本质的规定就是价值增殖。因此，一般把资本定义为能够带来剩余价值的价值。

二、资本总公式及其矛盾

G—W—G′是资本运动的总公式。它不仅直接反映商业资本的运动，也从流通角度反映其他资本的运动。产业资本的运动(G—W…P…W′—G′)就是在总公式的基础上，补充了流通以外的生产过程P；而借贷资本的运动(G—G′)，不过是简缩了中间项W，成为没有媒介的流通。因此，G—W—G′这个在流通领域内直接表现出来的资本总公式，概括反映了产业资本、商业资本和借贷资本运动的共同本质，即实现价值增殖，价值增殖是资本运动的唯一目的，所以被称为资本的总公式。

从形式上看，G—W—G′这个总公式是和价值规律相矛盾的。因为价值规律的内在要求是等价交换，而在G—W—G′这一公式中，预付的价值量经过一定的流通过程后却发生了价值增殖，这就是矛盾。那么，价值增殖究竟是从哪里产生的呢？

在资本的总公式中，剩余价值表现为流通的结果。那么，剩余价值能不能从流通中产生呢？首先，如果流通中遵循的是等价交换的原则，等价物交换等价物，交换的结果，起点和终点的价值量只能相等。其次，如果是用不等价交换的手段，例如投机取巧，贱买又贵卖，似乎可以产生剩余价值。然而，不等价交换，只能是总价值在不同的个别资本家之间的分配变化，一些人增加了价值，另一些人却减少了价值。彼长此消，从全体资本家来看，在流通中，价值总量是不可能增大的。因此，流通或商品交换不创造价值，剩余价值不能从流通中产生。不过，剩余价值也不能离开流通而产生。因为，流通是商品生产者相互关系的总和，如果离开流通领域，商品生产者之间没有接触，他们只同自己的商品发生关系，他的一份劳动只能形成一份价值，不能在此之外实现价值的自行增殖。

剩余价值既不能在流通过程中产生，又不能离开流通过程而产生。这是解决资本总公式矛盾的条件。所谓不能离开流通而产生，是指资本家必须在流通中买到一种特定的商品，这种商品的使用价值的特殊性在于，它的使用能够成为价值的源泉。这种特定商品就是劳动力。所谓又不能在流通中产生，指的是价值增殖是在流通领域之外的生产过程中产生的。因为在生产中劳动力的使用，即劳动，它不仅能够形成价值，而且这个价值会大于劳动力商品自身的价值。因此，劳动力成为商品，是货币转化为资本的根本前提。

三、劳动力的买和卖

劳动力是指人的劳动能力，是人的体力和脑力的总和。它存在于活的人体中，只要是活着的健康的人，到了一定年龄就有了劳动力。劳动力是人类社会生产永恒的要素，但它只有在一定的社会历史条件下，才成为商品。劳动力要成为商品，必须具备以下两个基本条件：第一，劳动者必须在法律上是自由的，是自己劳动力的所有者，这样他才能在市场上出卖自己的劳动力，并且只是按一定时间一次次地出卖，不是一次性把它全部卖光。第二，劳动者必须一无所有，失去了生产资料和生活资料，不得不把劳动力当作商品出卖，以维持生活。

劳动力成为商品的社会条件，是在封建社会末期通过小商品生产者的两极分化和资本的原始积累过程而逐渐形成的。货币所有者和劳动力所有者在市场上买卖劳动力商品的这种关系，并不是一切历史时期所共有的社会关系，而是一种特定的历史现象。所以，劳动力商品是一个历史范畴。

劳动力商品和其他商品一样，具有使用价值和价值二重属性。但劳动力商品无论在价值和使用价值上，都有自己的特殊性。

和其他商品一样，劳动力价值是由生产和再生产劳动力商品所必需的社会必要劳动时间决定的。但是，劳动力存在于活的人体中，人要活着，就必须消费各种生活资料，使身体处于正常的健康的状态，才能不断地提供正常的劳动能力。因此，劳动力价值就还原为维持劳动者所必需的生活资料价值。那么，维持劳动者所必需的生活资料价值如何确定呢？一般地说，它包括三方面的内容：第一，维持劳动者自身所必需的生活资料价值；第二，维持劳动者家属及其子女所必需的生活资料价值，以便有新的劳动力来替代因病、残、老、死而退出市场的劳动力；第三，劳动者要掌握一定的技术所必须花费的教育训练费用，用于培训各种新科技和文化知识，以成为适合资本主义再生产需要的劳动力。总之，劳动力的价值是由生产、发展、维持和延续劳动力所必需的生活资料的价值所决定的。

劳动力价值的最低限度，就是由维持劳动者生理上所不可缺少的生活资料量所决定的。如果劳动力的价格降低到这个最低限度，那就意味着降低到劳动力价值以下，这样，劳动力就只能在萎缩状态下维持其再生产。

劳动力价值的决定具有特殊性，即它包含着历史的和道德的因素。劳动者对生活资料的需求是随着历史的和自然的条件的变化而变化的。它的构成和范围取决于社会经济和文化的发展水平，以及风俗习惯、社会道德、自然条件的差别，这些都会影响劳动者物质和文化生活需要的水平。但在一定的国家的一定时期，劳动者所必需的生活资料的范围和数量是一定的。科学技术和生产专业化的发展，要求劳动者掌握的知识和生产技术越来越多，在劳动力价值的构成中，教育训练费用有上升的趋势。

劳动力商品的最大特点，在于它的使用价值的特殊性。它的使用价值是进行生产劳动的能力，它的使用或消费就是劳动。而劳动能创造价值，而且能够生产出比劳动力自身价值更大的价值。因此，劳动力商品使用价值的特殊性在于它是价值的源泉。而超过劳动力价值的那一部分价值，就是剩余价值。劳动力的使用能够为资本家创造剩余价值，所以，劳动力成为商品，是货币转化为资本的前提。

第二节　资本主义的生产过程

资本主义的生产过程是劳动过程和价值增殖过程的统一，价值增殖过程是超过一定点的价值形成过程。在这一过程中，不变资本是生产剩余价值的物质条件，而可变资本才是剩余价值的唯一源泉。这一切都是在商品价值决定的原则下进行的。

一、资本主义生产过程是劳动过程和价值增殖过程的统一

劳动过程是劳动者通过自己的有目的的活动，运用劳动资料对劳动对象进行加工，改变物质形式，创造出能够满足人们某种需要的使用价值的过程。劳动过程也就是物质资料的生产过程，是人类生活永恒的自然条件，它不以社会形态变化为转移。劳动过程的这种一般性质，在任何社会都是一样的。

资本主义的劳动过程除了具有劳动过程的一般性质外，又具有自己的特点。资本主义劳动过程"是资本家消费劳动力的过程"[①]。它的特点是：第一，工人的劳动属于资本家，而不属于自己。工人是在资本家的监督指挥下，按照资本家的目的和要求进行劳动的。第二，劳动的结果——产品归资本家所有，直接生产者没有产品的所有权和分配权。这是因为，生产资料的所有权和劳动力的

① 《马克思恩格斯全集》第23卷，第209页。

使用权都属于资本家，从而，资本家消费劳动力，让它和生产资料相结合，所生产出来的劳动产品也就自然属于资本家所有。

劳动过程生产出使用价值，并不是资本主义生产的目的。资本家之所以要生产使用价值，只因为它是价值的物质承担者。资本家所关心的是剩余价值。为了说明剩余价值是如何生产的，就必须阐明价值形成和价值增殖过程。

先说价值形成过程。商品是使用价值和价值的统一，因此，商品的生产过程也必须是劳动过程和价值形成过程的统一。从劳动过程来看，是不同性质的劳动创造不同的使用价值。从价值形成过程来看，劳动的种种不同性质已被舍象了，问题只在于生产中究竟花费了多少社会必要劳动量，因此必须计算生产过程中的耗费和产品中新凝结的劳动量。以棉纱生产为例。资本家生产的是棉纱，他已按价值买下劳动力和生产资料，假设 1 小时劳动所形成的价值，其货币表现为 0.5 元。制造 10 公斤棉纱需要 10 公斤棉花，其价值是20 小时，即 10 元；纺纱时必需损耗的纱锭等劳动工具的价值是4 小时，即 2 元；如果劳动力一天的价值是 6 小时，即 3 元；资本家购买这些生产资料和劳动力支出货币 15 元，即代表 30 小时的价值。假定资本家叫纺纱工人劳动 6 小时，就把这 10 公斤棉花纺成10 公斤棉纱，那么，这 10 公斤棉纱的价值是多少呢？从劳动二重性的原理来考察：通过纺纱工人的具体劳动，消耗了棉花、纱锭等生产资料，生产出新的使用价值 10 公斤棉纱；同时工人的具体劳动，还把已消耗的上述生产资料的旧价值 24 小时，即 12 元，转移到新产品棉纱中去。另一方面，工人的劳动作为抽象劳动，形成了 6 小时的新价值，折合 3 元，凝结到新产品棉纱中去。就是说，10 公斤棉纱的价值是 30 小时，表现为 15 元。这同资本家支出的资本价值相等。资本家按价值出卖商品，收支相抵，价值没有增殖，这种结果是资本家绝对不能接受的。资本家进行商品生产的唯一目的是生产剩余价值，所以，资本主义的生产过程不是单纯的价值形成过程，而且还必须是价值增殖过程。

那么，价值形成过程怎样才能变成价值增殖过程呢？理解这个问题的关键，在于区别劳动力和劳动，区别劳动力的价值和劳动的使用(即劳动)所创造的价值。它们既是两个不同的概念，又是两个不同的数量，维持劳动力所必需的价值和使用劳动力所创造的价值完全是两回事。按照商品交换规律，资本家购买了一天的劳动力，就取得劳动力一天的使用权，他决不会让工人一天只劳动 6 小时，因为这仅够补偿劳动力的价值，而必定要工人从事更长时间的劳动，比如说 12 小时。由于劳动时间比原来增加 1 倍，则生产资料的消耗也要增加 1 倍。这样，工人在 12 小时的劳动中，通过具体劳动创造的新使用价值相应地增加 1 倍，即把 20 公斤棉花纺成 20 公斤棉纱，同时把已消耗的生产资料旧价值 48 小时，即 24 元，转移到新产品棉纱中去；另一方面工人的抽象劳动形成的 12 小时新价值，即 6 元，也凝结到棉纱中去。资本家按等价交换原则出卖棉纱 20 公斤，可得价值 60 小时，即货币 30 元。而他生产 20 公斤棉纱所消耗的资本是：棉花 20 元，工具损耗 4 元，共 24 元(代表 48 小时价值)，还支付工资 3 元(代表劳动力一天的价值 6 小时)，合计支出为 27 元(代表 54 小时价值)。收大于支，获得剩余价值 3 元(代表 6 小时价值)。由此可见，棉纱中包含的生产资料旧价值 48 小时即 24 元，与这部分的资本耗费完全相等，剩余价值的唯一来源是由工人劳动创造的新价值 12 小时即 6 元，与劳动力价值 6 小时或价格 3 元之间的差额所构成的。这就是说，被资本家无偿占有的剩余价值，无非是雇佣工人的劳动所创造的新价值中超过劳动力自身价值以上的那一部分价值。所以，价值增殖过程不外是超过“一定点”而延长了的价值形成过程。这个“一定点”就是工人补偿劳动力价值等价所需要的劳动时间。如果价值形成过程只持续到这一点，它还是单纯的价值形成过程；如果价值形成过程超过了这个点而持续下去，它就成为价值增殖过程。价值增殖过程的关键，在于劳动力商品特殊的使用价值，它可以创造出比劳动力价值更大的价值。

资本主义的生产过程，一方面是劳动过程，即物质资料的生产过程；另一方面是价值增殖过程，即剩余价值的生产过程。按劳动二重性原理，在资本主义生产过程中，工人的具体劳动，改变了劳动对象的形式，生产出新的使用价值——物质产品，同时也把已消耗的生产资料价值转移到新产品中去；工人的劳动作为抽象劳动，它创造了新价值，即补偿劳动力价值的等价和剩余价值。剩余价值的本质就是工人在生产过程中创造的、超过劳动力价值的等价而被资本家无偿占有的那部分价值。剩余价值体现着资本家对工人的剥削关系。

现在我们清楚地看到，剩余价值的生产，是完全按照商品交换的规律行事的，资本总公式引出的矛盾，完满地解决了。货币转化为资本的整个过程，既在流通领域中进行，又不在流通领域中进行。它是以流通为媒介，在市场上购买劳动力商品以及其他生产要素商品，为价值增殖过程作准备，而价值增殖又是在生产领域中进行的。资本流通的全过程，既遵循价值规律的要求，又形成剩余价值。

二、不变资本、可变资本、剩余价值率

资本的不同部分在资本的价值增殖过程中起着完全不同的作用。

资本家投在生产资料上的那部分资本，在生产过程中按它们的使用价值被消耗的情况，把它们的原有价值转移到新产品上去，形成商品价值的一部分。它们的价值在转移过程中不会发生增殖，因此叫不变资本。各种生产资料是以不同的形式被消耗掉的。例如，机器设备、厂房等可以使用很多年，参加多次生产过程，在每一次生产过程中只消耗一部分使用价值，而原材料、燃料等，则在一

次生产过程中全部被消耗掉。因此，它们转移价值的方式也不相同，即机器设备、厂房的价值，是按照其磨损程度逐渐地转移到新产品上去的，而原材料、燃料的价值，则是一次性全部转移到新产品上去的。

资本家投在劳动力上的那部分资本，在价值增殖过程中，其价值不是被转移到新产品上，而是由工人的劳动把它再生产出来。因为资本家购买劳动力商品时支付的价值即工资，已被工人用于购买生活资料供个人消费。这部分价值是由工人劳动创造的新价值的一部分来补偿的。在生产过程中，工人创造的新价值，不仅包括了等价的劳动力价值，也包括了一定量的剩余价值。投在劳动力上的资本是一个既定的量，在生产过程中发生了量的变化，即发生了价值增殖，所以叫做可变资本。

不变资本和可变资本的区分有重大意义，它是马克思的重要理论贡献。第一，它进一步揭示了剩余价值的源泉和资本主义剥削的实质。只有可变资本才能够带来剩余价值，工人的剩余劳动才是剩余价值的唯一源泉，而不变资本则是获取剩余价值的必要的物质条件。第二，它为确定资本家对雇佣工人的剥削程度提供了理论根据。剩余价值率能准确反映剥削的程度。

既然剩余价值是由可变资本带来的，确定资本家对工人的剥削程度，就应该从全部资本中抽去不变资本，用剩余价值同可变资本相比，而不应该是剩余价值同全部资本相比。剩余价值同可变资本的比率，就叫剩余价值率，也叫剥削率。以 c 代表不变资本，v 代表可变资本，m 代表剩余价值，m′代表剩余价值率，则：

$$\text{剩余价值率}=\frac{\text{剩余价值}}{\text{可变资本}}$$

$$m'=\frac{m}{v}$$

例如，资本家的全部垫付资本是 10 万元，其中可变资本为 2 万元，剩余价值为 2 万元，那么，剩余价值率就是 100%。可见剩余价值率准确表示着资本家对工人的剥削程度。

资本的剥削程度也可以用劳动量来表示。在工人的一个工作日中，一部分用来补偿资本家购买劳动的价值，这部分用以再生产劳动力价值等价的劳动时间称为必要劳动时间，在这个时间内支出的劳动是必要劳动；另一部分是无偿地为资本家生产剩余价值的劳动时间，是剩余劳动时间，在这个时间内支出的劳动是剩余劳动。必要劳动创造可变资本的价值，剩余劳动创造剩余价值，所以，m 和 v 的比率也就等于剩余劳动和必要劳动的比率。即：

$$m' = \frac{\text{剩余价值}}{\text{可变资本}} = \frac{\text{剩余劳动}}{\text{必要劳动}} = \frac{\text{剩余劳动时间}}{\text{必要劳动时间}}$$

上述三个符号是以三种形式表示同一个剩余价值率，第一个采用物化劳动形式计算，第二个采用活劳动形式计算，第三个采用劳动时间的形式计算，它们都能准确反映资本家对雇佣工人的剥削程度。

历史上一切剥削制度，都是建立在对劳动者剩余劳动无偿占有的基础上的。资本主义剥削制度不同的地方，是剩余劳动以剩余价值的形式被榨取出来。这种榨取是借着商品等价交换的原则进行的，其剥削程度比以往的各种剥削制度有过之而无不及。因为资本主义生产不是为了使用价值，而是为了剩余价值，资本对剩余价值的追求是无止境的。

剩余价值量除了取决于剩余价值率的高低以外，还取决于雇佣工人数量或可变资本总量的多少。如果以 M 代表剩余价值总量，以$\frac{m}{v}$代表剩余价值率，以 V 代表可变资本总量，那么，剩余价值总量的计算公式是 $M=\frac{m}{v}\times V$。这个公式表明：在剩余价值率为一定时，可变资本总量增加，雇佣工人总数增多，资本家获得的剩余价值就增多；在可变资本不变时，剩余价值率越高，剩余价值量就越多。所以，资本家总是想方设法提高剩余价值率，加强对工人的剥削，榨取更多的剩余价值。

三、资本的本质和剩余价值规律

资本是能够带来剩余价值的价值。当我们深入分析货币转化为资本的过程时，我们又看到，只有雇佣工人的剩余劳动才能创造剩余价值，因此，资本是特定的社会生产关系，即货币所有者运用财富来生产和无偿占有雇佣工人创造的剩余价值的关系，是在等价交换形式掩盖下，资产阶级和无产阶级之间剥削和被剥削的关系。马克思指出："资本也是一种社会生产关系。这是资产阶级的生产关系，是资产阶级社会的生产关系。"①

资产阶级经济学家毫无例外地把资本说成是机器、厂房等物质设备，甚至连原始人手里的木棍和石头也说成是资本，这就把资本当作物本身的自然属性来看待了，似乎这些物品天然具有价值增殖的能力。其实，这些物品如机器等生产资料是社会生产不可缺少的物质条件，但不是资本。只有当它被用来生产剩余价值，剥削工人时，才成为资本。就是奴隶主和封建主所占有的生产资料，虽然也都是剥削手段，但是由于剥削的对象是奴隶和农奴，剥削方式也不同，从而并不体现资本主义生产关系，仍然不能称为资本。

资本不是物，而是表现为物的资本主义生产关系。所以，资本是一个历史范畴。它只存在于人类历史发展的一个阶段上，随着资本主义生产关系的产生而产生，并随着资本主义生产关系的消灭而退出历史舞台。

资本主义生产的实质，是剩余价值生产。马克思深刻指出："生

① 《马克思恩格斯选集》第 1 卷，第 363 页。

产剩余价值或赚钱,是这个生产方式的绝对规律。”[①]剩余价值规律的主要内容和要求是:资本主义的目的和动机是追求尽可能多的剩余价值,达到这一目的的手段是不断扩大和加强对雇佣劳动的剥削。在资本主义制度下,生产资料归资本家占有,劳动者除劳动力以外一无所有,生产资料和劳动者处于分离状态。在生产过程中,生产资料和劳动力都是作为资本的要素存在,而资本的灵魂是不断的价值增殖。因此生产必然服从追求剩余价值这一目的,资本家一切活动的目的和动机,都是为了榨取尽可能多的剩余价值。这就是资本主义生产的实质。

剩余价值规律决定着资本主义生产发展的一切主要方面和主要过程。资本主义社会生产的各个环节都受剩余价值规律的支配。资本主义的生产是为了创造剩余价值,生产的种类和数量取决于剩余价值的多少;资本主义的流通过程,是剩余价值生产的准备和实现过程;资本主义分配过程的实质是资产阶级各利益集团瓜分剩余价值的过程;而资本主义消费包括资本家的个人消费和工人的个人消费两个部分,资本家的个人消费,受其所得即剩余价值的制约,雇佣工人的个人消费则从属于剩余价值生产,为资本再生产不断提供可供剥削的劳动力,即劳动力的再生产过程。

剩余价值规律决定着资本主义生产方式产生、发展和必然灭亡的全部过程。资本主义生产关系,是以资本家剥削工人剩余价值为特征的。对剩余价值的追逐,促使资本主义私人占有和生产社会化之间的基本矛盾尖锐化,导致周期性经济危机不断爆发,显示出资本主义生产方式的历史局限性。

---

① 《马克思恩格斯全集》第 23 卷,第 679 页。

第三节 剩余价值生产的两种基本方法

剩余价值生产是资本主义的生产目的，绝对和相对剩余价值生产是达到这一目的的两种基本手段。由于对相对剩余价值的追求，使资本主义的发展经历过简单协作、工场手工业和机器大工业三个阶段。机器大工业从根本上确立了资本主义制度的物质基础。从机器大工业阶段确立至今，又可分为三个发展时期，在这三个发展时期，资本主义生产取得了巨大的发展。

一、绝对剩余价值的生产

绝对剩余价值是指在必要劳动时间不变的条件下，由工作日的绝对延长生产的剩余价值。在资本主义制度下，工人一天的劳动时间，是由必要劳动时间和剩余劳动时间两个部分组成的，前者生产劳动力价值的等价，后者生产剩余价值。在必要劳动时间已定的条件下，剩余劳动时间因整个工作日绝对延长而增加。假定一个工作日是 12 小时，其中 6 小时是必要劳动时间，6 小时是剩余劳动时间，剩余价值率为 100%。如果把工作日延长为 15 小时，必要劳动时间不变，剩余劳动时间就变成 9 小时，那么，剩余价值率也就增加到 150%。用图表示如下：

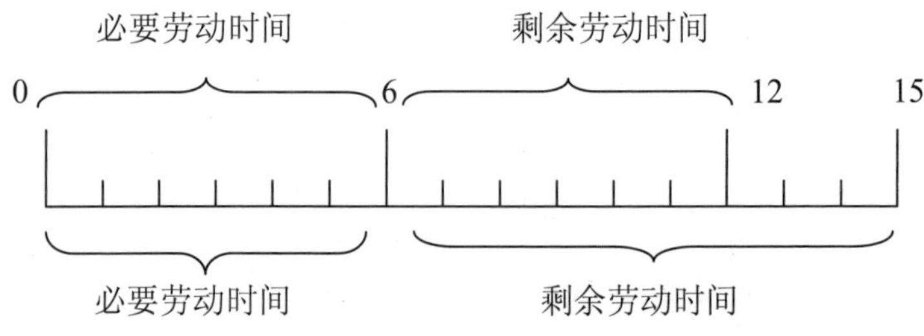

劳动时间越长，剩余劳动时间也越长，剩余价值率就越高，剩余价值量就越大。马克思把这种依靠工作日的绝对延长而生产的剩余价值，叫做绝对剩余价值。

由必要劳动时间和剩余劳动时间组成的工作日，是一个可变量，但它只能在一定的界限内变动。工作日必须长于必要劳动时间，否则就不可能生产剩余价值，资本主义生产方式也就不能存在。但是，工作日有一个最高界限，它由两方面的情况所决定。第一，劳动力的生理界限。劳动者要睡觉、吃饭，这些活动都需要花费一定的时间。这种时间是人在生理上所必需的，因而，是劳动力再生产所必需的。第二，道德的界限。劳动者还要用一定的时间来满足精神上和社会活动的需要，像读书、看报、文化娱乐以及社交活动等等。这种需要的范围和数量，由一个国家的经济文化发展状况所决定。因此，工作日的长度是在生理界限和社会道德界限之内变动的，而这两个界限，都有很大的伸缩性，所以，历史上存在着各种各样长度的工作日。

工作日的长短，不是由商品交换原则规定的，而是由两个阶级的力量对比来决定的。当资产阶级力量比较强大，而工人阶级还无力进行有力的反抗时，就会被迫接受较长的工作日，比如在 18 世纪 80 年代至 19 世纪上半期，英国正常工作日长达 12 小时，有时甚至达到 14～16 小时；反之，当工人阶级力量已逐渐强大，并对资本家的残酷剥削进行有效反击时，资产阶级也会被迫接受缩短工作日的要求。在资本主义发展史上，工作日的正常化过程，表现为规定工作日界限的斗争。这个斗争从英国开始，随后遍及资本主义各国。1866 年，美国工人提出的“8 小时工作制”成了无产阶级经济斗争和政治斗争的重要内容。1868 年美国国会通过了 8 小时工作制的法令。无产阶级的顽强斗争，迫使资产阶级国家不得不先后颁布限制工作日的法律，实行 8 小时工作制。

目前，在发达资本主义国家，工人工作时间比过去又再度缩短，每周 40 小时左右。从根本上说，这是由于工人阶级有组织的斗争比过去更加强大，资产阶级被迫作出的让步。同时，由于战后科学技术的迅速发展，资本家的剥削主要是靠提高劳动生产率，为适应现代化生产的要求，必须让工人增加学习文化科学技术的时间。此外，还由于机器排挤工人的现象严重，为缓和失业问题，也不得不减少一些工作时间。但是，延长或变相延长工作日的现象，也时有发生，如提前上班，推迟下班，叫工人在业余时间加班等。

二、相对剩余价值的生产

延长工作日生产剩余价值的方法，受到工作日长度的限制，而且常常引起工人阶级的反抗，不能满足资本家对剩余价值的无限追求。因此，资本家便采取另一种方法来增加剩余价值的生产。这就是在工作日长度不变的条件下，改变工作日中必要劳动时间和剩余劳动时间的比例，以增加剩余价值生产。

在工作日长度已定的情况下，怎样增加剩余价值呢？那就只有改变工作日内部构成，即缩短必要劳动时间，而相对地延长剩余劳动时间。例如，工作日为 12 小时，其中必要劳动时间 6 小时，剩余劳动时间 6 小时。如果把必要劳动时间缩短 2 小时，则剩余劳动时间就会由 6 小时增至 8 小时。用图式表示如下：

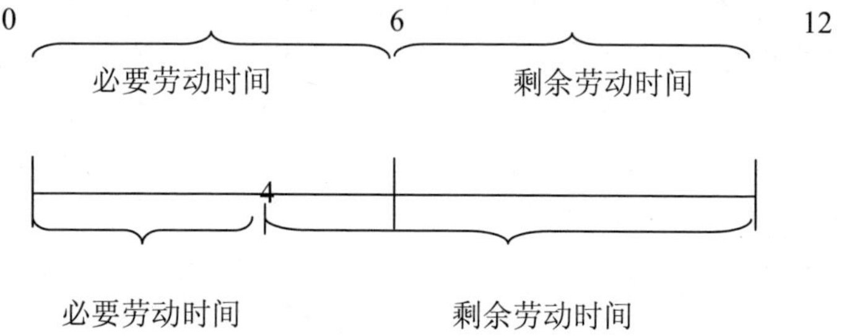

这样，工作日虽然不变，但剩余劳动时间却增加了，剩余价值率就由原来的 100%增至 200%。马克思说："我把通过延长工作日

而生产的剩余价值，叫做绝对剩余价值；相反，我把通过缩短必要劳动时间、相应地改变工作日的两个组成部分的量的比例而生产的剩余价值，叫做相对剩余价值。”①

那么，必要劳动时间怎样才能缩短呢？首先必须指出，克扣工资，把工人的工资压低到劳动力的价值以下，也可以达到这个目的，但这不是必要劳动时间真正缩短，而是被强制掠夺，是违背等价交换原则的。尽管克扣工资是资本家经常采用的办法，但探讨剩余价值生产的一般规律时，必须遵循价值规律，即假定资本家按劳动力的价值支付工资。所谓必要劳动时间缩短是指劳动力价值自身下降，剩余劳动时间因此而相应地延长。劳动力价值等于劳动者所必需的生活资料的价值。要使劳动力价值降低，必要生活资料的生产必须发生变革，即必要生活资料便宜，劳动力价值也就下降。同时，那些为生产必要生活资料的部门提供生产资料的部门发生生产变革，有关生产资料便宜，必要消费品也会相应地便宜些。

可见，劳动力价值的降低和必要劳动时间的缩短，是生活资料的商品价值降低的结果，是社会生产力普遍提高的结果。个别资本家提高劳动生产率，并不能直接降低劳动力的价值，虽然会最终促成这个结果，但这不是他的直接目的。个别资本家改进技术、提高劳动生产率的直接动力，是为了追求超额剩余价值。而各个资本家为追求超额剩余价值展开竞争的客观结果，提高了整个社会的劳动生产率，使生活资料的商品价值降低，从而使整个资本家阶级获得相对剩余价值。

超额剩余价值是个别企业提高生产率，所生产的商品的个别价值低于社会价值而获得的超额的剩余价值。由于商品价值是由社会必要劳动量决定的，个别生产者所耗费的劳动量少于社会必要劳动量，但按社会必要劳动量出卖商品，于是他就能得到额外的

---

① 《马克思恩格斯全集》第 23 卷，第 350 页。

利益。比如社会上一般的纺纱厂平均每个工人在 12 小时内生产棉纱 20 公斤。在每小时的社会价值为 0.5 元时，这 20 公斤棉纱中，生产资料价值转移为 24 元，工人新创造的价值为 6 元，计 30 元整，每公斤棉纱的社会价值为 1.5 元。如果某个纺织厂劳动生产率提高 1 倍，工人在 12 小时的劳动中，平均能生产出 40 公斤的棉纱，假定每公斤棉纱消耗的生产资料价值仍不变，则 40 公斤棉纱转移的生产资料价值为 48 元，工人新创造的价值仍为 6 元，计 54 元，每公斤棉纱的个别价值为 1.35 元。但该厂资本家仍可按每公斤 1.5 元的社会价值出售棉纱，比其他资本家多得 0.15 元，40 公斤棉纱可多得 6 元。这 6 元就是超额剩余价值。

超额剩余价值实质上也是相对剩余价值，不过是另一形式而已。因为它同样是提高劳动生产力的结果，是缩短必要劳动时间和相对延长剩余劳动时间而产生的。如上例，在一般企业，工人在 12 小时内创造的新价值为 6 元，其中补偿劳动力价值为 3 元，必要劳动时间是 6 小时，剩余价值为 3 元，剩余劳动时间是 6 小时，剩余价值率是 100%。在个别先进企业，工人在 12 小时内创造和实现的新价值为 12 元，也就是同一时间内比一般企业能够创造加倍的价值。因为先进企业的劳动，是一种生产力特别高的劳动。“生产力特别高的劳动起了自乘的劳动的作用，或者说，在同样的时间内，它所创造的价值比同种社会平均劳动要多。”[①]由于劳动力价值仍然不变，先进企业工人用以补偿这个等价 3 元就不必用 6 小时，而只要 3 小时就够了，从而先进企业在工作日 12 小时不变的情况下，剩余劳动时间就延长到 9 小时，并生产 9 元的剩余价值。所以，它也是相对剩余价值。这是就其实质而言的。但还必须看到，超额剩余价值发生时，社会劳动力价值实际上并未下降，这与相对剩余价值很不相同。

---

① 《马克思恩格斯全集》第 23 卷，第 354 页。

只有率先采用新技术，提高劳动生产率的个别企业，才可以获得超额剩余价值，但它获得超额剩余价值只是暂时的现象。价值规律的作用迫使同一部门的资本家迟早会在各自的企业中采用新技术，否则就会在竞争中失败。当劳动生产率普遍提高时，原来获得超额剩余价值的资本家的个别价值和社会价值的差额就消失了。剩余价值的诱惑和竞争的作用，迫使每个资本家都不得不变革生产技术，提高劳动生产率。其结果，就会使社会劳动生产率普遍提高，生活资料商品的价值下降，劳动力价值也随之下降。这时本来意义上的相对剩余价值就出现了，所有资本家都从必要劳动时间缩短、剩余劳动时间相对延长中获得利益。

社会平均的劳动生产率越高，则相对剩余价值越多。相对剩余价值生产是在各个资本家追求超额剩余价值的过程中实现的。发展生产力，使商品便宜，从而使劳动力商品便宜，生产更多的剩余价值，这是资本主义生产发展的必然趋势。

三、相对剩余价值和绝对剩余价值的关系

绝对剩余价值的生产和相对剩余价值的生产，是资本家提高剥削程度的两种方法。在资本主义初期，由于技术进步缓慢，资本家主要靠延长工作日，生产绝对剩余价值的办法来加强剥削。到了机器大工业时期，提高劳动生产率，生产相对剩余价值，便成为资本家主要的剥削方法。

从资本家对雇佣劳动的剥削来看，绝对剩余价值生产方法和相对剩余价值生产方法是相一致的，都是通过延长工人的剩余劳动时间而增加剩余价值量。但是，绝对剩余价值生产是资本主义剥削的一般基础，因为资本主义剥削只有把工人的劳动时间延长到必要劳动时间以上，资本家才能占有剩余劳动，获得剩余价值。同时，绝对剩余价值生产又是相对剩余价值生产的出发点，因为只有在工作日可以分为必要劳动时间和剩余劳动时间两部分的前提

下，资本家才可能通过提高劳动生产率来缩短必要劳动时间，相对地延长剩余劳动时间，获得相对剩余价值。

孤立地看一个生产过程，是很难判别它属于哪一种剩余价值生产的。如果观察剩余价值的运动，也就是从前后变化相比较来看，两者的区别就清楚了。如必要劳动时间不变，而延长工作日，这是绝对剩余价值生产；如工作日不变，提高劳动生产率以缩短必要劳动时间，这是相对剩余价值生产。绝对剩余价值生产，可以在生产技术不变的条件下进行；而相对剩余价值生产必须改变生产的物质基础，以提高劳动生产率为前提。

至于提高劳动强度属于哪一种剩余价值生产，经济学界有不同的看法。第一种看法认为，它属于相对剩余价值生产，因为马克思是把提高劳动强度放在这一部分来讲的。第二种看法认为，它属于绝对剩余价值生产，因为如提高劳动强度10%，加大了劳动量的消耗，与延长工作日10%在实质上是相同的，而且它所形成的价值量也增加10%。第三种看法认为，从形式上或从劳动时间的划分上看，它属于相对剩余价值生产，但从实质上或从劳动量的消耗来看，它属于绝对剩余价值生产。我们是有条件地赞同第三种看法的。我们认为，当部分资本家提高劳动强度，尚未成为社会的平均劳动强度的时候，它在实质上属于绝对剩余价值生产，它与提高劳动生产率的相对剩余价值的生产是有明显区别的。

四、相对剩余价值生产的三个发展阶段

资本主义生产的发展经历了三个阶段，即简单协作、工场手工业和机器大工业三个阶段。这是资本主义社会生产力发展的三个阶段，也是资本家增加相对剩余价值生产的三个阶段。

在资本主义初期，是简单协作阶段。许多劳动者在同一个生产过程或在互相联系的不同生产过程，在同一资本家指挥监督下有组织地共同协作劳动。这种劳动形式称为简单协作。它是劳动社

会化的早期形式。简单协作的作坊，尽管采取手工劳动，没有固定分工，但它比独立、分散的小生产者优越。协作创造了新的社会生产力，早期资本主义的作坊主就是利用协作的种种优点战胜个体手工业，榨取更多的剩余价值的。

资本主义工业发展的第二个阶段是工场手工业阶段。这一时期从 16 世纪中叶到 18 世纪末叶。它是以手工技术加上分工为基础的协作。它有两种方式，一是混成的工场手工业，二是有机的工场手工业。前一种方式是资本家把不同行业的手工业劳动者结合在一个工场内，让各种工匠按各自的手艺共同生产一种产品。分工使他们在同一个商品生产过程中，只从事互相补充的局部操作(例如马车的生产)，称为混成的工场手工业。后一种方式是资本家把同一行业的手工业者(例如制针手工业者)，结合在一个工场内，将整个劳动过程分成若干工序，进行流水作业，让每个劳动者专门从事某一种简单的操作。这就使得劳动技巧日益熟练，工作方法日趋完善。劳动工具也适应分工而专门化和特殊化，劳动效果显著提高，促进了社会劳动生产力的发展。这种工场手工业，采取流水作业的方式，要依次经过一系列工序才能把产品制造出来，所以叫有机的工场手工业。

资本主义工业发展的第三阶段是机器大工业阶段。由工场手工业发展到机器大工业，是以生产工具的变革为起点的，即由手工工具改变为机器。机器由发动机、传动装置、工作机三个不同部分构成。机器运用于生产过程，使各行业的生产工艺和劳动组织都发生了重大变革，极大地提高了劳动生产率，是相对剩余价值生产的一种基本形式。

机器大工业的产生和发展，使资本主义生产关系得以最终确立。资本家占有机器，也就利用机器作为彻底控制和支配雇佣劳动、打垮个体小业主的有力武器。机器体系严密的分工协作，使得劳动者只能跟随着机器的运转而劳动，离开机器很难独立劳动，工人对资本的依附从形式上的隶属转变为实际上的隶属。这与简单协作及工场手工业时期,工人虽受雇于资本家,但还保留着自己独立的劳动技能有明显不同。机器大生产技术性强,劳动生产率高,规模大,单位产品价格相对低廉,个体小业主很难与之抗衡,于是纷纷破产沦为雇佣工人,这不仅扩大了工人队伍,也巩固了雇佣劳动制度。

从 18 世纪最后 30 年开始,西欧各主要资本主义国家先后发生了产业革命,即以机械化的劳动代替手工劳动的生产技术革命。产业革命从工作机的发明与运用开始,接着是动力机和传动装置的发明和采用,最后实现用机器生产机器。

在机器大工业这个大阶段,因科学技术的进步和生产力的迅速发展,又可以分为三个时期。一是从 18 世纪 70 年代到 19 世纪中叶,是以蒸汽机为主要标志的时期;二是从 19 世纪下半期至 20 世纪初,是以电力和内燃机为标志的时期;三是从 20 世纪 50 年代开始直到现在,进入以原子能和电子计算机为标志的自动化生产时期。

五、资本主义生产智能化条件下剩余价值的源泉

现代科学技术在生产中的广泛应用,创造了更高级更完善的机器设备,大幅度地提高了劳动生产率。特别是随着电子工业的进步,由电子计算机等组成的控制系统,把机器连结成智能化生产体系,这样,机器代替了人的一部分体力和脑力劳动,以至在生产现场大量减少直接操作机器的劳动者,出现了所谓“无人车间”、“无人工厂”。于是,人们就提出了在高科技和生产智能化条件下剩余价值的源泉问题,即剩余价值是否仍然由雇佣工人的劳动所创造?

马克思的劳动价值论和剩余价值论告诉我们,在资本主义条件下,工人的劳动创造价值,有必要劳动和剩余劳动之分,其中,工人的剩余劳动创造剩余价值。尽管生产高度智能化了,但商品的价

值和资本家所获得的剩余价值,仍然是雇佣工人创造的。理由如下:

第一,智能化机器体系再先进,也仍然是机器。智能化机器体系与过去的机器体系相比固然有重大的变化,除了原有的发动机、传动装置、工作机三个组成部分之外,又增加了一个以电子计算机为主的自动化控制系统,但也只不过是更先进、有更高效能的机器。它在生产过程中仍然当作劳动资料发挥作用,是创造使用价值的手段。但在价值增殖过程中,它们则属于不变资本,不论生产资料如何先进,在生产过程中只能把它原有的价值按其磨损程度,逐渐转移到新产品中去,并不能创造任何新价值。因为先进的生产资料是与工人的具体劳动发生关系,由于自动化机器的使用,可以大大提高劳动生产率,使每个劳动力运用的生产资料增加,在相同的时间里生产出好多倍的使用价值,并相应地转移了大量的旧价值;但它却与工人的抽象劳动毫无关系,从而与新价值没有内在联系,并不能为资本家带来任何剩余价值。

第二,价值是一般人类劳动的凝结,劳动是商品价值的唯一源泉,智能化的机器虽然代替了人的一部分劳动,但是不可能完全取代人的劳动,也不能改变劳动者在生产中的主体地位。机器再完善也是由人来使用的。智能化的生产,首先要有人设计产品品种规格和工艺过程,再编制生产程序,然后输入电子计算机。在生产过程中,智能化机器的运转也需要有人监督、调节和维修。当然,在生产现场进行直接操作的劳动者大大减少了,但在现场以外的劳动者却增加了;体力劳动减少了,脑力劳动却增加了。这表明生产的分工协作和社会化程度进一步提高了。马克思指出:“为了从事生产劳动,现在不一定要亲自动手,只要成为总体工人的一个器官,完成他所属的某一个职能就够了。”[①]这里所说的“总体工人”既包括

---

① 《马克思恩格斯全集》第23卷,第556页。

直接进行生产操作的劳动者，又包括与物质生产有关的科学技术人员和管理人员，剩余价值是由他们的抽象劳动共同制造的。而且，在“总体工人”中，劳动的复杂程度和熟练程度大为提高，可以创造更多的价值和剩余价值。

第三，个别企业的资本家首先采用智能化的机器体系，或采用比其他企业智能化程度更高的机器体系，可以大幅度地提高劳动生产率，减少雇佣工人人数，并获得更多的剩余价值，这是因为该企业生产的商品的个别价值低于社会价值，而又按社会价值出卖商品，从而获得超额剩余价值。其来源是这些企业的工人的劳动生产率特别高，能创造加倍的社会价值。

第四节　资本主义制度下的工资

工资是劳动力价值或价格的转化形式，也就是说工资在实质上是劳动力的价值或价格，但在形式上却表现为劳动的价值或价格。这是由资本主义生产关系造成的。认识工资的实质，能够进一步深化理解剩余价值的源泉。

一、资本主义制度下的工资是劳动力价值或价格的转化形式

资本家购买工人的劳动力，工人则从资本家那里领取工资，表面看来，资本家支付给工人的工资似乎不是劳动力的价格，而是劳动的价格，即工人劳动的全部报酬，并不存在剥削关系。因此，必须分析资本主义工资的本质，揭示它掩盖资本主义剥削的假象。

其实，劳动力和劳动是两个不同的概念。在资本家同工人的买卖关系中，工人出卖的是劳动力，而不是劳动，能成为商品的、而且能出卖的，只能是劳动力，劳动不是商品，既无价值，也无价格。其

理由是：

第一，如果说劳动是商品，具有价值，那就会陷入毫无内容的同义语反复。商品的价值量是由劳动时间决定的，如果劳动是商品，当然也就有价值，这就势必变成了劳动的价值由劳动时间来决定，12 小时劳动的价值等于 12 小时劳动。这种同义反复并不能说明任何问题。

第二，如果说劳动是商品，成为买卖的对象，那它在出卖以前必须独立存在。然而交易发生时，雇佣工人的劳动不能独立存在。但当劳动者进入劳动过程时，劳动已经属于资本家而不属于劳动者了，因而不能拿它来出卖。劳动者如果自己能够生产产品，他就不是雇佣工人，而是独立的小生产者。

第三，如果说劳动是商品，则价值规律和剩余价值规律就不能同时存在。如果工人出卖的真正是劳动，取得“劳动的价值(或价格)”，那么，按照等价交换的原则，他每天就应得到他一天劳动所创造的价值，例如 6 元。这样，资本家就没有剩余价值了，从而资本主义生产方式也无法存在了。或者，资本家要取得剩余价值，例如 3 元，那么，付给劳动者就只有 3 元，这就成为不等价交换，违背了价值规律。

由此可见，劳动不是商品，劳动力才是商品，劳动者出卖的是劳动力，而不是劳动。资本主义的工资不过是劳动力价值(或价格)的转化形式。劳动力的价值或价格，表现为劳动的价值或价格，是由资本主义生产关系本身产生的。这是因为：

第一，工人的劳动能力存在于活的人体内，使用前看不见，人们看到的只是生产过程中一定时间的劳动，因此工人出卖的虽然是一定时间的劳动力，但看起来好像是一定时间的劳动，于是工资就好像是劳动的价格。

第二，在劳动力的买卖上，货币充当支付手段，因为资本家通常在工人劳动以后才支付工资。劳动力价格的支付方式，使人们误认为它不是对劳动力而是对劳动的支付。

第三,在工资形式的实际运动中,也显示出许多现象,似乎资本家支付给工人的不是劳动力的价值,而是劳动的价值或价格。例如,工人为资本家劳动的时间越长,或生产产品的件数越多,得到的工资也越多;劳动强度不同,劳动熟练程度不同,所得工资也不相同。

第四,劳动对工人来说,是谋生的手段,所以,工人把他出卖劳动力所得的工资,往往也看作是他的劳动换来的。

工资不是劳动的价值或价格,而是劳动力的价值或价格的转化形式,这是工资的实质。把劳动和劳动力两者区别开,对于揭示剩余价值的来源和工资的实质,具有重要的意义。因为"劳动的价值(或价格)"歪曲了资本主义的现实关系,掩盖了资本主义的剥削真相。正如马克思所说:"工资的形式消灭了工作日分为必要劳动和剩余劳动、分为有酬劳动和无酬劳动的一切痕迹。全部劳动都表现为有酬劳动。"①

二、工资的形式

资本主义工资有两种基本形式:计时工资和计件工资。

计时工资是劳动力价值转化为工资的直接形式,它是按工人的劳动时间计算的工资,如日工资、周工资、月工资等等。由于工作日长短不同,相同数量的日工资额或周工资额,可以代表极不相同的劳动力价格。劳动者的日工资同为 4 元,在工作日为 8 小时时,小时工资为 0.5 元;在工作日为 10 小时时,小时工资则降为 0.4 元。实行计时工资对资本家是十分有利的。资本家可以根据自己的需要和企业经营状况,确定延长或缩短工作日,并在不降低工资额甚至提高工资额的情况下,用延长劳动时间和提高劳动强度的

① 《马克思恩格斯全集》第 23 卷,第 590 页。

办法来达到变相压低计时工资，降低劳动力的价格的目的。

计件工资是按工人生产的产品数量或者所完成的工作量计算的工资。它是计时工资的转化形式。实行计件工资时，资本家根据工人的工资额及其生产的产品件数，通常以工人的较高产量为标准，来规定每件产品的工资额，或称每件工资单价。假定工人平均日工资为 3 元，每天生产 10 件产品，每件产品的工资额就是 0.3 元。计件工资是变相的计时工资，但它具有更大的隐蔽性。因为在计件工资下，工人的收入和其劳动成果紧密相连，多出产品可以多得工资，这就把那些延长劳动时间、增强劳动强度等增加剩余价值生产的办法，变成了工人的“自觉”行动。同时，也必须指出，在社会化生产条件下，计件工资的采用是有条件的，它仅适用于单个工人的劳动成果能够直接考核的场合。

随着科学技术的进步和资本主义的发展，在上述两种基本工资形式的基础上，出现了一些派生的工资形式。如：(1)刺激工资制，以劳动者个人或集体的劳动效率为基础计算的工资；(2)雇员利润分成，资本家从企业利润中提取一定比例分配给职工，作为工资的补充；(3)福利金制度，这有两种情况，一是企业补充性工资，其数额通过劳资谈判确定，二是一些国家为缓和社会矛盾，通过立法等形式建立社会保障制度，如失业救济金、医疗保险、退休养老基金等，资本家应代职工缴纳其中的部分费用，它也是工资的组成部分；(4)岗位技能工资，资本家通过制订岗位技术等级，对职工的专业技术水平和操作技能等进行严格考核，给予专业技术水平和操作技能高者相对较高的工资，促进职工钻研技术，提高技能。在此之前，还有“泰罗制”、“福特制”等将科学技术、生产管理同工资制度相结合的工资形式。这种工资形式的特点，是通过科学的“操作研究”，把工人的劳动强度提高到极限，达到加强对工人剥削的目的。总之，各种工资形式的出现，并没有改变资本主义工资的本质。

三、名义工资、实际工资、相对工资和工资的国民差异

研究资本主义工资不仅仅应研究其本质和形式，还应进而研究工资量的变化。

考察工资量的变化，不能只看工人得到多少货币工资，而且还要看这些货币的实际购买力。这就要分析名义工资和实际工资的关系。

名义工资就是工人出卖劳动力所得到的货币额。这个以货币表现的工资额并不能表明工人的实际收入水平，因为工人出卖劳动力取得一定数量的工资，是为了维持本人及其家属的生活。实际工资就是用货币工资实际上所能购买到的生活资料的数量。

在物价等各种情况不变的条件下，名义工资提高，实际工资也提高。反之，则降低。但两者的变动常常是不一致的。如果物价上涨，名义工资也随着提高，则实际工资的变化取决于两者变化的对比速度。

随着资本主义的发展，名义工资和实际工资有上升的趋势，其原因在于：(1)工资的本质是劳动力的价值。在资本主义制度下，劳动力商品供过于求，工资虽在或大或小的程度上低于劳动力价值，但劳动力价值的决定包含历史和道德的要素，因此，随着社会生产力的发展，工人必要生活资料的范围、种类和数量在扩大，从而引起实际工资的增长。(2)工人阶级长期为争取提高工资进行不懈的斗争，迫使资本家提高工资。(3)科学技术的发展，客观上要求工人掌握更多的科技知识和劳动技能，以胜任其工作，这促使工资构成中劳动者学习、培训的费用有较大的增长。

当然，还存在引起实际工资下降的因素：(1)科技的发展，新机器和生产技术在生产中的应用，排挤了大量工人，劳动力供过于求严重；(2)周期性的经济危机爆发时，大量工人失业，在业工人的实际工资被迫下降；(3)通货膨胀，货币贬值，物价上涨；(4)捐税加重

等。

在考察工资量的变化时，还要考察工资的相对量，即相对工资。工人所得的与资本家的剩余价值相比较的工资称为相对工资或比较工资。我们知道，在资本主义条件下，工人创造的新价值要分割为工资和剩余价值或利润两部分。从一个长时间来看，虽然名义工资和实际工资都可能增长，但其增长的速度要慢于剩余价值增长的速度，因而相对工资还是下降了。随着资本主义国家生产技术的发展，劳动生产力的提高，工人的必要劳动时间缩短，工人在新创造的价值中所占的份额愈来愈少，资本家占有的剩余价值部分愈来愈大，因此，相对工资的降低是工资变动的一般趋势。

以上对资本主义工资的考察，仅从一国范围内着眼。然而，资本主义世界各国工资情况千差万别。各国工资水平存在的差别叫做工资的国民差异。

工资是由劳动力价值决定的，影响劳动力价值变化的各种因素，必然会影响工资的变化。各国工资的差异也是由这类因素引起的。马克思说："在比较国民工资时，必须考虑到决定劳动力的价值量的变化的一切因素：自然的和历史地发展起来的首要的生活必需品的价格和范围，工人的教育费，妇女劳动和儿童劳动的作用，劳动生产率，劳动的外延量和内涵量。"[①]这些因素对名义工资、实际工资和相对工资的高低所发生的影响是各不相同的，因此，在比较各国的工资水平时，应当历史地具体进行分析。为了进行比较，首先应把不同国家的相同行业的工作日换算为同样长度的工作日，使工资的比较建立在同一基础上。在作了这样的换算以后，还有必要把计时工资换算为计件工资，"因为只有计件工资才是计算劳动生产率和劳动内涵量的尺度"[②]。

---

① 《马克思恩格斯全集》第 23 卷，第 613 页。

② 《马克思恩格斯全集》第 23 卷，第 613 页。

在世界市场上由于价值规律的作用，商品的国际价值是按世界范围的平均必要劳动时间来计量的。由于计量单位是平均劳动，强度较大的国民劳动比强度较小的国民劳动，就会在同一时间内生产出更多的价值，表现为更多的世界货币。技术水平和劳动生产率较高的国家的国民劳动，在世界市场上也当作倍加的劳动，表现为较高的工资水平。

小结

资本是能够带来剩余价值的价值。解决资本总公式和价值规律矛盾问题的关键在于，资本在流通中找到劳动力这一特殊商品。劳动力商品的使用价值是劳动，它能创造出比自身价值更大的价值。

资本主义生产过程是劳动过程和价值增殖过程的统一。工人在生产过程中，一方面通过具体劳动创造使用价值，并将生产资料旧价值转移到新产品上去；另一方面通过抽象劳动创造新价值。这个新价值不仅包括了补偿劳动力价值的等价，还包括了被资本家无偿占有的剩余价值。据资本在价值增殖中的不同作用，资本可以分为不变资本和可变资本。剩余价值率是剩余价值和可变资本的比率，它反映资本对劳动的剥削程度。

资本主义生产的目的和动机是剩余价值。资本家获取剩余价值有两种基本方法。一是绝对剩余价值生产，即通过延长工作日榨取绝对剩余价值。二是相对剩余价值生产，它是各个个别资本追逐超额剩余价值，造成社会劳动生产率提高，补偿劳动力价值的必要劳动时间缩短的结果。

资本主义工资的本质是劳动力的价值或价格，却表现为劳动的价值或价格。计时工资和计件工资是工资的基本形式。

关键词

资本总公式　不变资本　可变资本　剩余价值　剩余价值率　必要劳动　剩余劳动　绝对剩余价值　相对剩余价值　超额剩余价值　计件工资　计时工资　实际工资　名义工资　相对工资　工资国民差异

思考题

1. 怎样理解资本总公式及其矛盾？为什么说剩余价值不在流通中产生，又必须在流通中产生？

2. 什么是劳动力？劳动力成为商品应具备哪些条件？劳动力价值是如何决定的？

3. 为什么说资本主义生产过程是劳动过程和价值增殖过程的统一？

4. 资本的本质是什么？区分不变资本和可变资本有什么意义？

5. 什么是绝对剩余价值和相对剩余价值？超额剩余价值和相对剩余价值的关系如何？

6. 为什么工资不是劳动的价值或价格？工资怎样掩盖了资本的剥削实质？

指定参考书

1. 厦门大学经济学系选编：《〈资本论〉选读》第 1 卷第 4、5、10、14 章，厦门大学出版社 2000 年版。

2. 蒋绍进、罗郁聪等：《〈资本论选读〉讲座》第 1 卷第 4、5、10、14 章，中国财政经济出版社 2000 年版。

3. 卫兴华、顾学荣：《政治经济学原理》第 3 章第 2、3、4 节，经济科学出版社 1998 年版。

4. 蔺子荣、吴梦蛟：《政治经济学新编》第 4 章第 1 节，山东大学出版社 1996 年版。

第四章　资本积累

本章从再生产的角度考察资本本身的再生产，分析剩余价值如何转化为资本，即资本积累过程，揭露其对无产阶级状况的影响，同时阐明资本积累的历史趋势。

第一节　简单再生产和扩大再生产

了解一般意义的社会再生产是研究资本主义再生产的前提，资本主义简单再生产是资本主义扩大再生产的基础。剩余价值是资本积累的源泉，资本积累是资本主义扩大再生产的前提条件。因此，研究决定资本积累量大小的因素是非常重要的。

一、生产和再生产

物质资料的生产是人类社会生存和发展的基础。一个社会任何时候都不能停止消费，因而也不能停止生产。社会生产总是连续不断、周而复始地进行着的。这种连续不断重复和经常更新的生产过程，就是再生产过程。

社会再生产从其内容看，是物质资料的再生产和生产关系的再生产的统一。社会再生产，首先是物质资料的再生产。生产过程是人们运用劳动资料去加工劳动对象，生产出物质产品的过程。每一次生产过程都要消耗一定的物质资料，包括生产资料和生活资料。所以每次生产过程结束之后，必须把社会总产品中的一部分再转化为新的生产要素，以补偿已消耗掉的物质资料，使再生产得以顺利进行。社会生产就是在物质资料的不断生产和不断消费的过程中得以延续的。

社会再生产，同时也是生产关系的再生产。任何生产过程总是在一定的生产关系下进行的。生产采取什么社会形式，再生产也采取什么社会形式。随着生产过程的不断重复和更新，人们原来在生产中结成的一定的生产关系也不断得到维持和发展。

再生产从其规模看，分为简单再生产和扩大再生产。简单再生产是不改变原有生产规模的再生产，扩大再生产是扩大原有生产规模的再生产。在简单再生产的条件下，新生产出来的产品全都用于补偿已消耗掉的生产资料和用于个人消费，生产过程只能在原有的规模上重复进行。在扩大再生产的条件下，新生产出来的产品除了补偿已消耗掉的生产资料和生活资料之外，还有剩余产品转化为积累，追加到生产中去，使生产过程得以在扩大的规模上进行。

简单再生产是扩大再生产的基础和出发点，是扩大再生产的重要组成部分。没有简单再生产，也就谈不上扩大再生产。只有在原有的生产规模得到保证的基础上，才有可能使生产规模进一步扩大。扩大再生产是简单再生产的发展和提高。

扩大再生产就其实现的方式看，分为外延的扩大再生产和内涵的扩大再生产。外延的扩大再生产是指在有机构成、生产技术水平和劳动生产率不变的情况下，单纯依靠追加生产要素来扩大生产的规模。内涵的扩大再生产则是指依靠生产技术的进步，改善生产要素的质量和组合，提高劳动生产率来扩大生产的规模。

纯粹的外延扩大再生产和内涵扩大再生产只是一种理论上的抽象，在现实生活中，外延扩大再生产与内涵扩大再生产总是彼此交错、相互结合进行的。企业的扩建和新建，属于外延的扩大再生产，但往往也伴随着生产技术的改进和更先进的机器设备的使用，这就包含着内涵扩大再生产的因素。同样，原有企业的挖潜、革新和改造，属于内涵的扩大再生产，但往往也需要追加某些生产要素，增添某些新建和扩建项目，这就包含着外延扩大再生产的因素。因此，区分扩大再生产的类型时，实际上是以哪种为主作为标准的，即依靠增加生产要素为主的是外延型，依靠提高生产要素效率为主的则是内涵型。随着科学技术的发展，内涵扩大再生产在社会生产中所占的比重有不断提高的趋势。

二、资本主义的简单再生产

资本主义简单再生产，是指资本家把无偿占有的剩余价值全部用于个人消费，再生产在原有的规模上重复进行。假定以一年为一个生产周期，年初资本家投入的全部资本为 10 000 元，其中不变资本为 8 000 元，可变资本为 2 000 元，剩余价值率为 100%，则年终生产的产品总价值为 8 000c+2 000v+2 000m=12 000。在简单再生产条件下，资本家把 2 000 元剩余价值全部用于个人消费，下一年投入再生产的资本量不变，仍是 10 000 元，相应地，下一年总的生产规模也不变，年终产品价值总量和剩余价值量与上年相同。

资本主义简单再生产虽然只是生产规模在原有基础上的单纯重复，但从生产过程的这种重复性或连续性来考察，可以看到在把资本主义生产过程作为一个孤立的生产过程来分析时所看不到的假象，使我们发现资本主义生产过程的某些新的特征，从而进一步揭露资本家对雇佣工人的剥削。

第一，从再生产的过程看，资本家支付给工人的工资，即资本家用来购买劳动力的可变资本是工人自己劳动创造的。资本家进行生产，必须拿出一定数量的可变资本去购买劳动力，工人为资本家劳动，得到工资。从单一生产过程来看，工人领到工资时，他们生产出来的产品可能还没有卖掉。这就造成一种假象，好像工资即可变资本是资本家预先垫支的，似乎是资本家养活工人。但从资本主义再生产过程的连续性以及从整个无产阶级和资产阶级之间的关系来考察，资本家用来支付给工人的工资，不外是工人在上一生产过程中所创造的新价值的一部分。不仅如此，工人创造出来的新价值，还包括了资本家用于个人消费的剩余价值。因此，不是资本家养活工人，而是工人自己养活自己，并养活了资本家。

第二，从再生产的过程看，不仅可变资本，而且全部资本都是工人劳动创造出来的。如果孤立地从一个生产过程来看，资本家投入生产过程的预付资本，似乎与工人的无酬劳动无关。但是从再生产的角度考察，资本家最初的资本无论是从哪里来的，经过若干生产周期，原有的全部资本就都会被他消费掉，资本家手中持有的资本就都成为工人劳动创造出来的剩余价值的转化形式。例如，资本家投入生产过程的全部预付总资本为 10 000 元，每年能带来剩余价值2 000 元。在简单再生产的情况下，剩余价值全都被资本家用于个人消费，这样经过 5 年之后，资本家一共消费了 10 000 元，和原有资本的数额正好相等。可是，现在他手中仍持有 10 000 元资本。显然，这个资本不是别的，正是工人在 5 年里所创造的全部剩余价值转化而来的，都是资本化的剩余价值。

第三，从再生产的过程看，雇佣工人的个人消费，完全从属于资本榨取剩余价值的需要，是资本主义再生产的必要条件。如果从孤立的生产过程考察，工人的个人消费是在生产过程之外进行的，似乎纯粹是工人自己的私事。但是从再生产过程来看，情况就不同了。工人的个人消费是从属于资本家追逐剩余价值的需要的。因为在生产过程中已经消耗掉的劳动力，只有通过工人的个人消费才能得以恢复和再生产出来。如果没有劳动力的再生产，资本家就会失去剥削的对象，再生产也就无法进行。

工人的个人消费不仅再生产出劳动力，而且再生产出一无所有的无产者。在资本主义制度下，工人的个人消费只是在资本再生产需要的限度内才是必要的，超过了这个限度，则被认为是“浪费”。这种消费，对工人来说，只能再生产出自己的劳动力，此外工人仍然是一无所有，必须不断出卖自己的劳动力。因此，从社会的角度来看，工人阶级即使在直接生产过程之外，也同劳动工具一样是资本的附属物。表面看来每个工人似乎是独立和自由的，实际上是隶属于资本的。正如马克思所说的：“罗马的奴隶是由锁链，雇佣工人则由看不见的线系在自己的所有者手里。他这种独立的假象是由雇主的经常更换以及契约的法律虚构来保持的。”[①]

以上分析表明，资本主义再生产不仅生产出商品，生产出剩余价值，而且还生产和再生产出资本关系本身，即再生产出占有生产资料的资本家和一无所有的雇佣劳动者。生产资料和劳动力的分离这一资本主义生产的出发点和基础，作为生产的结果不断被重新生产出来。可见，资本主义再生产是物质资料的再生产和资本主义生产关系的再生产的统一。

三、资本积累和资本主义的扩大再生产

资本主义再生产的特点不是简单再生产，而是扩大再生产，这是由客观规律所决定的。首先，是由剩余价值规律决定的。资本家作为人格化的资本，对剩余价值的贪欲是无止境的。为了榨取更多的剩余价值，他们必然会增加资本额，以扩大对工人的剥削。这是资本家进行扩大再生产的内在动力。其次，是由资本主义竞争规律决定的。在竞争中，大企业在生产、销售和信贷等方面与小企业相比更具优势。资本家只有不断地把剩余价值中的一部分转化为资本，用来改进技术，扩大生产规模，才能在激烈的市场竞争中立于

---

① 《马克思恩格斯全集》第 23 卷，第 629～630 页。

不败之地。竞争是资本家进行扩大再生产的外在压力，资本家不是把剩余价值的全部用于个人消费，而是把其中的一部分再转化为资本，用来购买追加的生产资料和劳动力，使生产在扩大的规模上进行，这就是资本主义扩大再生产。

假定某资本家第一年预付资本 10 000 元，其中不变资本 8 000 元，可变资本 2 000 元，剩余价值率 100%。那么这一年生产的结果就是 8 000c＋2 000v＋2 000m＝12 000。下一年该资本家为了扩大生产规模，把剩余价值的一半即 1 000m 用于个人消费，另一半1 000m 转化为资本，用于追加不变资本和可变资本。如果不变资本与可变资本的比例不变，剩余价值率不变，则第二年生产的结果是：8 800c＋2 200v＋2 200m＝13 200，生产规模比上一年扩大了10%。依次类推，随着剩余价值不断转化为资本，生产规模逐渐扩大，资本家得到的剩余价值也越来越多。

剩余价值的资本化，或者说，把剩余价值当作资本使用，叫做资本积累。资本积累是扩大再生产的前提条件，而剩余价值则是资本积累的源泉。

在简单再生产条件下，资本家原有的预付资本要经过若干生产周期才会变为剩余价值的转化形式。而在扩大再生产条件下，追加的资本一开始就是工人创造的剩余价值形成的。随着资本积累和扩大再生产的进行，建立在商品生产和商品流通上的商品生产所有权规律，就转变为资本主义的占有规律。根据商品生产所有权规律，商品生产者对于商品的所有权是以自己的劳动为基础的，参与商品交换的双方都是各自商品的所有者，他们之间是平等的交换关系，在交换中互相承认对方的所有权，只有让渡自己的产品才能占有别人的产品，等价物互相交换，任何人均不得无偿占有他人的劳动。但是，在资本主义扩大再生产过程中，购买劳动力的等价交换只是属于流通过程的一种表面现象，因为：第一，资本家用来购买更多的生产资料和劳动力的追加资本，完全是无偿占有工人创造的剩余价值转化而来的，等价交换只是形式，实际上资本家没付出任何等价物。第二，在扩大再生产中的追加资本不仅是剥削工人的结果，而且成为进一步扩大对工人剥削的手段，来榨取更多的剩余价值。由此可见，所有权与劳动是处于分离状态的。对资本家来说，所有权表现为占有别人无酬劳动或产品的权利；对于工人来说，则表现为不能占有自己的劳动产品。这样一来，商品生产的所有权规律就转变为资本主义占有规律。资本主义占有规律的特点是：等价交换只是形式，而其真实内容则是资本家不付等价物而占有别人的物化劳动，然后用别人的物化劳动的一部分，再去换取更大量的别人的活劳动。

其实，资本主义占有规律与商品生产所有权规律并不矛盾，恰恰是商品生产所有权规律在资本主义条件下的作用和结果。资本家无偿占有剩余价值，并不是由于用不等价的方式购买劳动力，而是由于资本家以等价交换形式购买到劳动力这种特殊商品。至于用来购买劳动力商品的资本从何而来，以及劳动力商品的使用会产生什么结果，都与商品生产所有权规律无关。劳动力的消费即劳动过程和价值形成与增殖过程，是在生产过程中进行的，与流通过程中发生的买卖无关。劳动力一旦变成商品，建立在商品生产基础上的所有权规律，按照它自身的内在矛盾运动，便必然转变为资本主义占有规律。

上述分析可见，资本积累不仅是资本家剥削工人的结果，反过来又成为资本家扩大剥削的手段。资本积累的实质，就是资本家不断地利用无偿占有的剩余价值，增大资本，扩大生产规模，以便无偿占有更多的剩余价值。

四、影响资本积累量的因素

剩余价值是资本积累的唯一源泉。资本积累的规模取决于剩余价值的数量；在剩余价值总量已定时，则取决于剩余价值分割为积累基金和资本家个人消费基金的比例，即积累率。设某资本家企业一年的剩余价值总量为20万元，如果其积累率为50%，则积累基金与他的个人消费各为10万元；如将其提高为60%，则其个人消费为8万元，而积累为12万，比原先的分割结果增加2万元。

在分割比例已定时，资本积累的数量取决于剩余价值的总量。因此，凡是影响剩余价值的因素都会影响资本积累量的大小。在积累率为已定的条件下，影响资本积累量的大小有以下几个因素：

1. 对劳动力的剥削程度。在同量可变资本的条件下，对工人的剥削程度越高，剩余价值量越大，资本积累的数量也越大。资本家除了采用延长劳动时间、提高劳动强度的方法之外，还用压低工人工资的办法来加强对工人的剥削，以榨取更多的剩余价值，加速资本积累。在不同的历史时期和社会经济条件下，资本家的剥削方式往往呈现出不同的特点。在当今社会，资本家提高剥削程度的方法和手段更为隐蔽，通常以提高劳动强度、挖掘和利用工人的创造发明、在提高名义工资的形式下压低实际工资等方式为主。

2. 社会劳动生产率的提高和科技的进步。随着科学技术的发展、社会劳动生产率的提高，商品的价值就会下降，从而会在以下几方面扩大资本积累的规模：其一是会使生活资料价值降低，并导致劳动力价值下降，从而使剩余价值率提高；其二是同样数量的资本可以购买到更多的生产资料和劳动力，从而扩大了生产规模；其三是同量的剩余价值会表现为更多的商品，资本家维持原来的生活水平甚至有所提高时只需要较少的消费基金，这样就可以改变消费基金和积累基金的比例，增大积累基金的数量；其四是可以使旧资本的更新更节省，或以效率更高、质量更好的生产资料替换原有的生产资料，从而产生超额剩余价值或相对剩余价值。

3. 所用资本和所费资本的差额的增大。所用资本是指生产过程中所使用的全部资本；所费资本则是指生产中逐年转移到新产品中去的实际消耗掉的资本。投在劳动资料上的资本并不是在一次生产过程中全部消耗掉的，如厂房、机器设备等劳动资料可以在多次生产过程中以其整体连续发挥作用，而其价值则是随着磨损程度而逐步转移到产品中去的，这样，所用资本和所费资本之间就存在着一个差额。这个差额的大小取决于劳动资料的质量和数量，也取决于劳动资料损耗的速度。劳动资料的质量越好，越经久耐用，则每次生产过程中所转移的价值便越少，而这个差额便越大。例如，某台机器价值为 1 000 元，可用 5 年，这样，它在生产过程中每年转移的价值为 200 元，全年所用资本与所费资本之间的差额便为800 元。如果改进机器质量，机器的使用期限可以延长到 10 年，则这个差额便增大为 900 元。另一方面，劳动资料的数量越多，所用资本与所费资本之间的差额也就越大。就一台机器来说，这个差额是 900 元，而 10 台机器，就是 9 000 元。

那么，所用资本与所费资本之间的差额是怎样影响资本积累规模的呢？由于劳动资料的价值虽然在生产中是被逐渐地转移到新的产品中去的，但是，它们的作用能力并不因此而以同一比例降低，而是在相当长的一段时间内依然照样保持着，这样，劳动资料的一部分作用能力，就会如同阳光、风力、雨水、空气等自然力一样，无代价地为生产服务，并由此导致商品成本降低。商品个别价值下降，个别资本家可以获得超额剩余价值，而就全体资本家来说，可以获得相对剩余价值，从而也就增加了资本的积累。随着积累的增大，所用资本与所费资本之间的差额也不断扩大，因而这种无代价服务对扩大资本积累规模的作用，也日益显著。

4. 预付资本的大小。在剩余价值率一定的条件下，剩余价值量取决于雇佣工人的人数。如果不变资本和可变资本的比例不变，随着预付资本的增大，可变资本也会相应增大，雇佣工人人数增加，剩余价值总量就会增多，从而积累规模也就越大。

第二节　资本有机构成的提高和相对过剩人口

伴随着资本积累和扩大再生产的不断进行，必然引起资本有机构成的不断提高。资本有机构成的不断提高，推动着资本主义的巨大发展，同时也为该社会带来了一些不可避免的困扰。资本有机构成提高的理论，在政治经济学中占有极其重要的地位。

一、资本有机构成及其提高

资本积累不仅是资本在量上增大，而且资本的构成也会发生变化。这种变化对无产阶级的命运会产生深刻的影响。

资本的构成，可以从两方面进行考察。从物质形态上看，资本是由生产资料和劳动力构成的，两者之间存在着一定的比例关系，这个比例主要是由生产的技术水平决定的。生产技术水平越高，每个劳动者所推动和运用的生产资料的数量就越多；反之，则越少。这种由技术水平所决定的生产资料和劳动力之间的比例，叫做资本的技术构成。从价值形态上看，资本是由不变资本和可变资本构成的，它们之间的比例，叫做资本的价值构成。

资本的技术构成和价值构成之间存在着密切的联系。一般说来，资本的技术构成决定资本的价值构成，资本价值构成的变化反映着资本技术构成的变化，由技术构成决定并且反映技术构成变化的资本价值构成，叫做资本的有机构成，通常用 c∶v 来表示。

资本的技术构成和资本的价值构成既有密切的联系，但也有相互脱离的时候。

首先，资本价值构成可以在资本技术构成不变时发生变化。这就是说在劳动生产率不变的情况下，一定量劳动力所推动的生产资料的数量并不会发生变化，即技术构成不变，但这时由于生产资料的价值发生了变化，从而导致其价值构成变化。比如有个纺纱厂去年就地取材，购买了价值便宜的本地生产的棉花作原料，而今年由于本地棉花歉收，只好从远地买来较贵的棉花来代替本地棉花。在这种情况下，资本的技术构成没有发生什么变化，即生产资料的数量和运用这些生产资料的劳动力的数量的比例依然如前，但资本价值构成提高了。由于这种价值构成的变化不能反映技术构成的变化，因而就不能说资本的有机构成提高了。

其次，资本价值构成的变化通常只能近似地反映资本技术构成的变化。如果这个纺纱厂采用了技术水平和效率高的新机器来代替旧机器，这时，资本的技术构成必然提高，因为生产资料数量的增长超过了劳动力数量的增长，并反映在价值构成上不变资本的增长超过了可变资本的增长。因此，这种价值构成的提高，就是资本有机构成的提高。但是，随着社会劳动生产率的增长，全社会生产资料的价值低廉化，这使生产资料数量的增加会伴随着它的价值的降低，从而资本的技术构成的提高总是快于价值构成的提高。鉴此，马克思指出："资本可变部分比不变部分的相对减少，或资本价值构成的变化，只是近似地表示出资本的物质组成部分构成上的变化。"[①]尽管资本的两个构成的变化存在着程度上的差异，但作为一种发展的趋势来看，资本的价值构成的变化通常是能近似地反映技术构成的变化的。

第三，资本技术构成发生了变化，但资本的价值构成可以不变。这是由于社会劳动生产率的提高，资本技术构成发生了变化，生产资料和劳动力数量比例的变化，恰好被二者价值上的相反变化相互抵消了，则资本价值构成也就不会发生变化。

---

① 《马克思恩格斯全集》第23卷，第683页。

可见，在判断资本有机构成是不是发生变化时，应从资本有机构成是资本技术构成和资本价值构成的辩证统一中去分析；要特别注重考察资本技术构成是否发生了变化，以及资本价值构成的变化是不是由资本技术构成的变化所引起的；绝不能单纯地由资本价值构成的变化来理解和判断资本有机构成的变化，因为资本价值构成的变化未必就意味着技术构成的变化，只有技术构成的变化所引起的价值构成的变化，才是资本有机构成的变化。

资本的有机构成，在不同的生产部门是不同的。把一个生产部门各企业资本有机构成加以平均，是这个部门总资本的平均有机构成。把一个国家各个生产部门的资本有机构成加以总平均，就是一个国家的社会资本有机构成。

随着资本积累的不断增进，资本有机构成有不断提高的趋势。这是剩余价值规律和竞争规律作用的必然结果。资本家为了追逐更多的剩余价值和在竞争中取得优势，必然要不断改进生产技术，采用效率更高、功能更大的机器设备，以提高劳动生产率，降低单位产品的劳动消耗。劳动生产率的提高反映在资本的技术构成上，表现为每个劳动力所运用的生产资料增加了；反映在价值构成上，随着生产技术水平的不断提高，购买生产资料的不变资本部分，必然比购买劳动力的可变资本部分增加得快。在全部资本中，不变资本所占的比重增加，而可变资本所占的比重则相对降低。可见，资本有机构成不断提高的趋势，是资本积累的必然结果。在资本主义发展初期，生产工具还很落后，主要以手工工具为主，资本有机构成的变化缓慢。进入机器大工业时期后，蒸汽机和电力的广泛应用，使生产工具发生了革命性的变革，科技革命推动了生产的机械化和自动化，资本有机构成不断提高的趋势也明显增强。

资本有机构成的提高，一般要以个别资本的增大为前提。而个别资本的增大，是通过资本积聚和资本集中两种形式来实现的。

二、资本的积聚和资本的集中

资本积聚，是指单个资本依靠剩余价值的资本化来增大资本总额。资本积聚是资本积累的直接结果，资本积累的规模越大，资本积聚也越快。但是，资本的积聚有一定的局限性：(1)资本积聚以积累为基础，要受到剩余价值量和社会财富增长量的限制；(2)由于独立的个别资本的分散性所形成的资本积聚的分散性，限制了资本积累的速度。资本积聚的这种局限性，使个别资本总额的增大速度不能适应资本主义经济发展的需要。突破这种限制的形式是资本集中。

资本集中，是指分散的单个资本合并或联合成为更大的资本。资本集中有两个强有力的杠杆。其一是竞争。大资本凭借其有利的条件，能在激烈的市场竞争中不断击败、吞并中小资本而壮大自己，即所谓“大鱼吃小鱼”。其二是信用。资本主义信用制度的发展促进了金融市场的发育和金融工具的多样化，大资本可以更有效地利用银行贷款增强竞争能力，以加速大资本吞并小资本的过程。同时，分散的单个资本还可以通过组建股份公司的形式联合起来，迅速增大资本总额。

资本积聚和资本集中既有联系又有区别。它们的区别表现在：(1)资本积聚是以单个资本积累为基础的，它不仅会增大个别资本的总额，而且会增加社会资本的总额，而资本集中则只是若干单个资本的重新组合或联合，不会增加社会资本的总量。(2)资本积聚受原有资本、剩余价值量以及剩余价值分割为积累基金和消费基金的比例等条件的限制，因而资本总额的增大速度较慢，而资本集中不受这些条件的限制，因而能在较短的时间内迅速增大个别资本总额。(3)资本积聚直接表现为资本家对工人剥削关系的扩大，表现为资本对劳动支配权的增长，而资本集中则是在资本家剥削雇佣劳动者的基础上，还表现为资本家之间“大鱼吃小鱼、小鱼吃虾米”的吞并关系。资本积聚和资本集中的联系表现在:(1)资本积聚促进了资本集中。随着资本积聚的进行,个别资本的经济实力不断增强,从而有利于打败和吞并竞争对手,促进资本集中。(2)资本集中加速了资本积聚。资本集中速度越快,集中起来的资本越大,也就越有条件采用新的科学技术,更新设备,扩大生产规模,获得更多的剩余价值,从而增加积累,加速资本的积聚。

资本积聚和资本集中互相促进、相互加强的结果,使个别资本迅速增大,为改进技术、提高劳动生产率创造了条件,从而促进了资本有机构成的提高,并产生出资本主义相对过剩人口。

三、相对过剩人口的形成

相对过剩人口是资本积累的必然产物。在资本主义发展过程中,随着资本积累的进行和资本有机构成的不断提高,会出现两种不同的趋势。

第一种趋势:资本对劳动力的需求相对减少,有时甚至会绝对地减少。资本对劳动力的需求,不是由资本量的大小决定的,而是由资本总量中可变资本的大小决定的。在资本积累过程中,随着技术的进步和资本有机构成的不断提高,资本对劳动力的需求会减少,通常表现为两种情况:一是原有资本在技术提高的基础上更新,从而产生机器排挤工人的现象,资本对劳动力的需求绝对地减少;另一种情况是追加资本的有机构成比原有资本的有机构成高,随着资本的积累和资本总额的增加,虽然可变资本的绝对量和对劳动力的需求量有所增加,但是,总的说来,由于资本有机构成的提高,可变资本在资本总额中所占的比重仍会呈现相对减少的状态,从而资本对劳动力的需求也相对减少了。

第二种趋势:随着资本积累的进行,劳动力的供应却不断增加。这主要是因为:(1)工人的工资往往被压低在劳动力价值之下,为维持生活,妇女甚至儿童也不得不加入雇佣劳动者的队伍。而科学技术的革命和机器的广泛使用，又扩大了生产领域，降低了对劳动者体力的要求，为妇女大量地进入生产过程创造了条件。(2)农业生产机械化、自动化程度的不断提高，农村商品经济的发展，加速了土地的集中，大量农业人口丧失土地，由小生产者变成雇佣劳动者。(3)一部分中小资本家和小生产者在竞争中破产，也加入了雇佣劳动者的队伍。

综上所述，在资本积累过程中，随着资本有机构成的不断提高，一方面资本对劳动力的需求相对减少，另一方面劳动力的供给却不断增加。这就不可避免地引起部分工人失业，形成相对过剩人口。

所谓相对过剩人口，就是指劳动力的供给超过了资本对它的需求，从而形成相对多余的劳动人口。这种人口过剩不是绝对的，不是社会生产的发展绝对不需要这些劳动力，而是相对的，即相对于资本增殖的需要来说，他们是过剩人口而失业了。

相对过剩人口不仅是资本积累的必然结果，而且是资本主义生产方式存在和发展的必要条件。这是因为：(1)资本主义经济是在危机、萧条、复苏、高涨的周而复始的循环中运行的。在危机期间，生产缩减，大批工人失业，而当经济从复苏走向高涨时，生产急剧扩张，又需要吸收大批劳动力。而相对过剩人口的存在，作为产业后备军，可以及时提供所需的劳动力，以满足资本主义再生产周期运转的需要。(2)大量失业人口的存在，不仅使资本家可以从劳动力市场上购买到更廉价的劳动力，而且会形成对在业工人的强大压力，压低在业工人工资的增长，或迫使在业工人提高劳动强度。

相对过剩人口存在的根源，在于资本主义生产方式，而不是人口的增长超过了社会生产所能提供的物质资料。纵观人类几千年的发展史，并不存在人口增长速度必然超过生活资料增长速度的规律。例如，二次大战后，一些资本主义国家人口增长率很低，有些年份甚至出现负增长。但是,在同一时期,生活资料的生产却有较快的增长,但失业依然存在,甚至还出现高失业率的现象。由此可见,相对过剩人口是资本主义制度的必然产物,是资本主义特有的人口规律。马克思说:“工人人口本身在生产出资本积累的同时,也以日益扩大的规模生产出使他们自身成为相对过剩人口的手段。这就是资本主义生产方式所特有的人口规律。”①

相对过剩人口的基本形式有三种:

第一种是流动的过剩人口。这主要是指那些随着生产的扩张和收缩,企业的兴办和倒闭,以及新技术的采用等,时而被雇佣时而被解雇的经常处于流动状态的失业人口。这些人主要集中在城市和工业中心。

在当代发达国家的城市和工业区里,还经常存在“结构性”的失业人口,可算是第一种过剩人口的一个新形式。这是因为随着新的科学技术的应用、产业结构的变化,一些工人原来掌握的科学知识和劳动技能老化,不能适应新的工作要求,而被抛进失业队伍中。他们要重新学习新知识和技能,再找工作机会,可能需要更长些时间。

第二种是潜在的过剩人口。这是指农村的过剩人口。资本主义在农业方面的发展,使大量农民破产,加入雇佣工人的队伍,而且,农业中资本有机构成的提高又减少了对劳动力的需求,从而形成了农村中的过剩人口。这部分过剩人口所以是潜在的,是因为从形式上看他们往往还保留一小块土地,但难以维持生活,随时准备转入城市,补充城市工人的队伍。目前,在某些发达资本主义国家,农业现代化和农业过剩人口向城市转移的过程已基本完成,潜在过剩人口的存在形式发生了较大的变化。在这些国家中,个体农民利用农闲时间外出工作的已相当普遍。

---

① 《马克思恩格斯全集》第23卷,第692页。

第三种是停滞的过剩人口。这是指那些没有固定的职业，主要从事家务劳动和打短工的劳动者。他们劳动时间最长，劳动条件最差，工资水平最低，经常处于失业、半失业状态。

此外，相对过剩人口的最低层，是指处于赤贫状态需要救济的人们。他们有的是劳动能力低，找不到工作机会；有的被资本家榨干血汗，因老弱病残被抛向街头；有的是孤儿和需要救济的赤贫户及其子女，等等。

在不同的资本主义国家，由于具体的社会经济状况不同，相对过剩人口的存在形式也会有所不同。随着资本主义的发展，相对过剩人口的形式也会有所发展和变化。但是无论形式如何变化，失业人口作为资本主义制度的必然伴生物将始终存在。

第三节　资本主义积累的一般规律和历史趋势

资本主义积累的一般规律可以简单表述为财富和贫困两极同时积累的规律。它的作用和过渡性的历史趋势是资本主义基本矛盾发展的必然。

一、资本主义积累的一般规律及其作用

在资本主义社会，随着资本积累的不断增长，必然会形成社会的两极分化趋势：一极是资本家的财富的积累，另一极则是无产阶级的贫困的积累。这就是资本主义积累一般规律的基本内容。马克思是通过对资本积累、资本有机构成、资本的积聚和集中、相对过剩人口等问题所作的详尽、深入的考察中，揭示出资本主义积累的一般规律的。他指出："社会的财富即执行职能的资本越大，它的

增长的规模和能力越大，从而无产阶级的绝对数量和他们的劳动生产力越大，产业后备军也就越大。可供支配的劳动力同资本的膨胀力一样，是由同一些原因发展起来的。因此，产业后备军的相对量和财富的力量一同增长。但是同现役劳动军相比，这种后备军越大，常备的过剩人口也就越多，他们的贫困同他们所受的劳动折磨成反比。最后，工人阶级中贫苦阶层和产业后备军越大，官方认为需要救济的贫民也就越多。这就是资本主义积累的绝对的、一般的规律。"①

马克思关于资本主义积累一般规律的表述，包含着以下三方面的内容：第一，执行职能的资本越大，资本积累增长越快和发挥的能力越大，在资本有机构成不断提高的趋势下，劳动生产率会越高，从而造成资本对劳动力需求日益相对地、有时甚至是绝对地减少，由此形成的产业后备军也就越大。第二，产业后备军越大，经常性的失业人口也越多。工人失业时，虽然不受劳动折磨了，但生活上却陷入极其贫困的境地；而就业时贫困虽然相对减少，但所受的劳动折磨也相应增大。因此，工人的贫困与他们所受的劳动折磨成反比。第三，工人阶级中贫苦阶层和产业后备军越大，政府认为需要救济的贫民也越多。

资本主义积累的一般规律深刻地揭示了剩余价值规律、资本积累和无产阶级贫困之间的内在联系，揭示了无产阶级同资产阶级之间经济利益的根本对立。资本主义积累的一般规律是绝对的规律，只要资本主义制度存在，这一规律就必然存在，所能改变的只是其作用的形式而已。

资本主义积累具有两重性。这是因为物质资料的生产过程，总是生产力和生产关系对立统一的运动过程。一方面，资本主义积累反映了资本与劳动的对抗性质，产生了财富和贫困的两极的积累；

① 《马克思恩格斯全集》第23卷，第707页。

另一方面,资本主义积累也反映了生产力的性质和要求,具有推动社会发展的进步职能。在资本主义产生和发展的过程中,资本主义积累起了极其重要的历史作用。

资本主义制度在人类历史上曾经起着非常革命性的作用。它彻底摧毁了自给自足的自然经济和封建等级制度对人类社会发展进步的严重束缚,打破了各个地方和各民族之间闭关自守的状态,扩大了人们之间的相互交往和相互依赖,形成了普遍的物质交换关系。它在剩余价值规律的支配下,对剩余价值的无限贪欲和剧烈残酷的竞争,极大地刺激和调动了生产者和经营者的主动性和创造性,推进着科学技术的进步和劳动生产率的不断提高,使社会生产力获得了空前迅猛的发展,进而推动着整个人类社会的不断进步。"资产阶级在它的不到一百年的阶级统治中所创造的生产力,比过去一切世代创造的全部生产力还要多,还要大。自然力的征服,机器的采用,化学在工业和农业中的应用,轮船的行驶,铁路的通行,电报的使用,整个整个大陆的开垦,河川的通航,仿佛用法术从地下呼唤出来的大量人口——过去哪一个世纪料想到在社会劳动里蕴藏有这样的生产力呢?"①

资本主义积累的不断增进,尤其是资本集中功能的发挥,有力地促进了企业生产规模的扩大,推动了社会分工向广度和深度的伸展,使商品货币关系深入到社会经济生活的各个领域,使分散的、封闭的地方性市场连接成统一的国内市场,并进一步汇合成世界市场。历史的事实说明,在工场手工业向机器大工业的转变过程中,在资本主义工业化、世界经济一体化的过程中,资本积累都发挥了巨大的作用。没有资本主义积累,资产阶级要在短短三四百年的时间内,创造出远超出过去一切世代的、如此惊人庞大的和高度社会化的生产力,是完全不可能的。正是在这个意义上,马克思说,

① 《马克思恩格斯选集》第1卷,第277页。

资本主义生产方式和劳动生产力的发展，“既是积累的原因，又是积累的结果”①。

二、资本积累和资本原始积累

资本积累是在资本主义生产方式的基础上进行的，劳动者和生产资料的分离是资本主义生产的前提条件。那么，大量的货币资本和大批的雇佣劳动者究竟是怎样产生的呢？资本主义生产方式是怎样发展起来的呢？要回答这些问题，必须考察资本的原始积累。

资本主义生产关系最初是从小商品生产者的分化中产生的，但是，从小商品生产者的分化中产生出资本家和雇佣工人是一个非常缓慢的过程，远远不能适应资本主义发展的需要。于是，新兴的资产阶级便采用暴力手段迫使生产者和生产资料分离，加速货币财富的积累。这个历史过程就是资本原始积累。它是在资本主义生产方式确立以前的初始资本的形成过程，所以被称为原始积累。

用暴力剥夺农民的土地，迫使小生产者与生产资料相分离，是资本原始积累的基础。这种剥夺以英国最为典型，从15世纪末开始一直延续到19世纪初。当时英国毛纺织业发展迅速，引起羊毛价格上涨，养羊业比种植业更有利可图。大地主和农场经营主就用暴力手段拆毁和焚烧农民的房屋，把大片土地圈起来作为牧场，被剥夺了土地的大批农民流离失所，这就是历史上被称为“羊吃人”的圈地运动。与此同时，英国政府颁布了各种血腥法律，用鞭打、监禁、割耳以至处死等酷刑来禁止农民流浪，迫使他们出卖劳动力，沦为雇佣工人。

最初的货币财富的积累，是通过海盗式的行径进行的。新兴的

---

① 《马克思恩格斯全集》第23卷，第697页。

资产阶级在海外用武力征服殖民地，通过抢劫黄金财物、贩卖奴隶和毒品、进行殖民贸易等手段掠夺大量财富；在国内则依靠国家权力，通过发行公债、征收捐税等方法，搜刮人民的钱财。

资本原始积累过程在所有资本主义国家初期都存在过，尽管所采取的形式有所不同，但实质都是一样的，即都是用暴力手段，剥夺小生产者，迫使劳动者和生产资料相分离，并把大量的货币财富集中到少数人手中。暴力作为新经济制度的催化剂，起了加速资本主义产生和发展的作用。但劳动人民却蒙受了沉重的苦难。所以马克思指出："这种剥夺的历史是用血和火的文字载入人类编年史的"[①]，"资本来到世间，从头到脚，每个毛孔都滴着血和肮脏的东西"[②]。

资本原始积累和资本积累都反映了资本主义生产关系的内在矛盾和对抗性质，但这两个范畴又有区别，主要表现在：(1)在时间上，资本原始积累是在资本主义生产方式确立以前的积累，它形成于资本主义的前史；资本积累则是资本主义生产方式确立后进行的积累。(2)在方法上，资本原始积累是用赤裸裸的暴力手段剥夺小生产者，使之变成无产者，并掠夺国内外人民的财富，积累进行资本主义生产所需的货币资本；而资本积累是用经济手段，在等价交换的形式掩盖下，榨取工人的剩余价值，再把它转化为资本。

三、资本积累的历史趋势

经过资本原始积累建立起来的资本主义生产方式，一方面把分散的、孤立的和规模狭小的个体小生产转变为社会化大生产；另一方面又把建立在个体劳动基础上的小私有制，转变成以剥削雇佣劳动为基础的资本主义私有制。于是就产生了资本主义基本矛

---

① 《马克思恩格斯全集》第 23 卷，第 783 页。

② 《马克思恩格斯全集》第 23 卷，第 829 页。

盾——生产社会化和生产资料资本主义私人占有之间的矛盾。

资本主义生产方式确立后，随着资本积累的进行，大资本不断吞并中小资本，无数小资本集中为大资本，使资本主义生产愈来愈具有社会的性质。资本主义生产的社会化主要表现在：(1)随着资本积累的增长，企业生产规模的扩大，劳动资料日益转化为只能由许多人共同使用的劳动资料，生产过程变成许多人共同进行的生产过程，劳动产品也成为许多人共同劳动的成果。(2)由于社会分工和生产的不断专业化，各个部门、各个企业之间的相互依赖、相互联系日益增强，彼此之间形成了一个有机的整体。(3)资本主义生产不仅使各个部门和地区的经济联系日益增强，而且使这种经济联系扩大到全国范围乃至世界范围。

资本主义生产的高度社会化，客观上要求由社会占有生产资料和劳动产品，只有这样，生产关系才能适应生产力的社会性质。但是在资本积累的过程中，生产资料和劳动产品却越来越集中到少数资本家手里，从而导致资本主义基本矛盾的愈益尖锐化。周期性的经济危机的不断爆发，是资本主义基本矛盾激化的集中体现。尽管随着生产社会化程度的不断提高，资本也不断由个别资本向社会资本转化，从而实现自我扬弃，尤其是二次大战后，资本主义生产关系发生了许多新的变化，但是，迄今为止，资本的一切自我扬弃过程，都是在自身关系的范围内进行的，不可能从根本上消除资本主义基本矛盾。为了给社会生产力的发展开辟道路，必须从根本上消灭资本主义私有制，建立与生产的社会化性质相适应的社会主义公有制。

资本主义积累过程造成的社会化大生产，不仅为资本主义灭亡准备了客观的物质条件，而且也准备了资本主义制度的掘墓人——无产阶级。无产阶级是社会化大生产中的劳动者，但却处于隶属于资本的地位，因而最富于革命的彻底性、组织性和纪律性。无产阶级的这些特点，决定了它能够肩负起推翻资本主义制度，建立社会主义制度的历史使命。

总之,资本主义积累过程,提高了生产的社会化程度,也因此加剧了资本主义的基本矛盾。资本主义私有制是对以个人劳动为基础的私有制的第一个否定,而资本主义的发展又必然造成对其自身的否定,这是否定之否定。不过,这第二个否定不是重建私有制,而是在资本主义时代已造成的成就即社会化大生产的基础上,建立生产资料公有制。这是历史的辩证法。但是必须看到,在人类社会发展的历史长河中,任何一种社会制度的灭亡和它被新的社会制度所取代,都经历了一个漫长复杂、曲折的历史过程。就拿资本主义代替封建主义来说吧,它们是一个私有制代替另一个私有制,从1566—1609年的尼德兰革命算起到1875年法兰西第三共和国建立,经历了二三百年的曲折的并有几次反复的过程,资本主义才战胜了封建主义。而社会主义代替资本主义则是公有制代替私有制,它更具有复杂性、曲折性、反复性和艰巨性,这是不难理解的。但无论如何,在资本主义发展变化的全过程,生产社会化和资本主义私人占有的基本矛盾必然存在,并不可避免地进一步尖锐化,资本主义制度终究要被社会主义制度所代替,这是不以人们意志为转移的客观规律。

小结

再生产是指生产过程的连续不断重复和经常更新的生产过程。再生产总是物质资料的再生产和生产关系的再生产的统一。再生产分为简单再生产和扩大再生产。后者按其实现方式,分为外延的扩大再生产和内涵的扩大再生产。

资本主义再生产的特点是扩大再生产。资本积累就是剩余价值的资本化。不断进行资本积累是资本发展的内在要求和外部竞争规律决定的。资本的积聚和资本的集中是单个资本增大的两种形式,其结果必然导致劳动生产率和资本有机构成的提高。资本有机构成的提高，一方面使可变资本比不变资本相对减少，使资本对劳动力的需求相对减少；另一方面造成了劳动力的供应不断增加，造成了相对过剩人口。这既是资本积累的结果，又是资本主义存在和发展的必要条件。资本积累形成了资本家的财富积累和无产阶级的贫困的积累的两极。

资本主义积累的不断增进，极大地推动了社会生产力的发展，但是，生产力与生产关系的矛盾运动并不会因此而终结。资本主义生产的高度社会化，客观上要求由社会占有生产资料和劳动产品，只有这样，生产关系才能适应生产力的社会性质。资本主义积累导致了生产社会化和生产资料私人占有的矛盾日益尖锐化。这不仅为资本主义灭亡准备了客观的物质条件，而且也准备了资本主义制度的掘墓人——无产阶级。总之，资本积累的历史趋势，是资本主义制度终究要被社会主义制度所代替。

关键词

简单再生产　扩大再生产　外延和内涵扩大再生产　资本积累　资本有机构成　资本积聚　资本集中　相对过剩人口　资本原始积累　生产社会化

思考题

1. 什么是资本主义的简单再生产？分析资本主义简单再生产过程有什么重大意义？

2. 什么是资本积累？资本积累的实质是什么？

3. 什么叫商品生产的所有权规律？它是如何转化为资本主义占有规律的？

4. 在剩余价值分割为积累基金和消费基金的比例不变时，影响资本积累的因素有哪些？

5. 什么叫资本的技术构成、价值构成和有机构成？它们之间的关系如何？

6. 什么是资本的积聚和资本的集中？二者之间的关系如何？

7. 为什么说相对过剩人口既是资本积累的产物，又是资本主义存在和发展的必要条件？

8. 如何全面理解资本主义积累的一般规律及其历史趋势？

指定参考书

1. 厦门大学经济学系选编：《〈资本论〉选读》第 1 卷第 21、22、23 章，厦门大学出版社 2000 年版。

2. 蒋绍进、罗郁聪等：《〈资本论选读〉讲座》第 1 卷第 21、22、23 章，中国财政经济出版社 2000 年版。

3. 张雷声：《马克思主义政治经济学原理》第 3 章（七），中国财政经济出版社 1999 年版。

第五章　资本的循环和周转

资本只有在不断的运动过程中才能实现价值增殖。资本的运动过程包括直接生产过程和流通过程。本章着重从生产过程和流通过程统一的角度考察个别产业资本的流通过程，进一步揭示资本运动过程即资本循环形式和资本周转速度的特点、本质和规律。

第一节　资本的循环

产业资本循环既是生产过程和流通过程的统一，又是三种循环形式的统一，而且在其循环过程中，顺序经过购买、生产和销售三个阶段，并相应地采取货币资本、生产资本和商品资本三种职能形式，借以实现资本的增殖。

一、产业资本循环的三个阶段和三种职能形式

资本是能够带来剩余价值的价值，但它必须在运动中才能实现价值增殖，然而能够发生价值增殖的资本只有产业资本，即按照资本主义生产方式经营的，投资在工业、农业、物质运输业和建筑业等物质生产部门的资本。产业资本在运动过程中，要顺序经过购买、生产、销售三个阶段，并相应地采取货币资本、生产资本、商品资本三种职能形式，最后又回到原来的出发点。这是单个资本的再

生产和流通过程即产业资本的循环。

第一阶段:购买阶段,即由货币资本转化为生产资本的阶段。资本家在市场上,用货币购买生产资料和劳动力这两种商品,完成货币资本向生产资本的转化。如果用G代表货币,W代表商品,A代表劳动力,Pm代表生产资料,—代表流通过程。这一阶段用公式表示为:

$$G—W < \begin{matrix} A \\ Pm \end{matrix}$$

这从形式上看,与一般商品流通没有什么区别,都是用货币购买商品。但从其物质内容来看,它是资本的流通,是为资本主义的剩余价值生产作准备的阶段。因为资本家所购买的不是一般商品,而是作为资本主义生产要素的生产资料和劳动力。劳动力商品的使用价值具有特殊性,它是剩余价值的源泉,生产资料则是生产剩余价值的物质条件。这里的生产资料和劳动力构成了具有生产剩余价值能力的生产资本。资本家用来进行购买的货币,也不是一般的货币,而是货币形式的资本,即货币资本,是要实现价值增殖的货币。货币资本的职能,就是为生产剩余价值作准备。其中G—A,即资本家购买劳动力,是货币成为货币资本的最重要的标志。但是,货币的职能所以能转化为货币资本的职能,并不是货币本身的性质决定的,也不是货币具有购买手段和支付手段职能的结果,而是由一定的社会经济条件决定的,这就是劳动者和生产资料相分离,劳动力成为商品。换言之,生产资料的资本主义所有制,是货币的职能转化为货币资本的职能的前提。

在购买阶段,货币资本所购买的资本主义生产的物质要素,不仅在质上要分割为生产资料和劳动力,并使两者在性质上互相适应,而且在量上,两者也必须保持一定的比例关系。一般地说,这种量上的比例是由资本的技术构成决定的。

经过购买阶段,资本在数量上并没有发生变化,但在形态上发生了变化，即由货币资本形式转化为生产资本形式。当这个转化完成后，产业资本循环便进入第二阶段。

第二阶段：生产阶段，即由生产资本转化为商品资本的阶段。在这一阶段，资本家将购买到的生产资料和劳动力结合起来生产。生产过程的结果是生产出一定数量的商品。这个商品与资本家前一阶段所购买的商品相比，不仅物质形态不同，而且价值量也大于原货币资本价值，它包含了工人创造的剩余价值。这一阶段可用公式表示如下：

$$W < \begin{matrix} A \\ Pm \end{matrix} \cdots P \cdots W'$$

公式中，…表示流通过程的中断，P 表示生产过程，W′表示包含了剩余价值的商品。

从形式上看，这个阶段似乎如同一般的商品生产过程，但实际上它是资本主义生产过程，是产业资本运动的全部过程中具有实质性和决定意义的特定阶段。因为只有在这个阶段才发生价值增殖，即生产出剩余价值。在这个阶段，生产资料和劳动力不仅发挥生产要素的作用，而且发挥着生产资本的作用。生产资料和劳动力，是任何社会进行物质生产所不可缺少的要素，它们本身并不是资本，只有当它们在资本主义条件下结合起来，进行剩余价值生产时，才成为生产资本。所谓生产资本就是以生产资料和劳动力形式存在的资本。生产资本的职能就是生产剩余价值。当生产资本转化为商品资本以后，产业资本循环就进入第三阶段。

第三阶段：销售阶段，即由商品资本转化为货币资本的阶段。产业资本家以商品销售者的身份重新回到流通领域，出售商品，换回货币，实现包含在商品中的价值和剩余价值，完成商品资本向货币资本的转化。用公式表示如下：

$$W'—G'$$

公式中的 G' 代表已经增殖了的货币资本。

从形式上看，这一阶段似乎与一般商品流通过程的售卖阶段没有什么两样，但就其实质来说，它是资本运动的一个特定阶段。因为这里的 W'，不是一般的商品，而是包含着剩余价值的商品资本，是生产资本发挥职能的结果。W' 卖出后换回的货币在量上大于原先预付的货币量，它包含着原预付资本价值和剩余价值，是已经增殖了的货币资本。所以，由 $W'—G'$ 的转化是预付资本价值和剩余价值的实现过程，与一般商品流通的销售过程具有根本不同的性质。这种以商品形式存在的资本叫商品资本。商品资本最基本的职能，就是出售商品、补偿预付资本及实现和占有剩余价值。

经过销售阶段，资本又重新采取了货币资本形式。虽然这里的 G' 与原预付资本在量上不等，但只要它是货币形式，就可重新用来购买生产资料和劳动力，开始新的一轮循环。因此 G' 不但是这一次资本循环的终结，又是下一次资本循环的起点。

产业资本依次经过购买、生产、销售三个阶段，相应地采取货币资本、生产资本、商品资本三种职能形式，使价值得到增殖，最后又回到原来出发点的全部运动过程，就是资本的循环。用公式表示就是：

$$G—W<\begin{matrix}A\\Pm\end{matrix}\cdots P\cdots W'—G'$$

通过对资本循环三个阶段和资本的三种职能形式的分析，我们可以得出以下结论：

第一，资本循环是生产过程和流通过程的统一。产业资本循环的第一阶段和第三阶段是流通过程，第二阶段是生产过程。其中，起决定性作用的是资本的生产过程，价值和剩余价值就是在生产过程中被创造出来的。流通过程只发生资本的形态变化，并不引起价值增殖，并且流通过程也只有同生产过程发生联系，才能发挥资本的职能。但是，资本的运动也不能离开流通过程，否则，剩余价值的生产就失去了条件和结果。

第二，资本循环的三个阶段是紧密联系、依次更替的。资本只有不停顿地依次从一个阶段转入下一个阶段，循环运动才能顺利进行。在任何一个阶段上遇到阻碍，资本的循环运动都会受到影响或中断。

第三，货币资本、生产资本和商品资本是产业资本循环过程中依次采取的三种职能形式，而不是三种不同类型的独立的资本。在循环过程中，资本每经过一个阶段，都必须放弃自己原来的职能形式，转变为另一种职能形式。资本的三种职能形式是通过完成各自相应的职能作用，来共同完成剩余价值的生产和实现的。

二、产业资本循环是三种循环形式的统一

资本家对剩余价值的追求是无止境的，因此，资本的循环也表现为一个连续不断的、周而复始的运动过程。一个循环过程的结束，就是下一个循环过程的开始。产业资本不断地循环运动，可用公式表示为：

$$\underbrace{G—W\cdots \overbrace{P\cdots W'—G'}^{\text{生产资本循环}}}_{\text{货币资本循环}} \cdot G—W\cdots P\cdots W'—G'\cdot G—W\cdots$$

生产资本循环：$P\cdots W'—G'\cdot G—W\cdots P$；货币资本循环：$G—W\cdots P\cdots W'—G'$；商品资本循环：$W'—G'\cdot G—W\cdots P\cdots W'$

从这个不断重复的循环过程可以看出，产业资本的每一种职能形式，都要依次经过三个阶段，又分别回到自己原来的出发点。因此，与产业资本的三种职能形式相适应，产业资本的循环有三种形式：

(1)货币资本的循环：$G—W\cdots P\cdots W'—G'$

(2)生产资本的循环：$P\cdots W'—G'\cdot G—W\cdots P$

(3)商品资本的循环：$W'—G'\cdot G—W\cdots P\cdots W'$

产业资本的循环是从货币资本开始的。货币资本循环有两个明显的特征：第一，循环的起点和终点都是货币，但作为终点的货币是一个比起点的货币增大了的价值量，其中包含着剩余价值。因此，货币资本循环最清楚地表明了资本主义生产的目的和动机是获得剩余价值，它充分体现了资本运动的本质特征。第二，货币资本循环的两端都是流通过程，生产过程表现为流通过程的中间环节，它在产业资本运动中的决定性作用被抹杀了，于是就造成一种假象，仿佛剩余价值是从流通中产生的，货币本身就能增殖货币，这就歪曲了剩余价值的真正来源。所以，马克思说："货币资本的循环，是产业资本循环的最片面、从而最明显和最典型的表现形式。"①

生产资本的循环是从生产过程开始的，经过三个阶段，变换三种职能形式，再回到生产过程。这个循环与货币资本循环相比较，具有两个特点：第一，循环的起点和终点都是生产资本，生产过程提到了首位，资本的流通过程表现为生产过程的中介。第二，生产资本的一次循环本身就清楚地表明生产是反复进行的再生产过程，增殖了的货币资本必须继续作为预付资本投入流通，购买生产要素，再次进入生产过程。生产资本循环纠正了货币资本循环所造成的假象，表明资本的增殖是在生产过程中而不是在流通过程中产生的。它揭示了剩余价值的真正来源。但是，生产资本循环也存在片面性，它把资本主义生产目的掩盖起来了。因为生产资本循环的起点和终点都是生产阶段，货币资本只表现为生产资本的单纯媒介，从而又造成一种新的假象，似乎资本主义生产不是为了获得剩余价值，而是为了尽可能多地进行生产。

商品资本的循环是从商品资本开始的，经过三个阶段，变换三种职能形式，再回到商品资本。商品资本循环的特点是：第一，循环的起点和终点都是包含着剩余价值的商品资本 W'，它们是生产过

---

① 《马克思恩格斯全集》第 24 卷，第 71 页。

程的直接结果。商品资本的循环不仅包含着处在商品形式上的资本价值的循环，而且包含着剩余价值的运动。第二，商品资本循环的起始阶段不仅是 W′的售卖阶段，而且也是预付资本价值和剩余价值的实现过程。W′卖出后所得到的增殖的 G′，要变成新的起点，开始新的循环。故这一循环也表明了生产就是再生产过程。第三，商品资本循环的第一阶段是流通过程，它表明 W′的全部消费，包括生产消费和个人消费，是整个循环正常进行的必要条件。商品资本的循环，揭示了生产和消费的内在联系。但是，它也同样具有片面性。在商品资本循环中，占首要地位的是流通过程，是商品的实现和消费，这就造成一种假象，好像资本主义生产不是为了榨取剩余价值，而是为了满足社会需要。

从以上分析可以看出，产业资本循环的三种形式都是资本运动的特殊形式，它们各自都只能从某一侧面反映资本运动的特点，而不能全面地反映资本主义生产的现实。因此，只有把三种形式统一起来考察，才能全面了解资本运动的过程和实质。

产业资本循环的连续性是资本主义生产的特征，要保证产业资本循环的连续进行，必须具备两个互相联系的必要条件：

第一，产业资本的三种职能形式在空间上的同时并存。为使资本循环不间断地进行，产业资本家的全部资本不能同时存在于循环的某一阶段上和处于某一种资本形式上，而必须根据企业生产的性质、规模、技术水平和购销状况，按一定比例把全部资本分成三部分，使它们同时处在三种职能形式上，各自执行货币资本、生产资本和商品资本的职能。当一部分资本处在货币资本形式上时，另一部分资本就要处于生产资本形式上，再有一部分资本处在商品资本形式上。往后，当处在货币形式上的资本转化为生产资本时，处在生产形式上的资本便转化为商品资本，处在商品形式上的资本相应地转化为货币资本。这样，产业资本的运动就会连续不断，川流不息，资本的生产过程和流通过程就不会发生阻塞或间断。反之，就会造成生产过程和流通过程的中断，使资本的循环发生或大或小的停滞。

第二，产业资本的三种循环形式的各阶段在时间上的依次继起性。这就是说，每一种职能资本，都必须顺次地通过循环的三个阶段，相继地转换资本的职能形式，最后各自回到原来的出发点。当一部分资本处在货币资本的循环时，则另一部分资本就必须同时处于生产资本的循环，第三部分资本也同时处于商品资本的循环。当货币资本循环处于由货币资本转化为生产资本的流通过程时，生产资本循环就必须处于由生产资本转化为商品资本的生产过程，商品资本循环则处于由商品资本转化为货币资本的流通过程。产业资本的循环，只有通过这样的三个循环形式相继而起的不停运动，一方面才能使整个循环过程连续不断；另一方面才能使资本的三种职能形式交替地同时并存。否则，只要某一职能形式上的资本，在循环的任何一个阶段上出现停顿，都会使整个资本循环发生中断或停滞。

在产业资本的循环运动中，资本的三种职能形式在空间上的并存性和三种循环形式的各阶段在时间上的继起性是互为前提、互为条件的。并存性是继起性的前提，没有并存性就没有继起性；同样，没有继起性也不可能有并存性，并存性又是继起性的结果。如果资本运动的并存性、连续性遭受破坏，剩余价值就难以产生和实现。可见，产业资本循环，不仅是生产过程和流通过程的统一，而且是它的三种循环形式的统一。

为了便于理解上述并存性和继起性的结合关系，作一简表（见表 5—1）来示意。用 G 代表预付的货币资本，用 G′表示已增殖的货币资本，用 P 代表生产资本，用 W′代表商品资本；把 $W<\begin{matrix}A\\Pm\end{matrix}$ 和表示生产过程的虚线及表示流通过程的实线都省略掉。

竖看表 5—1，示意三种职能形式在空间上的并存性，为此预付资本必须分三批先后投入；横看，示意随着时间推移，各个循环

表 5—1

1	2	3	4	5	6	7	8	9	10	11	……
G	P	W′	G′	P	W′	G′	P	W′	G′	P	……
	G	P	W′	G′	P	W′	G′	P	W′	G′	……
		G	P	W′	G′	P	W′	G′	P	W′	……

形式中的三阶段在时间上的继起性,即连续进行循环。

以上分析表明,资本不仅是一种能带来剩余价值的价值,体现着资本主义生产关系,而且是一种连续不断的运动,是一个相继以不同形式通过不同阶段的循环过程。离开运动,资本就不能发挥资本的职能,即不能实现价值增殖。因此,资本只能理解为运动,而不能看作是静止的东西。

通过对产业资本循环运动的考察,我们还可以进一步揭示资本主义生产方式的内在矛盾。如前所述,资本循环的顺利进行需要具备一定的条件。但是,在资本主义制度下,由于资本主义基本矛盾及其派生的其他一系列矛盾的作用,使供求失衡、生产过剩的现象难以避免,资本家在采购、生产和销售等环节上必然会经常遇到障碍。尤其是在经济危机期间,生产严重过剩,产品大量积压,生产停滞,而且往往伴随着货币信用危机,资本循环正常进行的必要条件根本得不到保证,循环过程的经常中断也就不可避免了。

第二节　资本的周转

资本周而复始的循环，就是资本的周转。资本周转速度直接影响年剩余价值的生产和年剩余价值率的提高。然而由于预付资本的不同构成部分的周转方式与周转时间以及资本价值量不相同，因此对资本周转速度的研究，就具有重大的意义。

一、资本的周转时间和周转速度

为了实现价值的不断增殖，资本循环必须不间断地进行下去。把这种连续不断、周而复始的资本循环，当作周期性的过程来考察时，就叫做资本的周转。

资本循环和资本周转有密切的联系。它们研究的都是个别资本的运动，虽然资本周转是以资本循环为基础的，但它们是两个经济范畴，有不同的考察重点和目的。资本循环是分析产业资本运动的阶段和职能形式、它们各自不同的作用，以及顺利进行循环必须具备的条件。而资本周转则是研究资本循环周期的时间和运动的速度，以及它对剩余价值生产的影响。

因此，资本周转的速度可以从资本的周转时间和周转次数两方面进行考察。

资本的周转时间，是指从预付一定形式的资本开始，通过资本的循环运动，实现价值增殖，并回到原来的资本形式为止所经历的时间。资本的周转过程经过生产领域和流通领域。资本通过生产领域的时间是资本的生产时间，资本通过流通领域的时间就是资本的流通时间。资本的周转时间，也就是资本的生产时间和流通时间的总和。如图所示：

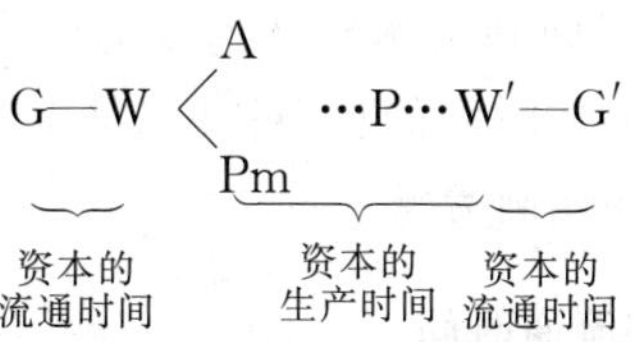

各个资本由于投入的生产部门不同,生产和流通的条件千差万别,所以周转时间也各不相同。为了比较不同生产部门和企业资本周转速度的快慢,必须计算资本周转次数。所谓资本周转次数,就是指在一定时间内(通常为一年)一定量资本所经历的周期循环的次数,即在一定时间内资本价值的周转次数。

如果以 n 代表一年中资本周转的次数,U 代表年或 12 个月,u 代表一定量资本周转一次所需要的时间,那么,资本周转次数的公式就是:

$$n=\frac{U}{u}$$

例如,某一产业资本周转一次的时间为 3 个月,另一个产业资本周转一次的时间为 18 个月,那么,前者一年的周转次数是:$n=\frac{12}{3}=4$(次),后者一年的周转次数是:$n=\frac{12}{18}=\frac{2}{3}$(次)。

可见,资本的周转速度与周转时间成反比,与周转次数成正比。在一定时期内,资本周转的时间越短,周转次数越多,则资本周转的速度越快;反之,资本周转的时间越长,周转次数越少,资本周转速度就越慢。从而说明资本周转的速度可以用周转时间和周转次数两个指标来衡量和表示。

资本周转速度的快慢主要取决于周转时间的长短。因为 U(年)是个常数,周转次数和周转时间则是可变量。而周转次数又是由周转时间的长短决定的,周转次数是个因变量,周转时间才是自变量。因此,研究资本周转速度,关键是要研究资本周转时间。

影响资本周转时间和资本周转速度的因素主要有两个:其一是资本生产时间和流通时间的长短;其二是生产资本的构成,即固定资本与流动资本的比例情况。

二、生产时间和流通时间

资本周转时间,包括生产时间和流通时间。

资本的生产时间,包括劳动期间、自然力独立作用的时间、原材料的储备时间和停工时间。

劳动期间,是指劳动者对劳动对象进行加工生产出某种产品所需要的时间。劳动期间的长短,首先取决于产品的性质。不同生产部门或同一生产部门的企业,由于生产的产品不同,劳动期间的长短也就各不相同。其次,取决于生产技术水平、管理水平和分工协作程度的高低,在产品既定的前提下,生产技术水平、管理水平和分工协作程度越高,劳动生产率也就越高,从而劳动期间就越短;反之,劳动期间就越长。所以,劳动期间不是一成不变的,随着科学技术和分工协作关系的发展,企业管理水平和劳动生产率的不断提高,生产同种产品所需要的劳动期间会逐步缩短。

自然力独立作用的时间,是指某些产品在生产过程中所需要的化学、物理或生理变化等非人工作用于劳动对象的时间。例如酿酒的发酵时间、农作物种植的自然生长时间。这种时间对于这一类商品的使用价值的生产起着十分重要的作用,但由于这种时间内劳动已全部或基本停止,因而不属于劳动时间。

原材料的储备时间,是指原材料、燃料等虽已进入生产领域,但还没有投入直接生产过程的时间。这种储备的必要界限是既不能造成积压,又不能出现停工待料的现象。原材料等的正常储备,是维持生产过程连续进行的必要条件。

此外,停工时间,包括生产过程的正常或不正常的中断所形成的间歇停工时间,也算在生产时间之内。

在资本的生产时间中，劳动期间是最重要的部分。因为它是劳动者和生产资料相结合发挥作用的时间。只有这段时间才创造价值和剩余价值。其他三部分时间均属非劳动期间，不创造价值和剩余价值，但仍占用资本。因此，为了加速资本周转，获得更多的剩余价值，资本家总是力图缩短劳动期间以外的那部分生产时间，使生产时间尽可能接近劳动期间。

资本的流通时间，是由商品的购买时间和销售时间构成的。商品的购买时间，是由货币资本转化为生产资本的时间。销售时间，是商品资本转化为货币资本的时间。其中销售时间对资本周转速度的影响最大。因为在市场竞争环境中，销售商品比购买商品更为困难，而且由 $W'—G'$ 的转化能否顺利完成，关系到价值和剩余价值的实现。流通时间的长短，一般说来，是由市场供求状况、产销距离远近、交通运输及通信条件等多种因素决定的。

总之，生产时间和流通时间越长，资本周转速度就越慢；反之，则越快。产业资本家总是力图通过缩短生产时间和流通时间来加速资本的周转，使一定量资本能带来更多的剩余价值。

这一理论，如果撇开它的资本主义性质，则对社会主义建设也是适用的。社会主义企业为了加速资金周转，同样必须努力缩短生产时间和流通时间。为此，也必须努力提高生产技术水平，实行合理的生产布局、合理的生产储备，大力发展交通运输事业，减少流通环节。因此这一理论对于改善社会主义企业的生产经营管理，加速资金周转有现实的指导意义。

三、固定资本和流动资本

影响资本周转速度的主要因素，除了上述生产时间和流通时间以外，还包括生产资本的构成。生产资本的不同构成部分，按其价值转移方式的不同，可以划分为固定资本和流动资本。

固定资本，是指以厂房、机器、设备等劳动资料形式存在的那部分生产资本。从物质形式来看，这部分生产资本始终以其物质形式全部参加生产过程，并在较长时间内的多次劳动过程中发挥作用。但是，从价值形式来看，这部分资本的价值却不是一次性全部加入新产品中去的，而是按照劳动资料在生产过程中的磨损程度逐渐地、一部分一部分地转移到新产品中去，并随着商品的销售，逐步收回。例如，一台机床价值 20 万元，使用年限为 10 年，在这 10 年里机床一直以其整个实物形式在生产过程中发挥作用，但是其价值每年只有 2 万元转移到新产品中去。经过 10 年，机床的价值才全部转移完毕。

流动资本，是指以原料、燃料、辅助材料等劳动对象形式存在的那部分生产资本。以原材料等劳动对象形式存在的生产资本，其物质形态经过一次生产过程便全部消费掉，形成一种新的使用价值，其价值也全部转移到新产品中去，并随着商品的销售后以货币形式流回到资本家手中。至于用来投在劳动力上的生产资本(即可变资本)，它的价值并不是转移到新产品中去，而是由工人在生产过程中投入的劳动重新创造出来。凝结在新产品中的这部分新价值(包括可变资本的等价和剩余价值)，在商品出售后，也全部周转到资本家手中。由于投在劳动力上的可变资本在价值周转方式上与投在原材料等劳动对象上的那部分生产资本基本相同，所以也称为流动资本。值得注意的是，凝结在新商品中的剩余价值在商品销出后，虽然也同时转到资本家手中，但是在考察资本周转问题时，应把剩余价值剔除在外，只计算可变资本部分的周转情况。

根据上面的分析，固定资本与流动资本的区别可以归结为以下几点：

第一，价值周转方式不同。固定资本的价值是经过多次生产过程逐步转移到新产品中去的，而流动资本的价值则是一次性全部加入新产品中去的。

第二，周转时间不同。在固定资本周转一次的时间内，流动资本可以周转多次。也就是说,固定资本周转较慢,而流动资本周转较快。

第三,价值回收方式不同。固定资本价值是一次性全部预付出去,分批逐次收回,而流动资本的价值则是一次性全部预付出去,一次性全部收回。

第四,物质更新方式不同。固定资本的物质形态在其有效期内,可以在多次生产过程中连续使用,不必更新。流动资本的物质形态在生产过程中一次性全部被消费掉,因而需要不断地购买和更新。

生产资本既可以划分为固定资本和流动资本,也可以划分为不变资本和可变资本。这两种划分是完全不同的,不能混淆起来。其区别在于:一是划分的根据和目的不同。不变资本与可变资本,是根据生产资本的不同部分在剩余价值生产中所起的作用不同来划分的,目的在于揭示剩余价值的真正来源,揭露资本主义剥削的秘密;而固定资本与流动资本是根据生产资本各部分价值周转方式的不同来划分的,目的是揭示生产资本的不同部分对资本周转速度从而对剩余价值生产的影响。二是划分的内容不同。不变资本包括用于劳动资料和劳动对象的资本,而流动资本包括用于劳动对象和劳动力的资本。但这种划分本身,把作为剩余价值唯一源泉的可变资本和不变资本中的一部分具有相同的周转方式的资本合称为流动资本,从而使人们看不清剩余价值的真正源泉。

这两种划分方法的不同如表5—2所示。

固定资本的物质要素在使用期间会不断损耗,根据引起磨损的不同原因,可以分为有形磨损和无形磨损两种。有形磨损也称物质磨损,是指固定资本在物质形式上所受的磨损。它由两种原因引起:一是由于使用而造成的磨损,固定资本使用的强度越大,持续的时间越长,物质磨损也越严重;二是由于自然力的作用而发生的磨损,如木材腐朽、金属生锈等等。固定资本的无形磨损也叫精神

表 5—2

<table>
<tr><th>按在剩余价值生产中的作用划分</th><th>资本的各个部分</th><th>按价值周转方式划分</th></tr>
<tr><td rowspan="2">不 变 资 本</td><td>厂房和其他建筑物
机器、设备和其他工具</td><td>固 定 资 本</td></tr>
<tr><td>原料、燃料、辅助材料</td><td rowspan="2">流 动 资 本</td></tr>
<tr><td>可 变 资 本</td><td>工 资</td></tr>
</table>

磨损，是指固定资本在有效的使用期内，由于技术进步而引起的价值上的损失。其中有两种情况：一是由于整个部门劳动生产率的提高，生产同样的固定资本如机器所需要的社会必要劳动时间减少，使原有的固定资本价值降低；二是由于技术的发明和应用，出现了效率更高、质量更好的机器来替代它，使原有的固定资本贬值。当代科技进步的加快，企业之间竞争的加剧，使无形磨损呈上升趋势。由于存在无形磨损，固定资本会因此而缩短使用期限，提前更新。也就是说，固定资本的实际使用年限总是小于由其物质结构和有形磨损所决定的物质上的自然寿命。为了减少和弥补这种损失，资本家总是尽可能地提高工人的劳动强度，提高机器设备的利用效率，加速资本的周转，以求在较短的时间内收回其价值。

为了保证再生产的连续进行，固定资本在实际使用寿命结束时，必须及时进行更新。这就要求不断地把固定资本每年转移到新产品中去的价值从销售商品的收入中提取并积累起来，以备将来更新固定资本时使用，这种做法，叫做固定资本折旧。而根据固定资本磨损程度逐年提取的货币准备金，叫做折旧费或折旧基金。提取的折旧费与固定资本原始价值的比率，叫做折旧率。用公式表示就是：

$$折旧费=\frac{固定资本原始价值}{固定资本平均使用年限}$$

$$折旧率=\frac{折旧费}{固定资本原始价值}\times 100\%$$

为了保证固定资本的各个物质要素在一个较长的使用期内能够正常地发挥作用，必须进行日常的维护和修理，因此而追加的劳动和资本，就叫维护费和修理费。维护费是对机器设备进行加油和擦洗等方面的费用。这种费用在性质上既不同于固定资本，也不同于流动资本，但作为一种经常性的支出，通常列入流动资本。固定资本的修理费分为两类：一类是小修理费用，作为一项经常性的零星支出，也列入流动资本；另一类是大修理费用，它具有固定资本局部更新的性质，属于固定资本。这种费用要平均分摊到有效使用年限内的总产品中去，并从这些产品的销售收入中得到补偿。

四、预付资本的总周转

固定资本与流动资本，由于价值周转方式的不同，它们的周转速度也不相同。固定资本的周转速度慢于流动资本的周转速度，而固定资本本身的各种要素，其周转速度也不相同。因此，研究全部预付资本的总周转速度，就要把固定资本与流动资本的周转速度平均起来加以计算。所谓预付资本的总周转，就是指预付资本的不同组成部分的平均周转。其公式为：

$$\begin{matrix}预付资本的\\年周转次数\end{matrix}=\frac{\begin{matrix}固定资本年周转\\价值总额\end{matrix}+\begin{matrix}流动资本年周转\\价值总额\end{matrix}}{预付资本总额}$$

$$\begin{matrix}各项生产资本\\的年周转价值\end{matrix}=该项预付资本价值\times 其年周转次数$$

举例计算如下（见表 5—3）：

表 5—3

生产资本的各种要素	价　值 （万元）	年周转次数	年周转价值 （万元）
固定资本	100	1/10	10
其中：厂房	30	1/30	1
机器设备	50	1/10	5
小工具等	20	1/5	4
流动资本	50	7	350
其中：原材料等	35	7	245
工资	15	7	105
全部预付资本	150	2.4	360

预付资本总周转速度的快慢取决于两个因素：一是固定资本与流动资本的比例；二是固定资本与流动资本的周转速度。在前者既定的情况下，固定资本与流动资本的周转速度越快，预付资本的总周转速度也就越快。在后者既定的情况下，由于固定资本的周转速度慢于流动资本的周转速度，所以固定资本在生产资本中所占的比重越大，预付资本的总周转速度就越慢；相反，流动资本在生产资本中所占的比重越大，预付资本的总周转速度就越快。随着科技的发展和企业技术装备水平的提高，固定资本在生产资本中所占的比重有不断增大的趋势，这是预付资本周转速度减慢的一个重要因素。资本家为了弥补因资本有机构成提高而造成的预付资本周转日益缓慢所带来的损失，便采取轮班生产和提高工人的劳动强度等种种办法来加速资本的周转。

五、资本周转速度对剩余价值生产的影响

资本周转速度的快慢，不仅关系到预付资本量的多少，而且会直接和间接地影响到年剩余价值量和年剩余价值率的大小。

先看资本周转对资本预付量的影响。

第一，加速流动资本的周转，可以节省预付总资本。流动资本周转速度越快，维持同样的生产规模所需要的流动资本就越少，从

而可以越多地节约预付总资本。假定有甲、乙两个企业，它们的生产规模相同，每年都需投入 20 万元的流动资本。甲资本周转快，三个月周转 1 次，一年周转 4 次，因此甲只要预付 5 万元，就可满足全年对 20 万元流动资本的需要。乙企业资本周转慢，半年周转 1 次，因此乙要预付 10 万元，才能满足全年对 20 万元流动资本的需要。这样，甲企业就可以把节约下来的流动资本用于扩大生产规模，以榨取更多的剩余价值。

第二，加速固定资本的周转，一方面可以减少或避免无形磨损的损失，另一方面可以提高固定资本的利用率，加速固定资本的更新。如一台机器原来周转一次需 10 年，由于周转速度加快，现在周转一次只需 6 年。这样资本家的预付资本就可提前 4 年收回，从而加快了机器的更新，便于采用新技术，购置效率更高的机器设备，以获得更多的剩余价值。

再看资本周转对剩余价值生产的影响。在资本周转中，可变资本是同流动资本的其他部分一起进行周转的。可变资本是剩余价值的直接来源。在剩余价值率不变的条件下加速可变资本的周转，一方面可以使一定数量的预付可变资本在一年里雇佣更多的劳动力，从而能够带来更多的剩余价值，增大年剩余价值量；另一方面，年剩余价值量越多，年剩余价值率也就越高。

所谓年剩余价值率，是指一年内生产的剩余价值总量和预付可变资本的比率。公式如下：

$$年剩余价值率=\frac{年剩余价值量}{年预付可变资本量}$$

如果以 M 代表年剩余价值量、M′代表年剩余价值率，m′代表剩余价值率，v 代表年预付可变资本量，n 代表可变资本周转次数，则年剩余价值量和年剩余价值率的公式可表示如下：

$$M=m \cdot n=m' \cdot v \cdot n$$

$$M'=\frac{M}{v}=\frac{m'\cdot v\cdot n}{v}=m'\cdot n$$

年剩余价值率与剩余价值率是有区别的，两者是从不同的方面来表现资本家对工人的剥削关系。年剩余价值率是年剩余价值量与年预付可变资本的比率，它表示预付可变资本在一年中的增殖程度；而剩余价值率则是指在一次生产过程中，工人创造的剩余价值与可变资本的比率，它表示资本家对工人的剥削程度。一般说来，年剩余价值率总是大于剩余价值率。只有当预付可变资本一年只周转一次时，即预付可变资本与实际发挥作用的可变资本的数量相等时，年剩余价值率才会和剩余价值率相等。

由于年剩余价值率与可变资本的周转速度成正比，而可变资本的周转又是和预付流动资本的其他部分一起周转的，这就容易造成一种假象，"似乎剩余价值率不仅取决于可变资本所推动的劳动力的量和剥削程度，而且还取决于某些从流通过程中产生的不可理解的影响"①。

事实上，剩余价值不可能从流通中产生，可变资本的周转速度之所以能够影响年剩余价值率的大小，是因为剩余价值是由实际使用的可变资本带来的。可变资本周转越快，实际使用的可变资本就越多，实际使用的雇佣工人人数也越多，从而增加了年剩余价值量，提高了年剩余价值率。例如，工人平均月工资为 100 元，即年工资为 1 200 元，甲、乙两个资本家的预付可变资本都是 10 000 元，剩余价值率都是 100%，但甲的可变资本一年周转 12 次，因而一年实际使用的可变资本是 120 000 元，常年雇佣的工人为 100 人；乙的可变资本一年周转 6 次，因而一年实际使用的可变资本只有 60 000 元，常年雇佣的工人只有 50 人。由于甲实际使用的可变资本比乙大一倍，因而在剩余价值率和其他条件都相同的条件下，甲

① 《马克思恩格斯全集》第 24 卷，第 331 页。

资本家的年剩余价值量和年剩余价值率也比乙资本家多一倍，归根到底，是由于甲实际雇佣的工人数比乙多一倍，所以甲一年获得的剩余价值总量也比乙大一倍。上述情况可列表说明(见表5—4)。

表 5—4

资本家	预付可变资本（元）(1)	剩余价值率（%）(2)	年周转次数（次）(3)	实际使用的可变资本（元）(4)=(1)×(3)	实际雇佣工人数（人）(5)	年剩余价值量(元)(6)=(4)×(2)	年剩余价值率(%)(7)=(6)÷(1)
甲	10 000	100	12	120 000	100	120 000	1 200
乙	10 000	100	6	60 000	50	60 000	600

以上分析表明，剩余价值是由实际使用的可变资本带来的，是雇佣工人的剩余劳动创造出来的。单纯的流通过程和资本周转本身，并不会增加剩余价值量。只有当预付可变资本的周转速度加快，从而使预付可变资本实际上可以剥削更多雇佣工人的剩余劳动时，才会引起年剩余价值量和年剩余价值率的增大。

小结

本章从生产过程和流通过程统一的角度，着重分析单个资本的流通过程，通过资本循环和资本周转，从微观上揭示资本主义经济运动的规律。

产业资本循环，是指产业资本依次经过购买阶段、生产阶段和销售阶段，相应地采取货币资本、生产资本和商品资本三种职能形式，使价值得到增殖，最后回到原来出发点的运动过程。产业资本在连续不断的运动中，包含相互交错的三种循环形式。现实产业资本的循环，不仅是生产过程和流通过程的统一，而且还是三种循环形式的统一。

资本周转是指不断重复、周而复始的资本循环运动。资本周转一次所需要的时间就是周转时间。资本周转时间等于资本的生产时间和流动时间的总和。资本周转速度不仅取决于生产时间和流通时间的长短，而且取决于生产资本的构成状况。生产资本按其各部分价值周转方式的不同，可区分为固定资本和流动资本。预付资本的总周转，是它的不同组成部分的平均周转。加速资本周转速度，可以增加年剩余价值量，提高年剩余价值率。

关键词

产业资本　资本循环　资本周转　货币资本　生产资本　商品资本　固定资本　流动资本　年剩余价值率

思考题

1. 产业资本顺利循环的条件是什么？

2. 固定资本和流动资本的划分，同不变资本和可变资本的划分有什么不同？

3. 影响资本周转的因素有哪些？资本周转对剩余价值生产有何影响？

4. 固定资本的无形损耗会给资本家带来损失，为什么资本家还要进行固定资本更新？

指定参考书

1. 厦门大学经济学系选编：《〈资本论〉选读》第2卷第1、2篇，厦门大学出版社2000年版。

2. 蒋学模主编：《政治经济学教材》第5章第1、2节，上海人民出版社1999年版。

3. 卫兴华主编：《马克思主义政治经济学原理》第4章第1、2节，武汉大学出版社1999年版。

第六章　社会总资本的再生产和经济危机

上一章从个别资本角度考察流通过程的规律性。本章是从社会总资本角度研究再生产和流通，考察社会总产品的实现在客观上所必需的基本比例关系，弄清社会总资本简单再生产和扩大再生产的实现条件，并进一步揭示资本主义所固有的各种矛盾，必然不同程度地破坏这种基本比例关系，导致爆发周期性的经济危机。

第一节　社会总资本和社会总产品

研究社会资本再生产的核心问题是社会总产品的实现问题。这就要分析社会总产品在价值形式和实物形式的构成。与总产品的实物构成相联系，社会生产分为两大部类。因此掌握社会总产品的价值构成和实物构成以及社会生产两大部类的原理，是考察社会资本再生产的两个基本理论前提。

一、个别资本的再生产和社会总资本的再生产

在资本主义社会里，由于生产资料的资本家私有制，使整个社会存在着成千上万的互相分离、彼此独立的个别资本，它们各自发

挥职能，进行自身的循环和周转，实现价值增殖。这种独立发挥职能的资本，就是个别资本。但是，资本主义的社会化大生产，存在着发达的社会分工，个别资本之间又是互相依存、互相联系的。每一个资本主义企业，都必须通过流通过程同其他个别资本发生联系，既要与为它提供生产资料的个别资本，又要与消费它的产品的个别资本发生联系。从社会范围看，所有个别资本都处在相互依存、相互联系之中。这种相互联系、相互依存的所有个别资本的总和，就是社会总资本，亦称社会资本。

个别资本的循环和周转不是孤立的，它必须同另一些个别资本的运动交错地进行。譬如，钢厂向机器制造厂提供原材料，机器制造厂向钢厂、食品厂提供设备，食品厂向钢厂、机器制造厂提供食品。这种相互交错、互为条件的个别资本运动的总和，就是社会总资本运动。

社会总资本运动是由各个个别资本运动汇合而成的整体运动，因而两者有许多共同之处。它们都包含有生产剩余价值的生产消费以及与之相适应的资本流通；采取货币资本、生产资本和商品资本三种职能形式；都是为了增殖资本价值。但是，两者又存在着很大的区别，其中最本质最重要的区别在于：第一，分析个别资本运动主要是要揭示资本的价值增殖过程，因此，只考察生产消费及与之相适应的资本流通。至于各个个别资本在流通领域的相互联系，包括自己的产品如何出售，资本家和工人所需要的消费资料从哪里买到，都作为已经存在的外部条件，当作前提来假设。也就是说，工人和资本家的个人消费及与之相适应的一般商品流通，是在个别资本运动之外进行的，它不属于资本流通范围，从而不包含在其中。第二，社会总资本运动的内容，不仅包括生产消费，而且包括个人消费；不仅包括资本流通，而且包括一般商品流通。因为资本家之间互相买卖生产资料的过程，就是生产消费得到补偿的过程；而工人和资本家购买消费品的过程，正是生产消费品的资本家售卖商品的过程。第三,社会总资本的运动内容,不仅包括预付资本的流通,而且还包括剩余价值的流通。剩余价值的流通,一般说来可以分为两部分:一部分作为追加资本加入资本流通,另一部分作为收入用于个人消费,加入一般商品流通。因此,分析个别资本运动所假设的前提,恰恰是考察社会总资本运动所要研究的问题本身的一个重要内容。

二、社会总资本再生产的核心问题是社会总产品的实现问题

社会总产品是指在一定时期内(一般为一年)物质生产部门所生产出来的物质资料的总和。资本主义的社会总产品就是整个社会商品资本的总和。考察社会总资本再生产和流通,必须以商品资本循环公式为起点。因为货币资本循环公式和生产资本循环公式,都只能表明生产消费和资本流通,而不能体现个人消费和一般商品流通;只能表明价值补偿和资本价值增殖,而不能反映物质补偿和全部剩余价值流通。正是由于这两个循环公式不能全面反映社会总资本的运动,因而不能以它们为依据。

商品资本循环公式一开始就要求实现含有剩余价值的全部商品价值,而从社会范围考察,全部商品资本的实现,就是社会总产品的实现。换句话说,以商品资本为起点,就是以社会总产品为出发点。所以,马克思说:"我们应当分析的是 $W'—\begin{cases} G—W\cdots P\cdots W' \\ g—w \end{cases}$ 这个流通公式。"①

从社会总产品出发,考察社会总资本的再生产和流通,其核心问题是社会总产品的实现。所谓社会总产品的实现,它包括两个方面:一是社会总产品的价值从商品形式转化为货币形式,实现价值补偿,用于补偿生产中耗费的不变资本价值和可变资本价值并获

① 《马克思恩格斯全集》第 24 卷,第 435 页。

得剩余价值;二是社会总产品价值的各个组成部分转化为货币形式以后,如何取得所需要的商品,实现物质补偿,以补偿生产中消耗的生产资料,以及工人、资本家消费掉的生活资料。简言之,价值补偿和物质补偿问题,就是社会总产品的实现。

社会总产品实现之所以是社会总资本再生产和流通的核心问题,首先,是因为价值补偿是社会总资本再生产顺利进行的前提。社会总资本的正常循环,首要的基本条件是社会总产品能够全部销售出去,资本价值由商品形式转化为货币形式,补偿已消耗的不变资本价值和可变资本价值,并用之继续购买所需要的生产资料和劳动力。如果不能做到这一点,生产就不可能正常进行。其次,物质补偿是保证社会总资本再生产顺利进行的关键。社会总资本的正常循环,关键在于已消耗掉的生产资料和消费资料能否重新获得。如果不能全部重新获得,根本谈不上继续正常的循环。所以,考察社会总资本再生产和流通,其实就是考察社会总产品的实现问题,因而马克思的再生产理论,又称为实现论。

三、社会总产品的构成和社会生产部门的划分

研究社会总产品的实现条件,必须科学地分析社会总产品的构成,以及与此相适应的社会生产部门的划分。

社会总产品有两种形式:一是价值形式,一是物质形式。社会总产品的价值,同资本主义个别商品一样,由不变资本价值(c)、可变资本价值(v)和剩余价值(m)三部分构成,即 c+v+m。其中不变资本价值是所耗费的生产资料的价值转移;可变资本价值和剩余价值是雇佣工人生产中新创造的价值。社会总产品的物质形式是千差万别的,但根据它们在社会总资本再生产过程中的最终用途,可分为生产资料和消费资料两大类。前者是用于生产消费的产品;后者是用于生活消费的产品。

与社会总产品的实物构成相适应,社会生产划分为两大部类:

一是生产资料的生产，称为第一部类，用Ⅰ表示，其产品主要是用于生产消费，如生产工具、原材料、燃料等；二是消费资料的生产，称为第二部类，用Ⅱ表示，其产品主要是供个人消费，如衣、食、住方面的生活必需品以及奢侈品等。在两大部类内部，还可以划分副类或生产部门。许多生产部门生产的产品，往往既可用作生产资料，也可用作消费资料，但从它在社会总资本再生产过程中的最终用途来说，它不能脱离两大部类的归属。因而，产品的不同用途的事实存在，丝毫不会影响社会生产划分为两大部类的正确性。因为这种分类不是假说，而是实际存在的高度概括。

社会总产品价值构成分为 c、v、m 三部分和社会生产划分为两大部类，是马克思建立再生产理论的两个基本理论前提。在此基础上，马克思建立了著名的再生产图式，从而解决了资产阶级经济学在再生产问题上长期没有发现也没有解决的问题。

第二节　社会总资本的简单再生产

研究社会资本简单再生产，首先必须着重分析简单再生产，因为它包含了扩大再生产的困难问题，同时是扩大再生产的重要组成部分和基础。社会资本简单再生产下社会总产品价值和物质的两种补偿必须通过“三大要点”的交换过程，揭示出社会资本简单再生产的实现条件，说明两大部类之间的内在联系和比例关系。

一、研究社会总资本再生产要从分析简单再生产开始

资本主义再生产的特征是扩大再生产，但是，马克思考察社会总资本再生产的实现条件和运动的规律，是从分析简单再生产开始，并以之为重点的。这是为什么呢？

第一，从理论上来说，研究社会总资本再生产的困难问题，是预付资本的价值补偿，以及这种补偿运动怎样同资本家和工人的个人消费交织在一起。这个理论上的困难，在简单再生产过程中已经存在了。因为生产资料生产部门，它的产品是用于生产消费的，而它的雇佣工人和资本家的个人消费，必须由消费资料的生产部门来提供。消费资料生产部门，它的产品是用于个人消费的，而它要补偿已消耗掉的生产资料，必须由生产资料的生产部门来提供。为了进行再生产，两大部类的产品必须互相交换，这样，预付资本的价值补偿同资本家和工人的个人消费在运动中就交织在一起了。交换怎样进行，有什么客观规律，在什么条件下社会总产品才能获得价值补偿和物质补偿等等，这些问题是研究社会总资本再生产的困难问题。这些困难显然不是由于出现资本积累后才产生的，而是在简单再生产过程中就存在了。因此，把简单再生产条件下社会总产品实现过程中的各种交换关系、实现条件弄清楚了，分析资本积累和扩大再生产的实现问题就容易多了。

第二，从实际运动来看，简单再生产既是扩大再生产的出发点和基础，又是积累的一个现实因素。因为只有能够维持原来的生产规模，才谈得上生产规模的扩大；生产规模的扩大，一般说来不可能超过一倍，因而，原来的生产规模总是占据重要的部分；只有在简单再生产实现的过程中，才能把剩余价值转化为资本，实现资本积累。同时，简单再生产是实现扩大再生产的物质基础。要扩大再生产就必须有一定数量的追加生产资料和消费资料。这些追加的物质要素，都是上一期生产出来的，都是原来简单再生产节余和积累的结果。也就是说，扩大再生产所需的物质资料只能由简单再生产生产出来，扩大再生产只能在简单再生产的基础上进行。

在研究社会总资本再生产时，为了方便对本质问题的研究，我们必须预先作出几点必要的假定。第一，假定考察的是纯粹的资本主义经济，在这里只有资本家和工人这两个阶级；第二，假定生产周期为一年，全部不变资本都在一年内消耗掉，它的价值全部转移到新产品中去；第三，假定一切商品都按价值出售，商品的价值和价格不发生任何变动；第四，假定没有进出口贸易，全部社会总产品都在国内得到实现，所有生产资料和消费资料的消耗也都在国内得到补偿。

上述假定是抽象方法的运用，为的是舍去一些次要的和非本质的因素的干扰，便于从复杂的经济过程中，探寻社会总资本再生产运动的规律性。

二、社会总资本简单再生产实现过程的三大交换

现在，我们根据社会总产品价值构成分为 c、v、m 三部分和社会生产划分为两大部类这两个再生产理论前提，来说明资本主义简单再生产情况下，社会总产品的实现条件。

假定第一部类(Ⅰ)的不变资本为 4 000(货币单位，下同)，可变资本为 1 000，在剩余价值率为 100%的条件下，创造的剩余价值为1 000；又假定第二部类(Ⅱ)的不变资本为 2 000，可变资本为500，在剩余价值率为 100%的条件下，剩余价值为 500。这样，全年的社会总产品构成就可以用下列图式来表示：

$$\left.\begin{array}{l} \text{Ⅰ}\ 4\,000c+1\,000v+1\,000m=6\,000 \\ \text{Ⅱ}\ 2\,000c+\ 500v+\ 500m=3\,000 \end{array}\right\}9\,000$$

在这价值 9 000 的社会总产品中，第一部类产品总价值为6 000，其实物形式全部是生产资料；第二部类产品总价值为3 000，其实物形式全部是消费资料。为了使下一年生产能够继续进行，两大部类的产品必须按价值全部卖掉，并且在物质形式上得到更替。这里，可以看到社会总产品的实现过程，是通过三方面交换关系进行的。用图式表示如下：

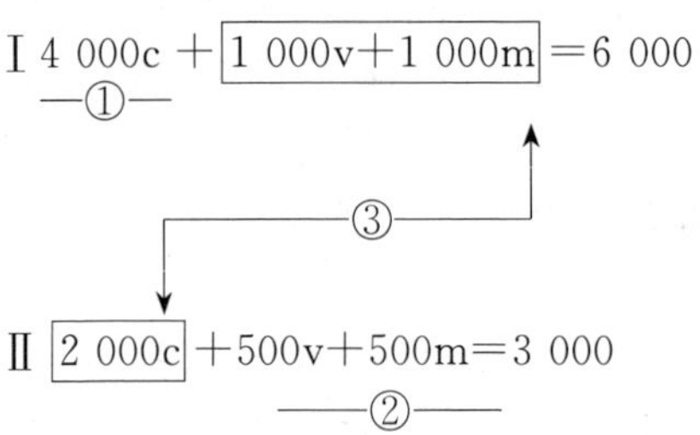

在图式中：

①是第一部类 4 000c 内部的交换。Ⅰ4 000c 是已消费掉的生产资料价值在新的产品上再现，需要在价值上得到补偿，在物质上是用同类的生产资料来更替。而Ⅰ4 000c 的物质形式就是生产资料，它可以直接重新作为本部类的不变资本的物质要素发生作用，因而只需要本部类内部各个资本家之间互相交换，就能实现双重补偿。其中有一部分产品不必通过交换，可在生产这种产品的企业内直接更换。

②是第二部类 500v＋500m 内部的交换。Ⅱ 500v 代表该部类资本家预付的可变资本总额，需要得到价值补偿；同时又是该部类工人得到的货币工资，它用于购买生活资料进行个人消费。而Ⅱ 500m代表该部类资本家获得的剩余价值的总额，需要在价值上实现；在简单再生产下，这部分剩余价值全部用于个人消费。而Ⅱ (500v＋500m)的物质形式就是消费资料，可以直接供本部类的工人和资本家消费，因而只要通过本部类内部互相交换，就可以实现双重补偿。

③是第一部类 1 000v＋1 000m 和第二部类 2 000c 的交换。Ⅰ(1 000v＋1 000m)这部分价值要全部用于该部类的工人和资本家的个人消费，需要消费资料来补偿，而它的物质形式是生产资料，不能直接进入消费。Ⅱ2 000c 这部分价值是用于补偿生产过程中消费掉的生产资料，而它的物质形式是消费资料，因而不可能在

本部类内部实现补偿。此时，第一部类存在的物质形式恰好是第二部类要求补偿的物质形式，而第一部类要求补偿的物质形式又恰好是第二部类存在的物质形式；并且在数量上，Ⅰ(1 000v＋1 000m)恰好等于Ⅱ2 000c，通过交换，它们的价值都得到实现，在物质形式上也都得到了补偿。

经过以上三方面的交换，社会总产品全部实现了，它们在价值形式上和物质形式上都得到了相应的补偿。于是，社会总资本可以在原来的规模上继续进行了。

三、社会总资本简单再生产的实现条件

以上三方面交换关系表明，社会总资本简单再生产要能够顺利地进行，关键在于两大部类之间的比例关系，即第一部类的可变资本价值和剩余价值之和必须等于第二部类的不变资本价值。用公式表示是：Ⅰ(v＋m)＝Ⅱc。这是简单再生产实现的基本条件，它反映了两大部类之间的内在联系和平衡关系，表明第一部类生产资料的生产同第二部类对生产资料的需求，以及第二部类消费资料的生产同第一部类对消费资料的需求之间的比例关系。这两部分产品的价值总额必须相等，两大部类之间的交换才能达到平衡。如果Ⅰ(v＋m)大于或小于Ⅱc，那么，社会总产品中不是有一部分生产资料不能实现，就是有一部分消费资料不能实现。不论发生哪一种情况，社会总资本简单再生产都会受到阻碍。

在基本条件的基础上，简单再生产下社会总产品实现的条件，还可以用另外两个公式来表示：

1.Ⅰ(c＋v＋m)＝Ⅰc＋Ⅱc。这个条件表明，第一部类生产的全部产品的价值，必须等于两大部类已消费的全部生产资料的价值；在物质形式上，整个社会生产资料的生产，必须同两大部类对生产资料的需求相适应，否则社会总资本简单再生产就会受到阻碍。

2. $\mathrm{II}(c+v+m)=\mathrm{I}(v+m)+\mathrm{II}(v+m)$。这个条件表明，第二部类生产的全部产品的价值，必须等于两大部类新创造的价值；在物质形式上，第二部类消费资料的生产，必须同两大部类的工人和资本家对消费资料的需求相适应。如果不能保持消费资料生产和两大部类工人和资本家对消费资料需求之间的比例关系，则社会总资本的简单再生产同样也无法进行。

以上三个公式，是从不同角度反映社会总资本再生产的内在联系。$\mathrm{I}(v+m)=\mathrm{II}c$ 是反映两大部类之间互相交换的平衡条件，具备了这个条件，其他两个条件也就同时具备了。$\mathrm{I}(c+v+m)=\mathrm{I}c+\mathrm{II}c$ 和 $\mathrm{II}(c+v+m)=\mathrm{I}(v+m)+\mathrm{II}(v+m)$，则是分别从生产资料的角度和消费资料的角度，反映供给和需求的平衡条件。

应当指出，上述的三个条件，无论哪一个条件，都不仅要求社会总产品的各个部分在价值量上保持恰当的比例，而且还要求在物质构成上适应再生产各种物质要素的规格、品种、数量上的需要。

四、固定资本的补偿问题

在前面的分析中，我们假设不变资本在一个生产周期内，它的价值全部转移到新的产品中，并且进行物质补偿。但实际上，不变资本中的固定资本的价值转移和物质补偿并非如此。固定资本的价值转移和物质补偿不是同时进行的，它的价值转移随磨损程度逐次进行，并以折旧费的形式提留下来；而它的物质形式只有在有效使用期满后才更替。固定资本的这种特点，必然会直接影响到社会总产品的实现，因而有必要对固定资本的补偿问题进行考察。

由于固定资本补偿的特点，使它的价值转移部分出现只卖不买，而物质更替又使多年提存的折旧费，一次全部投入流通，出现只买不卖。这样，多年的卖而不买和一次买而不卖形成了矛盾。如果不解决这一个矛盾，社会总资本再生产的实现条件就要受到破坏。譬如,以简单再生产的图式为例,如果第二部类 2 000 不变资本价值转移到新的产品中,其中有 200 是固定资本价值转移,它不需要马上进行物质补偿,而以折旧费形式保留起来,那么此时,第二部类需要进行物质补偿的只有 1 800,就使第一部类有价值 200 的生产资料卖不出去。其结果,干扰了社会总资本再生产的顺利进行。

矛盾如何解决呢?从产业资产阶级总体来考察,一定有一部分资本家处在提取折旧费,积累货币,只卖不买的阶段;而另一部分资本家则处于进行物质补偿,投放货币,只买不卖的阶段。如果这两部分资本家手中处于不同阶段的固定资本,能够在时间上相衔接,在数量上相等,那么,矛盾就解决了,社会总产品仍然可以全部实现。

因此,把固定资本补偿问题加进来,社会总资本简单再生产的实现,还需要具备这样一个条件:全社会每年进行物质补偿的固定资本价值总额必须等于当年以货币形式提取的折旧费总额。如果这两者不相等,即使Ⅰ(v+m)=Ⅱc,还是会出现货币过剩、生产资料不足或生产资料过剩、货币不足的情况,社会总资本简单再生产也就不可能顺利进行。

第三节　社会总资本的扩大再生产

研究社会总资本扩大再生产的前提条件,表明在社会总产品中,必须为扩大再生产的实现,提供追加的生产资料和消费品。而研究社会总资本扩大再生产的实现条件则从不同侧面表明社会生产和社会消费之间必须保持一定的比例关系。

生产资料生产优先增长是在生产技术进步条件下产生的客观经济规律。

一、社会总资本扩大再生产的前提条件

扩大再生产，是指生产过程以扩大的规模进行。它的特点在于剩余价值不是由资本家全部用于个人消费，而是有一部分用于资本的积累，作为追加的资本投入生产。资本主义的扩大再生产，可以分为外延的扩大再生产和内涵的扩大再生产两种形式。所谓外延的扩大再生产，是指单纯依靠增加生产要素的数量，追加不变资本和可变资本来扩大生产规模，没有生产技术的变化，没有劳动生产率的提高，属粗放型的扩大再生产。内涵的扩大再生产是指依靠提高技术水平，改善生产要素的质量，提高劳动生产率来扩大生产规模，属集约型的扩大再生产。内涵的扩大再生产一般说来同样需要增加资本数量，要有资本的积累。

扩大再生产是资本主义再生产的特征。考察社会总资本扩大再生产的实现条件，是以外延扩大再生产为对象的，因此，是以积累为前提的。然而，在剩余价值转化为追加的生产资本（马克思称为"现实的积累"）以前，必须要有商品出售和货币积累为前提。

为了使货币积累转化为现实的生产资本，关键在于当年生产出来的社会总产品结构中，必须为扩大再生产的实现提供足够的生产资料和消费资料来满足追加的生产资本的需求。至于要求追加的劳动力，在资本主义社会里因有大量产业后备军的存在，一般是不成问题的。因此，为了实现社会总资本扩大再生产，必须具备如下两个前提条件：

第一，社会总产品中要包含有追加的生产资料，以供两部类追加的不变资本的需要。为了保证有追加的生产资料，第一部类生产的产品在补偿当年两大部类消费掉的生产资料后，还要有剩余。因此，扩大再生产的基本前提，用公式表示就是：Ⅰ$(c+v+m)>$Ⅰc

$+\text{Ⅱ}c$，把第一部类内部的交换扣除掉，公式可简化为：$\text{Ⅰ}(v+m)>\text{Ⅱ}c$。它表明第一部类中代表可变资本和剩余价值的产品之和，其价值大于第二部类所消费的不变资本价值。

第二，社会总产品中要包含有供两部类追加劳动力所需要的追加的消费资料。为了能够有追加的消费资料，第二部类生产的产品在满足当年两大部类的工人和资本家的需要后，还要有剩余。因此，扩大再生产还要有一个必要的补充条件，用公式表示就是：

$$\text{Ⅱ}(c+v+m)>\text{Ⅰ}(v+\frac{m}{x})+\text{Ⅱ}(v+\frac{m}{x})$$

它表明第二部类的全部产品价值必须大于两大部类可变资本和资本家用于个人消费的剩余价值部分之和。把第二部类内部交换的消费资料扣除，公式便简化为：

$$\text{Ⅱ}(c+m-\frac{m}{x})>\text{Ⅰ}(v+\frac{m}{x})$$

公式中的$\frac{m}{x}$代表剩余价值用于资本家个人消费的部分，$m-\frac{m}{x}$是剩余价值用于积累的部分。也就是说，第二部类不变资本与积累之和必须大于两部类的可变资本与资本家的个人消费。这样，进行扩大再生产时，第二部类提供的消费资料才能满足两部类对消费资料的扩大需求。

二、社会总资本扩大再生产的实现过程

具备了前述的两个前提条件，只表明社会总资本扩大再生产有了可能性。要使可能变成现实，还必须研究社会总资本扩大再生产的实现过程和实现条件。马克思根据前提条件提出下列发端式：

$$\left.\begin{array}{l}\text{Ⅰ}4\,000c+1\,000v+1\,000m=6\,000\\ \text{Ⅱ}1\,500c+750v+750m=3\,000\end{array}\right\}9\,000$$

为了扩大再生产，假定第一部类的积累率$\left(\frac{m-\frac{m}{x}}{m}\right)$为 50%，那么，1 000m 中用于资本家个人消费的为 500m，用于积累的为 500m。又假定追加的资本按照原来的资本有机构成 4∶1 分别转化为不变资本和可变资本，即 400 转化为追加不变资本（Δc），100 转化为追加可变资本（Δv）。于是，第一部类重新组合如下：

Ⅰ4 000c＋400Δc＋1 000v＋100Δv＋500m＝6 000

这里，Ⅰ4 400c 可以通过本部类内部交换来实现价值补偿和物质补偿，而Ⅰ（1 100v＋500m）的物质形式是生产资料，它必须与第二部类相交换，才有可能实现双重补偿。为此，第二部类也要相应扩大再生产而进行积累，而它的积累规模取决于第一部类可提供的生产资料数量。按第一部类年产品重新组合的结果，能够提供 1 600 的生产资料，要求与第二部类相交换；但它在实物上需要替换的Ⅱc 原来只有 1 500，这就要追加 100 的不变资本，双方才能平衡。第二部类原来的资本有机构成是 2∶1，这样还要追加 50 的可变资本。就是说，第二部类要从 750 的剩余价值中提取 150 作为积累，用于上述两种追加资本。从而，第二部类的年产品重新组合如下：

Ⅱ1 500c＋100Δc＋750v＋50Δv＋600m＝3 000

其中Ⅱ（800v＋600m）在本部类内部交换，而Ⅱ1 600c 则与Ⅰ（1 100v＋500m）相交换，实现双重补偿。

在扩大再生产的条件下，社会总产品的实现过程，同简单再生产一样，要进行三方面的交换，图式如下：

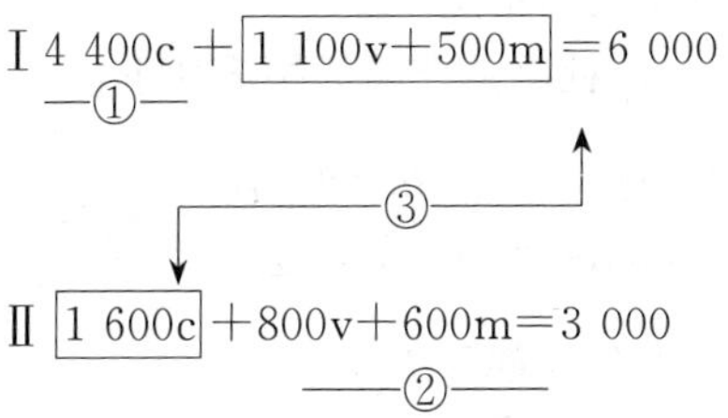

经过三方面交换后，社会总产品全部实现了。第二年初，社会总资本从 7 250 增大为 7 900，其中第一部类的资本由 5 000 增加到 5 500，第二部类的资本由 2 250 增加到 2 400。这样，第二年生产将在扩大的规模上进行。如果剩余价值率还是 100%，那么第二年生产过程结束时，社会总产品的构成如下：

$$\left.\begin{array}{l}\text{I}\,4\,400c+1\,100v+1\,100m=6\,600\\ \text{II}\,1\,600c+800v+800m=3\,200\end{array}\right\}9\,800$$

与上年对比，第一部类的生产增长 10%，而第二部类的生产只增长 6.67%。

第二年以及其后各年，进行资本积累和扩大再生产的实现过程，可按上述方法加以类推。在第一部类的积累率、两大部类的资本有机构成和剩余价值率不变的条件下，第三年生产过程结束时，社会总产品构成如下：

$$\left.\begin{array}{l}\text{I}\,4\,840c+1\,210v+1\,210m=7\,260\\ \text{II}\,1\,760c+880v+880m=3\,520\end{array}\right\}10\,780$$

与上年对比，两大部类生产的增长率都是 10%。

第四年年底社会总产品的构成如下：

$$\left.\begin{array}{l}\text{I}\,5\,324c+1\,331v+1\,331m=7\,986\\ \text{II}\,1\,936c+968v+968m=3\,872\end{array}\right\}11\,858$$

两大部类的增长率仍然都是10%。

再下一年年底，社会总产品的构成如下：

$$\left.\begin{array}{l}\text{I}\,5\ 856c+1\ 464v+1\ 464m=8\ 784\\ \text{II}\,2\ 129c+1\ 065v+1\ 065m=4\ 259\end{array}\right\}13\ 043$$

两大部类的增长率仍然都是10%。

如此类推。

三、社会总资本扩大再生产的实现条件

从以上分析可以看出，社会总资本扩大再生产的实现条件是：第一部类的可变资本加追加可变资本再加资本家用于个人消费的剩余价值之和，必须等于第二部类的不变资本加追加不变资本之和。用公式表示就是：

$$\text{I}(v+\Delta v+\frac{m}{x})=\text{II}(c+\Delta c)$$

这是基本的实现条件，它反映了在扩大再生产条件下，两大部类之间的内在联系和平衡关系，即第一部类生产资料的生产和第二部类对生产资料的需要（含追加部分）之间的比例和平衡；又反映第二部类消费资料的生产和第一部类对消费资料的需要（含追加部分）之间的比例和平衡。

由于$\text{I}\,m=\text{I}(\Delta c+\Delta v+\frac{m}{x})$，所以，$\text{I}(v+\Delta v+\frac{m}{x})=\text{II}(c+\Delta c)$也可以写为$\text{I}(v+m)=\text{II}\,c+\text{I}\,\Delta c+\text{II}\,\Delta c$。

社会总资本扩大再生产的实现条件，还可以用下列两个公式表示：

1. $\text{I}(c+v+m)=\text{I}(c+\Delta c)+\text{II}(c+\Delta c)$。这个公式表示，第一部类年产品的价值必须等于两大部类所消耗的不变资本价值和追加不变资本之和，它表明第一部类的年产品，必须刚好满足两大

部类对生产资料补偿和追加的需要。

2. $\text{Ⅱ}(c+v+m)=\text{Ⅰ}(v+\Delta v+\frac{m}{x})+\text{Ⅱ}(v+\Delta v+\frac{m}{x})$。这个公式表明，第二部类年产品的价值必须等于两大部类原有的和追加的可变资本价值以及资本家用于个人消费的剩余价值之和，它表明第二部类的年产品，必须恰好满足两大部类对消费资料的补偿和追加的需要。

上述三个实现条件集中表明：两大部类的积累和生产扩大的规模，存在着互相依赖和互相制约的内在联系。首先，第一部类生产的扩大对第二部类的发展起着决定作用。如果没有第一部类为第二部类提供追加的生产资料，第二部类就不能扩大生产；同时，第一部类的积累规定着第二部类的积累规模，因为 $\text{Ⅰ}(v+m)-\text{Ⅱ}c=\text{Ⅰ}\Delta c+\text{Ⅱ}\Delta c$，左边是既定量，如第一部类提高积累率，即 $\text{Ⅰ}\Delta c$ 增大，则 $\text{Ⅱ}\Delta c$ 就相应减少，从而限制了第二部类的积累规模和下一年第二部类的生产扩大程度。其次，第二部类生产的发展对第一部类生产的扩大也起着制约的作用。如果第二部类没有一定的积累，并为第一部类提供追加的消费资料，第一部类产品的实现和生产的扩大终将遇到困难。

四、生产资料生产的优先增长

上面关于社会资本扩大再生产的例证，是以社会原有生产技术为基础的，即是以资本有机构成不变为前提的，因而两大部类从第二年以后逐年都是以10%的增长速度平行增长的。但事实上资本主义的扩大再生产多半伴随着技术的进步和资本有机构成的逐步提高，从而两大部类是以不同的速度发展的。

列宁把这种条件加入扩大再生产理论中，提出了生产资料生产优先增长的原理，发展了马克思的再生产理论。因为技术进步和资本有机构成的提高，意味着在不断增大的社会总资本中，不变资本比可变资本增加得更快，在物质形式上看，即生产资料的生产必须比消费资料的生产增长得更快。从而得出在技术进步和资本有机构成提高下，生产资料生产优先增长的原理。

列宁举例论证这个原理时，仍从马克思例证的发端式开始，同样假设第一部类的积累率每年均为 50%，所改变的只是追加资本的有机构成，即第二年的 Ⅰ$\Delta c:\Delta v=9:1$，Ⅱ$\Delta c:\Delta v=5:1$；第三年的 Ⅰ$\Delta c:\Delta v=20:1$，Ⅱ$\Delta c:\Delta v=8:1$（约）；第四年Ⅰ$\Delta c:\Delta v=26:1$（约），Ⅱ$\Delta c:\Delta v=11:1$（约）。我们必须认识到，上面讲过的扩大再生产实现过程的三大交换、社会总产品实现的三个条件等，在这里仍然完全适用，而且运算的步骤和方法也是一样的，所改变的不过是在上年末两大部类的积累中如何分配 Δc 和 Δv 的比例，结果两大部类生产的增长速度就有明显的差别。举例说明如下：

第一年：

$$\left.\begin{array}{l}\text{Ⅰ}4\ 000c+1\ 000v+1\ 000m=6\ 000\\ \text{Ⅱ}1\ 500c+750v+750m=3\ 000\end{array}\right\}9\ 000$$

按上述第二年追加资本的比例要求，两大部类重新组合为：

$$\text{Ⅰ}4\ 000c+450\Delta c+1\ 000v+50\Delta v+500m=6\ 000$$

$$\text{Ⅱ}1\ 500c+50\Delta c+750v+10\Delta v+690m=3\ 000$$

第二年，如果两大部类的剩余价值率都是 100%，那么，社会总产品的分布情况如下：

$$\left.\begin{array}{l}\text{Ⅰ}4\ 450c+1\ 050v+1\ 050m=6\ 550\\ \text{Ⅱ}1\ 550c+760v+760m=3\ 070\end{array}\right\}9\ 620$$

再按上述第三年追加资本的比例要求，两大部类重新组合为：

$$\text{Ⅰ}4\ 450c+500\Delta c+1\ 050v+25\Delta v+525m=6\ 550$$

$$\text{Ⅱ}1\ 550c+50\Delta c+760v+6\Delta v+704m=3\ 070$$

第三年，如果两大部类的剩余价值率仍为100％，则年末社会总产品的分布情况如下：

$$\left.\begin{array}{l}\text{I}\,4\,950c+1\,075v+1\,075m=7\,100\\ \text{II}\,1\,600c+766v+766m=3\,132\end{array}\right\}10\,232$$

以后第四年的演算照此类推，其年末社会总产品的分布情况如下：

$$\left.\begin{array}{l}\text{I}\,5\,465.5c+1\,095v+1\,095m=7\,657.5\\ \text{II}\,1\,632.5c+769v+769m=3\,170.5\end{array}\right\}10\,828$$

上例表明，在技术进步的前提下，两大部类的生产规模都在扩大，但是由于第一部类一般比第二部类具有较高的资本有机构成，同时由于第二部类对第一部类的依赖性，所以，第一部类的资本有机构成一般会比第二部类的资本有机构成提高得更快，从而第一部类的不变资本也比第二部类的不变资本增加得更快。现列表比较如下（见表6—1）：

表6—1

		第一年		第二年		第三年		第四年	
		产值	增长％	产值	增长％	产值	增长％	产值	增长％
社会总产品		9 000		9 620	6.89	10 232	6.36	10 828	5.82
Ⅰ(c＋v＋m)		6 000		6 550	9.17	7 100	8.40	7 657.5	7.85
其中用于下年的	Ⅰ(c＋Δc)	4 450	11.25	4 950	11.24	5 467.5	10.45		
	Ⅱ(c＋Δc)	1 550	3.33	1 600	3.23	1 632.5	2.03		
Ⅱ(c＋v＋m)		3 000		3 070	2.33	3 132	2.02	3 170.5	1.23

于是，列宁得出如下结论：“增长最快的是制造生产资料的生产资料生产[即表上的Ⅰ(c＋Δc)，引者注，下同]，其次是制造消费

资料的生产资料生产[即Ⅱ$(c+\Delta c)$],最慢的是消费资料生产[即Ⅱ$(c+v+m)$]。"①

生产资料生产优先增长,决不意味着它可以完全脱离消费资料生产的增长和需要,孤立地、片面地、盲目地增长。生产资料生产固然可以在一定限度内依靠制造生产资料的生产资料而增长,但从社会范围看,发展生产资料生产,终究不能成为目的自身,归根到底总是要同个人消费相联系的,因而,还要依赖于消费资料生产相应的增长,否则,就会有一部分生产资料不能实现。

同时,这个原理反映的只是社会扩大再生产过程中的一个客观趋势,它并不排斥在个别时期内消费资料生产的增长速度快于生产资料生产的增长速度。当然,这种现象不能长期地持续下去,否则,整个社会就不可能在技术进步下不断地扩大再生产。

第四节 资本主义的经济危机

上述马克思的再生产理论,揭示了在资本主义的社会化大生产条件下,社会再生产要顺利地进行,在客观上要求两大部类之间必须保持一定的比例关系。但是,由于资本主义固有的种种矛盾,使社会再生产所需的比例关系,必然受到不同程度的破坏,其结果必然导致周期性的经济危机。

一、经济危机的现象和实质

所谓经济危机是指资本主义再生产过程每隔若干年发生一次大混乱、大破坏。自 19 世纪 20 年代开始,每隔若干年,在主要资本

---

① 《列宁全集》第 1 卷,第 71 页。

主义国家，甚至整个资本主义世界，就要爆发一次经济危机。危机爆发时，商品流通停滞，商品堆积如山，甚至大量销毁；工厂纷纷减产、停工、关门，大批工人失业，收入显著下降，生活贫困潦倒；信用关系遭到严重破坏，金融企业倒闭，现金奇缺，利息率猛升，有价证券行市暴跌。总之，社会经济处于大震荡状态之中，生产力遭到严重破坏。

经济危机在不同的资本主义国家和不同的时期，它的表现形式和具体进程是不尽相同的，但是最基本的特征却是共同的，即生产过剩。这种生产过剩不是社会产品超过社会生产和生活的实际需要的绝对过剩，而是相对过剩。从消费资料来看，只是相对于劳动人民有支付能力的需求而言的过剩；就生产资料来看，也只是相对于能够作为资本价值增殖手段的需要而言的过剩。如果能够把这些"过剩"的商品用来使有劳动能力的人得到充分就业，用来改善劳动人民的物质和文化生活，人人过上富裕的生活，体力和智力得到全面发展，那么，这些"过剩"产品就不会存在过剩的问题。事实证明，每当资本主义经济危机爆发的时候，一方面是商品堆积，找不到销路，另一方面，大批劳动人民缺衣少食，无处谋生。所以，经济危机的实质是商品生产的相对过剩。

二、经济危机的根源和直接原因

经济危机是资本主义制度本身的产物。经济危机的根本原因在于资本主义生产的社会化和生产资料资本主义占有形式之间的矛盾，即资本主义的基本矛盾。这一基本矛盾决定其他各种矛盾，是资本主义一切矛盾的最深刻的根源。经济危机的爆发，正是这一基本矛盾在社会总资本再生产过程中作用的必然结果，也就是说，经济危机是生产社会化和生产资料资本主义占有形式之间矛盾达到尖锐化的表现。

社会化大生产使社会各部门形成了极其错综复杂的紧密联

系，将分散、孤立的生产过程变成为社会生产过程，整个社会经济结成一个统一的有机整体；而企业内部分工越来越细，一件产品的生产由许多劳动者共同来完成，成为集体的劳动成果。由此可见，生产社会化客观上要求生产资料由劳动者共同占有。而由于资本集中，生产资料和劳动成果越来越集中在少数的资本家手中，并服从于他们追求剩余价值的狭隘目的，不可能按照社会需要去进行生产。因此，生产关系和生产力之间就产生了矛盾，并且引起一系列的对抗和冲突，当矛盾达到激化程度时，就不可避免地导致经济危机的爆发。

那么，怎样导致经济危机的爆发呢？

1.它表现为个别企业内部生产的有组织性与整个社会生产的无政府状态之间的矛盾。由于资本主义私有制必然造成并存的两重结果：一是企业内部的生产计划性和组织性日益加强，因为资本家拥有对企业的一切经济活动的绝对权力，为了获得尽可能多的利润和增加竞争能力，必然致力于加强企业的科学管理，改进劳动组织，提高企业内部的计划性和组织性；另一是社会生产的无政府状态日趋严重。这是由于社会生产过程中互相联系和互相依赖的各部门、各企业，被为追逐自己利益的私有企业分割开来，每个企业生产什么、生产多少、怎样生产都是由各企业的资本家自己决定的，因此，整个社会生产处于严重的无政府状态之中。这个矛盾表明：社会化大生产应具备的比例关系遭到破坏，不可避免地要爆发经济危机。

2.它还表现为资本主义生产无限扩大的趋势与劳动人民有支付能力的需求相对缩小之间的矛盾。资本主义生产的直接目的是获得尽可能大的剩余价值，而不是满足劳动人民的需要。至于广大劳动人民的需要，只有在为资本家带来更多的剩余价值的范围内才会引起注意。资本家对剩余价值的无限贪欲，竞争的强制压力，促使他们不断地加速积累，扩大再生产规模，改进生产技术，提高资本有机构成，以增强自己在市场上的竞争能力和占有率。所以，在资本主义经济中，客观上存在着一种不顾市场限制而盲目提高生产能力和扩大生产规模的趋势。与此同时，由于提高资本有机构成，必然增加相对过剩的人口，使劳动人民的支付能力被限制在相对狭小的范围内，而与日益扩大的生产规模越来越不相适应。这个矛盾表明：生产与消费的矛盾达到尖锐化的程度时，就会以经济危机的形式表现出来。

生产与消费的矛盾是经济危机的直接原因，其中劳动人民因贫困引起消费不足是危机的本质原因。

三、经济危机的周期性及其物质基础

资本主义国家不可避免地要爆发经济危机，但是，资本主义经济并非时刻都处于危机之中，而是每隔若干年爆发一次，呈现周期性的反复。从 1825 年英国发生第一次全国性的工业危机开始，到二战以前，大约每隔 10 年发生一次；二战以后大约每隔 5～6 年出现一次。

为什么经济危机会呈现周期性的特征呢？

既然经济危机根源于资本主义基本矛盾，那么，经济危机周期发生的原因也只能从基本矛盾的运动中去寻找。危机使大批企业倒闭或减产，大量商品销毁，强迫生产力倒退，以适应相对狭小的消费能力，从而使社会再生产具有一定的比例而趋于平衡。但是经济危机只是对各种矛盾强制的暂时的解决，没有改变资本主义私有制，因而，资本主义基本矛盾仍然存在。危机过后，随着资本主义经济的恢复和发展，基本矛盾又逐步重新激化，引起新的冲突，又会使社会经济陷入新的危机之中。因此，经济危机必然具有周期性的特点。

从上一次危机爆发到下一次危机开始之间的间隔时期，称为一个再生产周期。尽管由于各个资本主义国家或者一个国家的不

同时期，具体历史条件不一样，周期的整个进程会有差别，但是，每个周期一般包括危机、萧条、复苏和高涨四个阶段。

危机阶段是周期的基本阶段，它的特征是商品过剩，销路停滞，物价大跌；工厂倒闭或停工减产，生产猛烈下降，失业工人急剧增加；银行关门，现金奇缺，利息率猛涨，信用关系停止。总之，资本主义经济一片混乱。

萧条阶段是紧接危机而又为复苏创造条件的阶段，它的特征是生产不再继续下降，解雇浪潮平息；交易稀少，价格停止下跌；货币资本供过于求，社会上游资充斥，信用关系呆滞。此时，资本家为了摆脱困境，都力求改进生产技术，添置新设备，于是，在阶段的后期就开始进行大规模的固定资本更新，但整个社会经济还是呈现停滞景象。

复苏阶段的特征是投资继续增长，旧企业生产的恢复和新企业的建立，使就业逐步扩大，生产开始上升；社会购买力增长，市场日趋活跃，价格回升，信用也不断扩展。当社会生产发展水平超过危机前的最高点时，就转入高涨阶段。

高涨阶段的特征是投资大量增加，生产大幅度上升，工人就业大增；市场繁荣，价格上升，利润丰厚；信用活跃，投机盛行。当生产发展到最高峰时，虚假繁荣已不能继续维持，大量商品积压和不少信用关系遭到破坏，这时，新的经济危机就要重新爆发了。

以上各个阶段是顺序反复重演的，而每一个阶段都为下一个阶段的到来创造条件。

经济危机周期性的物质基础是固定资本更新。固定资本大规模更新对生产资料的大量需要，促进生产生产资料的第一部类恢复和发展，工人的就业也随之增加，必然会向生产消费资料的第二部类提出新的需要，因而带动了第二部类生产的发展。于是，整个资本主义经济逐步发展起来，并由萧条转入复苏。所以，固定资本更新为摆脱危机提供了物质条件，但它同时又为下一次危机的到来创造了物质基础。因为固定资本大规模更新，意味着采用先进设备，它一方面使社会生产扩大，另一方面资本有机构成提高，增加相对过剩人口，使市场的扩大落后于生产的增长。这种结果表明，又重新出现社会生产的巨大增长超过有支付能力的需求的现象，生产和消费严重脱节，新的经济危机必然爆发。

四、战后经济危机的特点

战后，由于资本主义基本矛盾的加深，国家垄断资本主义的发展，国家对社会经济生活干预的加强，第三次科技革命的刺激，民族运动的兴起和发展，以及资本主义各国经济发展不平衡的加剧，使经济危机出现了一些新的现象。

首先，再生产周期缩短，危机频繁。战后，在主要资本主义国家中，一个再生产周期多半是5～6年。以经济实力最强的美国为例，从1948—1990年的52年中，共发生了9次经济危机（含中间性经济危机），平均不到6年就发生一次。同一期间，前联邦德国、日本、英国、法国和意大利，都在7～9次。

其次，生产过剩危机与消费品价格上涨同时并存，日趋严重。战前经济危机中，商品销售受阻，物价猛跌。而战后由于垄断组织人为地维持垄断价格，加上采取通货膨胀政策，导致了物价上涨，尤其是70年代以后，更为显著。譬如，美国在1957—1958年危机阶段，消费品零售价格和批发价格分别上升4％和2.2％；在1979—1982年危机中，消费品物价总指数上升30.7％。物价上涨在50年代还算是个别现象，而到70年代以后，则成为普遍现象。在1973—1975年经济危机中，美、日、英、法、前联邦德国、意等主要资本主义国家的物价指数比危机前分别上升了15.3％、32.5％、43.9％、19.1％、11.1％、24.6％。

第三，生产过剩危机和财政金融危机交织在一起，出现“滞胀”的局面。“滞胀”是指生产下降或停滞，而通货膨胀。这两种现象在战前是发生在生产周期不同的阶段上的，一般来说经济停滞现象发生在危机和萧条阶段，通货膨胀现象发生在高涨阶段；而战后这两种现象并发于危机阶段。以美国 1979—1982 年的危机为例，工业生产下降 16.9%，而消费品物价总指数上升 30.7%。

第四，危机的各个阶段的特征和界限不明显，危机对生产力的破坏程度缓和，危机的同期性和非同期性交替出现等。这主要是因为资本主义各国采取了反危机措施，各国政府对经济进行干预调节，并加强对某些重要商品的生产和市场进行控制，使生产过剩不像过去那样严重，不致引起生产的急剧下降。

小结

本章研究社会总资本再生产和流通的一般规律，阐明社会总产品在价值上和物质上两重补偿的实现条件，即全社会产业结构合理比例所必须具备的条件，但资本主义生产方式的固有矛盾致使这些条件只能在不断被破坏的情况下得到实现。

社会总资本是指相互联系、互相制约的个别资本的总和。分析社会总资本的运动，其核心是分析社会总资本的运动在什么条件下才能顺利实现。

第一，通过对社会总资本、社会总产品等基本经济范畴的分析，明确社会总资本再生产的核心问题和理论前提。

第二，通过对社会总资本简单再生产条件下的社会总产品实现过程的分析，揭示社会总资本简单再生产的实现条件，说明两大部类之间的内在联系和比例关系。

第三，揭示了社会总资本扩大再生产的前提条件和实现条件，并揭示在生产技术进步和资本有机构成提高的条件下扩大再生产的客观经济规律，即生产资料生产优先增长规律。

第四，分析社会总资本再生产的矛盾和经济危机，包括经济危机的实质、根源、周期性和战后经济危机的特点，以揭示资本主义生产方式的内在矛盾。

马克思关于再生产的理论，抽去资本主义生产关系的特点，对社会主义再生产同样适用。

关键词

单个资本　社会总资本　社会总产品　社会生产两大部类　经济危机　固定资本更新　资本主义再生产周期

思考题

1. 什么是马克思再生产理论的两个基本前提？
2. 社会总资本简单再生产的实现过程和实现条件是什么？
3. 社会总资本扩大再生产有哪些前提条件和实现条件？
4. 为什么说生产资料生产对消费资料生产具有依赖关系？
5. 怎样理解生产资料生产的优先增长？
6. 资本主义经济危机的根源是什么？什么是资本主义再生产周期？

指定参考书

1. 厦门大学经济学系选编：《〈资本论〉选读》第 3 卷第 3 篇，厦门大学出版社 2000 年版。
2. 宋则行：《马克思经济理论再认识》，经济科学出版社 1997 年版。
3. 石景云：《马克思再生产理论及其运用》，厦门大学出版社 1987 年版。

第七章　平均利润和生产价格

本章考察剩余价值转化为利润、平均利润和价值转化为生产价格的过程，以及平均利润率下降趋势的规律，阐明不同的产业资本之间进行剩余价值再分配的理论，从而使资本主义社会呈现在表层次上的各种矛盾现象得到深层次的科学解释。

第一节　成本价格和利润

在抽象的资本主义生产过程中，资本家的经营效益表现为剩余价值，但在具体的现实中，资本家出卖商品所得到的是利润。成本价格是剩余价值转化为利润的关键。因此必须从剩余价值入手去考察这一转变过程。

一、成本价格

商品价值 W 包括三个部分：已消耗的不变资本的价值(c)、可变资本的价值(v)和剩余价值(m)。用公式表示，就是：W＝c＋v＋m。对社会来说，c＋v＋m 是商品生产中实际耗费的劳动量，即商品的生产费用。但对资本家来说，他自己不从事劳动，仅支出不变资本和可变资本，至于商品中的剩余价值，资本家并没有任何支付。所以，c＋v 是资本家的生产费用，即成本价格。如果用 k 表示成本价格，原来的 W＝c＋v＋m 的公式，就转化为 W＝k＋m，即商品价值＝成本价格＋剩余价值。生产商品所耗费的不变资本价值与可变资本价值的总和，就是成本价格。

资本主义成本价格与生产商品的实际生产费用是两个不同的量。商品的实际生产费用是用劳动的耗费来计量的，它包括消耗的物化劳动和全部活劳动两部分。资本主义的成本价格，是按资本的耗费来计量的，它只是商品价值中的物化劳动的耗费和一部分活劳动的补偿。因此，资本主义成本价格只是商品价值的一部分，它小于商品的价值或实际生产费用。商品价值和成本价格之间的差额便是剩余价值。

成本价格这个范畴，在资本主义经济活动和资本家现实的商品生产中有着重大的意义。首先，成本价格是资本家经营企业时赚钱或亏本的标志。如果资本家出售商品的价格高于商品的成本价格，资本家就赚钱；如果出售商品的价格低于成本价格，资本家就要亏本。所以，成本价格是商品售卖价格的最低界限。其次，成本价格的高低是决定资本家在竞争中能力大小和成败的关键。成本价格总是小于商品价值，成本价格和商品价值之间的差额，往往由各不同企业的生产技术水平、经营管理能力和对工人剥削程度等因素决定。就生产同类商品的企业而言，成本价格相对小的企业在竞争中常处于有利地位，可以用降低出售价格的办法来击败竞争对手，立于不败之地。反之，在竞争中就会失败。所以，资本家总是竭力设法降低自己产品的成本价格。

生产商品所耗费的不变资本价值和可变资本价值的总和转化为成本价格，剩余价值就表现为成本价格的一个附加额，剩余价值与可变资本的直接关系被掩盖了。因为第一，生产商品的劳动耗费被资本耗费所取代。这就是说在商品生产过程中，所消耗的生产资料是物化劳动的耗费，是旧价值的转移；而劳动力的消耗则是活劳动的耗费，它创造了新价值。然而，在成本价格形式上，物化劳动的耗费和活劳动的耗费在价值形成过程中的不同作用看不见了。第二,不变资本和可变资本在价值增殖过程中的不同作用被完全抹煞了。由于投在生产资料上的资本是不变资本,它只是转移和保存旧价值,投在劳动力上的资本是可变资本,它能增殖价值,但是,在成本价格形式上,这两种不同作用的资本都同样作为资本价值耗费,作为成本价格周转回来,于是不变资本与可变资本在价值增殖过程中的不同作用被完全抹煞了,从而掩盖了资本主义的剥削实质。

二、剩余价值转化为利润

剩余价值本来是由可变资本带来的,但由于消耗的不变资本和可变资本价值总和转化为成本价格,剩余价值表现为商品价值超过成本价格的一个增加额,即全部所耗费资本的增加额。这样,原来商品价值的公式 W=c+(v+m),变成了 W=(c+v)+m,即 W=k+m,剩余价值成为成本价格的余额。

剩余价值不仅表现为成本价格的增加额,而且还进一步表现为全部预付资本的增加额。因为在资本家看来,在商品的生产过程中,预付资本虽然只有其中已耗费掉的那一部分加入成本价格,但是在物质上,无论是劳动资料还是劳动对象,作为生产的物质条件,全部预付资本都参加了商品的生产过程,从而也参加了剩余价值的形成过程。因此,他就把剩余价值看作全部预付资本的产物,剩余价值也就表现为全部预付资本的增加额。

当剩余价值被看作全部预付资本的产物时,剩余价值就取得了利润的形态。利润和剩余价值本来就是一个东西,所不同的是剩余价值是对可变资本而言的,利润则是对全部预付资本而言的。剩余价值是利润的本质,利润是剩余价值的转化形式。随着剩余价值转化为利润,商品价值的公式 W=c+v+m=k+m,便转化为 W=k+p(利润),即商品价值=成本价格+利润。

剩余价值采取利润的形式，表现为全部预付资本的产物，这是由资本主义生产方式所引起的。一是成本价格抹煞了不变资本与可变资本的区别，可变资本在价值增殖过程中的特殊作用看不见了，似乎剩余价值不是可变资本的产物，而是全部预付资本的产物。二是在资本主义制度下，工资表现为劳动的报酬，似乎工人的全部劳动时间都取得了报酬，于是剩余价值好像不是工人劳动创造，而是由资本带来的。这样，利润进一步掩盖了剩余价值的真实来源，掩盖了资本主义的剥削实质。

三、剩余价值率转化为利润率和影响利润率的因素

剩余价值转化为利润，剩余价值率就转化为利润率。资本家既然把利润看作是预付总资本的产物，他在衡量企业盈利大小时，就不是把剩余价值和可变资本相比，而是把剩余价值和预付的总资本相比。因此，所谓利润率是指剩余价值和预付总资本的比率。用 p'代表利润率，用 C 表示预付总资本，则利润率的公式为：$p'=m/C$ 或 $m/(c+v)$。剩余价值率和利润率是同一剩余价值量与不同资本量对比得出的不同比率，两者在量上的差别在于，总资本(C)必定大于可变资本(v)，因此利润率 m/C 总是小于剩余价值率 m/v。更重要的是两者在质上的差别。剩余价值率表示资本家对工人的剥削程度，利润率则表示资本家预付总资本的增殖程度。由于利润率总是小于剩余价值率，因此利润率不仅掩盖了资本家对工人的剥削关系和剩余价值的源泉，而且还缩小了资本主义的剥削程度。

资本家是人格化的资本，其本性就是“唯利是图”，总想竭力提高利润率，追求尽可能多的利润。在资本主义社会，决定和影响利润率的因素主要有：

第一，剩余价值率。在预付总资本已定的情况下，剩余价值率越高，剩余价值量就越多，利润率也就越高，两者呈同方向变化。

第二，资本有机构成。在剩余价值率和劳动力价值已定的情况下，资本有机构成越低，在总资本中可变资本的比重越大，创造的剩余价值就越大，利润率就越高；反之则利润率就越低。就整个部门来说，利润率和资本有机构成按相反方向变化；就个别企业来说，有机构成高于本部门平均水平的企业，其产品个别价值低于社会价值，就可以获得超额剩余价值，即超额利润，从而提高企业的利润率。

第三，资本的周转速度。在剩余价值率和资本有机构成已定的情况下，资本周转速度越快，其中可变资本的周转次数越多，同量资本所带来的年剩余价值量越多，资本的年剩余价值率从而资本的年利润率也就越高。年利润率的高低与资本周转速度成正比例关系。

第四，不变资本的节省。在剩余价值量和剩余价值率已定的情况下，不变资本减少了，预付总资本也会减少，以同量的剩余价值和较少的预付资本相比，利润率便会提高。其主要原因在于：一方面，不变资本的节省，可以降低资本价值构成，从而使同量的资本能够使用更多的劳动力，生产更多的剩余价值；另一方面，不变资本的节省可以减少商品价值中由生产资料转移过来的那部分价值，从而降低商品的成本价格，提高利润率。

第五，原料价格的波动。原料价格降低，则生产成本降低，预付总资本减少，利润率就提高；原料价格上涨，则生产成本提高，预付总资本增加，利润率就下降。所以，原料价格的波动会引起利润率的变化。

第二节 利润转化为平均利润

资本有机构成不同、资本在不同部门之间的竞争、资本自由转移等等是利润转化为平均利润的关键。不同部门的竞争又是在部门内部竞争的基础上形成的。所以,了解两种不同类型的竞争具有重要意义。

一、部门内部的竞争形成商品的市场价值

资本主义企业之间的竞争,既在同一生产部门内部展开,也在不同的生产部门之间进行。这两种竞争形成完全不同的结果。部门内的竞争形成商品的市场价值,部门间的竞争促使利润转化为平均利润,形成社会统一的平均利润率。

部门内的竞争是指生产同种商品的资本主义企业,为了争取有利的生产和销售条件,争取超额剩余价值而进行的竞争。在生产同种商品的一个部门内部,有许多资本主义企业,由于生产销售条件不同、经营状况优劣各异,他们所生产的同种商品有不同的个别价值。但由于价值规律的作用,商品的价值由生产商品的社会必要劳动时间决定,同一种商品必须按统一的社会价值决定的价格出售。部门内的竞争,形成了这一社会价值。社会价值也称市场价值。在通常情况下,中等生产条件的企业占该部门企业的多数,其生产的商品在该部门商品中也占有很大比重,商品的市场价值由中等条件企业的个别价值决定,优等条件的企业可获超额剩余价值或超额利润。在特殊情况下,出现优等或劣等企业的产品长期占绝大比重时,市场价值则由优等或劣等企业的个别价值决定。

部门内竞争的结果是一种商品只有一个统一的市场价值。部

门间的竞争是在市场价值已经确定的情况下，在不同行业资本有不同的利润率的基础上展开的。

二、部门之间的竞争和平均利润率的形成

所谓部门之间的竞争，是不同生产部门的资本家为了争取有利的投资场所而进行的竞争。在剩余价值率一定的情况下，同量的资本由于不同部门的资本有机构成不同，它们的利润率有较大差异。资本有机构成较低的部门，利润率较高；反之，资本有机构成较高的部门，利润率较低。资本周转速度不同，也会造成类似的结果。资本周转速度快的部门，年利润率高；资本周转速度慢的部门，年利润率低。这就出现了在一定时间内投入等量的预付资本，却得不到等量利润的情况。利润是预付资本的产物，利润率低的资本会通过资本在不同部门或行业中的自由转移，争取更高的投资利润率。

我们用资本有机构成不同为例说明部门之间的竞争。如果资本和劳动力在不同行业、不同地区的自由流动不存在行业和技术上的障碍的话，资本家为了追逐高额利润，必然把资本从利润率低的部门转向利润率高的部门，即从资本有机构成高的部门转向资本有机构成低的部门。这既包括原有资本在各个部门之间的流出或流进，也包括新资本向利润率较高部门的投资。于是，利润率高的部门，由于大量资本涌入，商品供过于求，价格下跌，利润率下降；而原先利润率低的部门，由于资本大量抽走，生产缩小，产品供不应求，价格上涨，利润率提高。这样，直到各个部门的利润率趋于平均化时，便形成了平均利润率。这时，同量资本就可以获得同量的利润，资本自由转移因此暂时停止。

假定社会上甲、乙、丙、丁四个不同的工业部门，由于资本有机构成不同，各部门资本的利润率也不同。经过部门之间的竞争，形成平均利润率。各部门不同利润率的平均化过程，如表 7－1 所示。从表中可以看出，四个部门投入的资本量都是 100，剩余价值率都

是100%，但由于资本有机构成不同，可变资本量不同，生产的剩余价值量也不同，从而利润率也有高有低。有机构成低的甲乙两部门，利润率分别为30%、25%，而有机构成较高的丙丁两部门，利润率分别只有15%、10%。这样，丙丁两部门必然抽走资本，转移到甲乙等利润率高的部门。由于资本自由转移，使甲乙两部门的资本大增，产量上升，导致商品供过于求，价格下跌到价值以下；相反，丙丁两部门资本减少，产量下降，造成产品供不应求，价格上涨到价值之上，直到各部门的不同利润率趋于平均化。所以，部门之间竞争的结果，形成了平均利润率。平均利润率是社会剩余价值总量和预付社会总资本的比率。用公式表示为：平均利润率＝社会剩余价值总额/社会预付总资本。各预付资本根据平均利润率获得的利润就是平均利润。平均利润＝预付资本×平均利润率。

表7—1　平均利润率的形成

生产部门	预付资本及其有机构成	剩余价值率 $m'(\%)$	剩余价值 m	各部门利润率 $p'(\%)$	平均利润率 $\overline{p}'(\%)$	平均利润 $\overline{p}$	平均利润和剩余价值的差额 $\overline{p}-m$
甲	100＝70c＋30v	100	30	30	20	20	－10
乙	100＝75c＋25v	100	25	25	20	20	－5
丙	100＝85c＋15v	100	15	15	20	20	＋5
丁	100＝90c＋10v	100	10	10	20	20	＋10
合计	400＝320c＋80v	100	80		20	80	0

平均利润率和平均利润的形成过程，实际上也就是不同部门的资本家通过竞争而重新分配剩余价值的过程。由于平均利润的形成，各部门资本家所得到的利润量和该部门所生产的剩余价值量就不一定相等了。资本有机构成高的部门，所得的利润量高于本

部门所生产的剩余价值；资本有机构成低的部门，所获得的利润低于本部门所创造的剩余价值。只有资本有机构成相当于社会平均资本有机构成的部门，所获得的利润才等于或接近于本部门创造的剩余价值。从表 7—1 中看，甲乙两个部门所获得的平均利润比本部门创造的剩余价值分别减少 10 和 5，而丙丁两个部门的利润则比本部门创造的剩余价值分别增加 5 和 10。正负的差额恰好相互抵消。因此，从全社会所有各部门来看，平均利润总额与剩余价值总额是相等的，都是 80。可见，平均利润只不过是剩余价值在各个部门之间重新分配罢了。

平均利润率的高低取决于两个因素。第一，各部门的利润率水平。如果各部门的利润率水平比较高，则平均利润率也比较高；反之，平均利润率就比较低。第二，社会总资本在各部门之间的分配。如果社会总资本投在资本有机构成低的部门所占的比重大且数量较多，则全社会的平均利润率就会较高；反之，如果社会总资本投在资本有机构成高的部门的数量多，所占比重大，则全社会的平均利润率就会较低。

现假设表 7—1 中的四个部门的资本量不等，甲乙丙丁各部门的预付资本分别改为 150、200、400 和 250，其他条件不变，则由于有机构成较高的丙丁部门的资本在社会总资本中所占比重较大，从而平均利润率就会降低。如表 7—2 所示。

表 7—2 的平均利润率为 18%，低于表 7—1 的 20%。由于各部门的资本量不同，它们所得的平均利润也不相等，平均利润和剩余价值的差额也有所变化，但是，合计起来，两者的差额正负对抵还是等于 0，全社会的平均利润总和仍然等于全社会的剩余价值总量180。总之，各部门的不同利润率转化为平均利润率，从而利润也转化为平均利润，这是一种客观的必然的趋势，但不能机械地理解为简单的或绝对的平均化。

表 7—2 各部门资本量不同时利润率的平均化

生产部门	预付资本及其有机构成	剩余价值 m（m′=100%）	平均利润率 $\bar{p}'$（%）	平均利润 $\bar{p}$	平均利润和剩余价值的差额（$\bar{p}$−m）
甲	150=105c+45v	45	18	27	−18
乙	200=150c+50v	50	18	36	−14
丙	400=340c+60v	60	18	72	+12
丁	250=225c+25v	25	18	45	+20
合计	1 000=820c+180v	180	18	180	0

剩余价值转化为利润，从质上说，它掩盖了剩余价值的真正来源，使利润表现为预付总资本的产物，表现为资本自行增殖的结果。但是从量上来看，利润仍然等于剩余价值。问题在于当利润转化为平均利润之后，许多部门的利润量和剩余价值量就不一致了。同量的资本获得同量利润，似乎利润的多少和大小只与预付资本的数量有关，这就进一步掩盖了利润的本质和来源。所以平均利润范畴的出现，无论从质上还是从量上看，利润都是全部预付资本的产物，利润来源于无偿占有剩余价值这一实质完全看不到了。这就进一步掩盖了资本主义的剥削关系。

第三节　价值转化为生产价格

生产价格是价值的具体形式，平均利润率的形成是商品价值转化为商品生产价格的关键。生产价格形成后，必将引起价值规律的作用形式发生变化。

一、生产价格是价值的转化形式

随着平均利润率的形成，利润转化为平均利润，商品的价值也就转化为生产价格。生产价格由成本价格加平均利润构成，是价值的转化形式，用公式表示为 $c+v+\bar{p}$ 或 $k+\bar{p}$。生产价格的形成是以平均利润率的形成为前提条件的。仍以前面表7—2的例子为基础来说明，生产价格的形成过程如表7—3所示。

表7—3　商品价值转化为生产价格

生产部门	预付资本及其有机构成	剩余价值 m ($m'=100\%$)	商品价值 W ($c+v+m$)	平均利润率 $\bar{p}'$(%)	平均利润 $\bar{p}$	生产价格 kp ($k+\bar{p}$)	生产价格和价值的差额 (kp—W)
甲	100＝70c＋30v	30	130	20	20	120	—10
乙	100＝75c＋25v	25	125	20	20	120	—5
丙	100＝85c＋15v	15	115	20	20	120	＋5
丁	100＝90c＋10v	10	110	20	20	120	＋10
合计	400＝320c＋80v	80	480	20	80	480	0

上述甲乙丙丁四个部门所生产的商品的市场价格已不按各自不同的价值为基础，而都按120的生产价格为依据。资本有机构成高的丙丁两个部门的商品，会按高于价值的生产价格出售；资本有机构成低的甲乙两个部门的商品，则会按低于价值的生产价格出售。但是，这些部门的平均利润总额80与剩余价值总额80却是相等的，因此这些部门的生产价格总额480和商品价值总额480也是相等的，所以说，生产价格实质上是价值的转化形式。

必须指出，不能认为上述四个部门预付资本都等于100，也不能认为它们的成本价格都等于预付资本，因为固定资本只把被消耗掉部分的价值加入成本价格，而各部门资本中的固定资本与流动资本的比例不同，而且各自固定资本的损耗大小也不同，因而不变资本(c)的转移价值也就多少不等。即使假定流动资本的周转速度等于1，它们的成本价格也不等于预付资本。上面讲过，平均利润率是全社会剩余价值总额与全社会预付资本总额的比率，各部门所得的平均利润是预付资本乘平均利润率，因此，平均利润率的形成和平均利润的计算，都是与预付资本紧密相关的，而与成本价格多少是无关的。现在我们以各部门预付资本量不等的表7—2为基础，加入成本价格不等于预付资本的条件，这是一种比较接近于现实情况的例子，如表7—4所示。

尽管表7—4与表7—3不同，不仅各部门的预付资本量不同，而且成本价格也不等于预付资本，但通过资本在部门间的竞争和利润平均化，全社会的平均利润总额和全社会的剩余价值总额仍相同，都等于180；全社会的生产价格总和与全社会商品价值总和也相同，都等于830。这就更具体地说明了生产价格是商品价值的转化形式。

二、平均利润和生产价格形成后部门内部的竞争和超额利润

在部门之间的竞争形成平均利润率和价值转化为生产价格之后，不能认为所有的资本主义企业都得到平均利润，就不存在部门内部的竞争和超额利润了。恰恰相反，此时，部门内部和部门之间的这两种竞争是同时并存的。这两种竞争的范围、作用和结果也不同。在研究部门之间的竞争和平均利润率的形成时，是把一个部门的资本当作一个整体来考察的，即以资本的平均有机构成和平均周转速度为前提的，把部门内部各企业之间资本有机构成和资本周转速度上的差别，以及不同的利润率和超额利润问题，暂时舍象掉，专门研究生产不同商品的各部门资本之间的关系，阐述通过部门之间的竞争，如何形成平均利润率、价值如何转化为生产价格的

表 7—4　成本价格与预付资本不等时的商品价值和生产价格

生产部门	预付资本及其有机构成	剩余价值 m (m'=100%)	平均利润率 $\bar{p}'$(%)	平均利润 $\bar{p}$	成本价格 k(已消耗的 c+v)	商品价值 W (k+m)	生产价格 kp ($k+\bar{p}$)	生产价格和价值的差额 (kp－W)
甲	150＝105c＋45v	45	18	27	125＝80c＋45v	170	152	－18
乙	200＝150c＋50v	50	18	36	150＝100c＋50v	200	186	－14
丙	400＝340c＋60v	60	18	72	260＝200c＋60v	320	332	＋12
丁	250＝225c＋25v	25	18	45	115＝90c＋25v	140	160	＋20
合计	1 000＝820c＋180v	180	18	180	650＝470c＋180v	830	830	0

注：表中的 k＝c＋v，这里的 c 是不变资本（即已消耗的机器设备和原材料等）的转移价值，v 是已消耗的可变资本价值（假定其周转速度＝1），构成商品价值的 c＋v＋m 中的 c＋v＝k，所以用 k＋m 表示商品价值，以便与预付资本的 c＋v 相区别。

问题，而不涉及部门内部各企业之间的关系。现在我们研究了部门之间的竞争的作用和结果之后，就有必要再来考察此时的部门内部的竞争问题。实际上在部门内部各企业之间，由于它们的资本有机构成、资本周转速度以及其他生产经营状况不同，客观上存在差别，从而各企业产品的个别生产价格也各不相同。但是，商品是按部门平均生产条件决定的社会生产价格出售的，这样，部门内部的各企业之间就必然有不同的利润率，其中个别生产条件优越，劳动生产率比较高，生产经营情况好的先进企业除了得到平均利润之外，还能获得超额利润。这个超额利润是由其个别生产价格低于社会生产价格的差额所构成的。必须指出，这个超额利润不会由于部门间的竞争而平均化。部门间的竞争只是使不同部门的利润平均化，反映不同部门的资本家之间的关系，它并不排斥部门内部有些企业可能会有超额利润的存在。超额利润是反映同一部门内部不同企业的资本家之间的关系。因此在平均利润和生产价格形成后，各个资本家为了追逐超额利润，依然在部门内部进行着激烈的竞争。

三、生产价格形成后价值规律的作用形式

由于平均利润率的形成，价值转化为生产价格，商品市场价格的变动就不再以价值为中心而是以生产价格为中心而上下波动。这是在资本主义自由竞争充分发展的条件下，价值规律的作用形式的变化，即价值规律通过生产价格发生作用。但这种情况被资产阶级庸俗经济学家用来攻击马克思的劳动价值论，说马克思的生产价格理论和劳动价值论是相互矛盾的。其实，马克思正是在劳动价值论的基础上，阐明了价值到生产价格的转化，论证了在遵守价值规律的条件下，怎样实现等量资本获得等量利润的原理。生产价格和价值相背离，绝不是对价值规律的否定，恰恰相反，只有依据价值规律才能说明这种背离。除了前面已经一再论证过的两点，

即:(1)虽然各个部门资本家所获得的平均利润与本部门工人创造的剩余价值不一致,但从全社会看,平均利润的总和与剩余价值的总量相等;(2)虽然各部门商品的生产价格与它的价值并不相符,但从全社会看,商品的生产价格总额和商品的价值总额是相等的。值得注意的还有:(3)生产价格的变化仍然取决于价值的变化。生产价格是由成本价格加平均利润构成的,生产价格的变化主要由成本价格的变化引起,而成本价格 k 中的 c+v 之所以发生变化,就是因为商品价值中的已消耗的不变资本 c 和可变资本 v 发生了变化,生产价格中的平均利润 $\overline{p}$ 是预付资本×平均利润率 $\overline{p}'$,平均利润率是全社会的剩余价值总量与全社会资本总额之比,其变化离不开剩余价值总量的变化,而剩余价值正是商品价值的一个构成部分。由此可见,生产价格的变化,归根到底取决于价值发生变化的结果,生产价格只是价值的转化形式。

生产价格规律是在资本主义自由竞争时代价值规律作用的新形式,这个规律在资本主义经济中的作用,既包括它容纳了平均利润率规律的要求而产生的新作用,又包括价值规律原有作用的发展。

先说它的新作用。由于平均利润率规律的作用,使价值转化为生产价格,而把平均利润取代剩余价值包含在生产价格的构成之中,因此生产价格规律的新作用,就是在分配领域中,通过平均利润率规律,把全社会的剩余价值总额,按照等量资本取得等量利润的原则,在全社会预付资本之间进行重新分配。而这一重新分配又起了双重作用,一方面,因剩余价值经过二次转化变为平均利润,使其在范畴上和数量上都起了变化,完全掩盖了资本家无偿占有工人创造的剩余价值的关系;另一方面,按等量资本取得等量利润的原则,又调节了不同部门资本家之间的矛盾,从而,有利于自由竞争的资本主义经济的运行和维护资本主义的统治。

再说生产价格规律对于(第二章讲过的)价值规律在私有制商

品经济中原有的三点作用，也在新形式下有了发展。

(1)生产价格规律自发地调节生产资料和劳动力在社会各生产部门之间按比例地分配，即配置社会资源。在资本主义条件下，由于自由竞争和社会生产的无政府状态，商品的供给与需求往往不一致，通过市场价格围绕生产价格这个中心而上下波动，对于资本在不同部门之间的自由转移，起了导向作用，从而自发地调节资本和劳动力在各部门之间的分配，调节社会生产。

(2)生产价格规律刺激资本主义社会生产力的发展。通过部门内部的竞争，各资本主义企业为了争取超额利润，努力促使技术进步，提高资本有机构成，改善经营管理。其中某些先进企业，因其个别生产价格低于社会生产价格，就能取得平均利润以上的超额利润。当各企业普遍改进技术，赶上原有的先进企业时，这种超额利润就消失了。不过在生产价格规律作用之下，技术进步、资本有机构成较高的部门仍然得到平均利润(其中有一部分是占有资本有机构成低的部门工人创造的剩余价值)，不会因为这些部门工人生产的剩余价值较少，而降低利润率，这样，有利于推动技术进步，刺激社会生产力的发展。

(3)生产价格规律促进资本集中和优胜劣汰。生产价格形成后，各种商品都是按它们的社会生产价格决定的市场价格出售的。在同一部门内部，各个企业由于种种原因，其产品的个别生产价格各不相同，于是各企业就有不同的利润率，先进企业得到超额利润，中等企业一般可得平均利润，落后企业所得利润就少，甚至亏本，起着优胜劣汰的作用。大资本凭借其经济和技术上的优势，在激烈的竞争中并吞中小企业，加快资本的集中；而中小资本家中有些人因亏本而破产，沦为无产者，使社会进一步两极分化，从而，进一步加深和激化了资本主义的基本矛盾。如果说，封建社会末期，价值规律的作用促使小生产者两极分化，而产生资本主义的萌芽，那么，此时，生产价格规律推动资本集中和两极分化的作用，就是促使资本主义自由竞争中逐步产生垄断的萌芽。

四、马克思平均利润和生产价格理论的重大意义

马克思关于平均利润和生产价格的理论,具有重要的理论意义和实践意义。(1)这一理论发展了劳动价值论,科学地解决了劳动价值论和等量资本获得等量利润在形式上的矛盾,论证了生产价格规律只不过是价值规律作用的具体形式,揭示了等量资本得到等量利润只不过是剩余价值在各个部门资本家之间重新分配,从而为分析资本主义的企业利润、利息、地租提供了理论依据。(2)它阐明了各部门资本家共同瓜分工人阶级创造的剩余价值的关系,揭示出资产阶级和无产阶级之间根本对立的经济根源,证明工人阶级不仅受本企业、本部门资本家的剥削,而且受整个资产阶级的剥削。(3)它说明资本家之间尽管在争夺利润中存在着这样那样的矛盾,但在剥削无产阶级这个根本问题上,他们的利益却是完全一致的。因此,在资本主义制度下,无产阶级要摆脱剥削和压迫,必须联合起来,团结无产阶级整个阶级力量,去反对整个资产阶级,推翻资本主义制度。

第四节　平均利润率下降趋势的规律

平均利润是利润的平均化,二者与预付资本比率的高低和有机构成的高低呈反方向变化。随着资本积累过程的进行,有机构成呈提高的趋势,从而决定平均利润率有下降趋势。

一、资本有机构成的提高和平均利润率的下降

平均利润率形成以后不是一成不变的,但变动的趋势不是上

升而是下降。其主要原因在于随着社会生产力和劳动生产率的提高,引起社会资本平均有机构成的提高。

资本有机构成的高低,是影响利润率的一个重要因素。在剩余价值率不变的条件下,资本有机构成高,同量资本推动的活劳动少,利润率就低。在资本积累过程中,资本家追求剩余价值的内在冲动和互相竞争的外在压力,迫使资本家不断地改进技术,采用新设备,提高劳动生产率。结果必然引起各生产部门和各企业资本有机构成的提高,进而使全社会资本的平均有机构成提高,导致平均利润率下降。这是其一。其二,随着资本主义的发展,资本有机构成的提高,会引起固定资本所占的比重迅速增大。由于固定资本的周转速度远远慢于流动资本的周转,固定资本比重日益增大,使全部预付资本的周转速度缓慢下来,进而使平均利润下降。

平均利润率的下降,绝不意味着工人受剥削的程度减轻。工人受剥削的程度是用剩余价值率表示的。平均利润率的下降,完全可能在剩余价值率不变甚至是提高的情况下发生。

更重要的是,平均利润率的下降,并不意味着资本家所获得的利润量的减少,相反,利润的绝对量还会增加。因为利润量的多少取决于两个因素:一个是利润率的高低,另一个是资本总量的大小。如果资本总额不变,利润率的下降会使利润量减少。但资本主义社会的现实是在资本积累的过程中,随着资本有机构成的不断提高,资本总量会以更快的速度不断增加,以适应新的技术条件下资本最低额提高的客观要求。这样,尽管可变资本的相对量在减少,但它的绝对量却会不断增加。利润率的下降和利润量的增加是可以同时发生的。我们知道,平均利润率＝全社会剩余价值总量/全社会资本总量。即使剩余价值率有所提高,只要全社会资本总量的增长快于全社会剩余价值总量的增加,平均利润率也要下降。但是,利润总量取决于剩余价值总量,它等于可变资本总量×剩余价值率,在资本积累和有机构成提高的过程中,就一般情况来说,可变资本的比重相对减少，但可变资本绝对量仍然会有一定增加；而且剩余价值率总是逐步提高的，几乎不存在下降的情况，因此由全社会的剩余价值总量转化而来的利润总量必然是不断增大的。即使有些特殊部门的可变资本绝对量不变，甚至有所减少，只要剩余价值率的提高足以抵消它而有余时，这些部门的剩余价值总量仍是增加的。总之，平均利润率的下降和利润量同时增加，是一个规律性。资本积累的长时期历史事实也充分证明了这一点。因此，平均利润率下降趋势的规律，也可以称为利润率下降和利润量增长同时并存的规律。

二、阻碍平均利润率下降的因素

在资本主义制度下，除了引起平均利润率下降的因素外，同时还存在着阻碍平均利润率下降的因素。这些因素主要有：

第一，剥削程度的提高。资本家可以通过延长工作日、提高劳动强度、降低工资、提高劳动生产率，以及牺牲工人的健康和节省不变资本等方法，从而增加剩余价值量，提高剩余价值率，达到阻止平均利润率下降的目的。

第二，不变资本各要素变得便宜。由于科学技术的发展和社会劳动生产率的不断提高，使机器、设备和原材料等生产资料的价值相应下降，这样，生产资料的数量虽然不断增加，但不变资本的价值并不与生产资料的数量成同比例的增加。这就延缓或减弱了资本有机构成的提高，从而阻止平均利润率的下降。

第三，相对过剩人口的存在。大量相对过剩人口的存在，为资本家提供了廉价的劳动力，资本家可以在一些生产部门和企业中使用廉价的手工劳动，而不使用或少使用机器。这样，就使一些部门有机构成降低，提高剩余价值率和利润率，阻挠平均利润率的下降。

第四，国际投资和对外贸易的发展。发达资本主义国家有较高的劳动生产率，其产品出口，在国际市场上按国际市场的市场价值出售，可获超额利润，通过对外贸易低价输入廉价的原材料，也可以增加剩余价值。此外，对发展中国家的直接投资，利用当地廉价的劳动力、原材料，就地生产和出卖商品，能获得较高的利润率，从而阻挠或抵消利润率的下降。

第五，股份资本的增加[①]。随着资本主义的发展，股份公司成为资本集中的主要形式。股份公司往往将资本投在资本有机构成特别高的部门，如铁路等。由于这类部门固定资本所占的比重特别大，使资本不易转移至其他行业，而暂不参加利润的平均化过程，从而缓和了平均利润率的下降过程。这种资本有机构成特别高的部门，利润率虽然较低，但由于其预付资本的股息一般低于平均利润，使得在通常情况下，股份公司可以按期发放股息。所以股份资本和股份公司的发展，阻碍了平均利润率的下降。

上述种种因素只能阻碍和延缓或减弱利润率的下降，但不能绝对阻止利润率下降的趋势。总之，在资本主义制度下，平均利润率下降是作为一种长期趋势而发生作用的。

三、平均利润率的下降加深了资本主义的矛盾

利润率下降趋势的规律是资本主义生产方式的历史局限性的表现，它暴露出资本主义生产过程的一系列矛盾：

首先，生产扩大与价值增殖之间的矛盾。资本家为了生产更多的剩余价值，不断改进技术，提高劳动生产率，扩大生产规模。但是，随着资本有机构成的不断提高，导致利润率的下降；同时生产力的发展又使生产资料的价值下降，造成资本贬值。这就形成了生

---

① 在经济学界有一种观点认为，现在不应把股份资本的增加列为阻止利润率下降的一个因素。因为现在世界上股份公司形式已经十分普遍化，这与马克思时代股份公司很少，而且主要是对有机构成特别高的部门，如铁路等作长期投资的情况，已完全不同。

产扩大的无限性与价值增殖的有限性之间的矛盾。

第二，人口过剩和资本过剩的矛盾。随着资本积累和资本有机构成的提高，一方面开办新企业所需的资本最低额不断提高，造成众多分散经营的中小资本难以独立经营，成为闲置资本；另一方面，相对过剩人口也不断扩大。一极是大量的资本过剩，另一极是大批的相对过剩人口。这就导致了资本过剩和人口过剩的矛盾，造成了人力和财力的巨大浪费。

第三，生产和消费之间的矛盾。资本家为了增加利润量，就会不断地增加资本积累和扩大生产规模，改进技术，提高劳动生产率，造成了生产的巨大发展，但同时又导致劳动人民的相对贫困。于是，造成了生产无限扩大的趋势和社会有支付能力的需求相对缩小之间的矛盾，即形成生产和消费之间的矛盾。

第四，加剧了资本主义国家内部无产阶级和资产阶级之间、资本主义国家之间、发达资本主义国家和发展中国家之间的矛盾。由于在利润率下降规律的作用下，资本主义各国的资本家除了加强对本国工人阶级的剥削外，还通过对落后国家和落后地区进行不等价掠夺性的贸易，导致了国内和国际的资本家相互之间为争夺高额利润而进行着激烈的斗争，从而加剧了国内外的矛盾。

总之，围绕着利润率下降趋势而展开的上述矛盾，正是资本主义生产方式阻碍生产力发展的充分表现。

小结

剩余价值在观念上被当作全部预付资本的产物时，它就转化为利润。利润率是剩余价值和全部预付资本的比率，表示资本的增殖幅度。

资本在同一部门内的竞争形成商品的市场价值，在不同部门间的竞争形成商品的社会生产价格。由于各生产部门的资本有机构成和周转速度不同，导致利润率高低不等，资本在不同生产部门间的竞争,导致利润率平均化的趋势。随着价值转化为生产价格,市场价格不是围绕着价值而是围绕着生产价格上下波动,这是价值规律在自由资本主义时期发生作用的具体形式。

由于资本有机构成提高等因素,导致平均利润率呈下降趋势,同时又相应地形成一些阻碍或延缓平均利润率下降的因素。

关键词

成本价格　利润　社会价值(市场价值)　平均利润　平均利润率　生产价格

思考题

1. 什么是利润?剩余价值怎样转化为利润?

2. 利润率和剩余价值率的联系和区别如何?影响利润率的因素有哪些?

3. 资本有机构成的不同如何导致资本在不同部门间的竞争和平均利润率的形成?

4. 商品价值怎样转化为生产价格?商品按生产价格出售为什么不违背价值规律?

5. 平均利润率为何有下降的趋势?在平均利润率下降的条件下,为何利润量可以增加?阻碍平均利润率下降的因素有哪些?

6. 平均利润率下降趋势怎样加深资本主义社会的内在矛盾?

指定参考书

1. 厦门大学经济学系选编:《〈资本论〉选读》第 3 卷第 1、2、3 篇,厦门大学出版社 2000 年版。

2. 卫兴华主编:《马克思主义政治经济学原理》第 5 章,武汉大学出版社 1999 年版。

3. 陈恕祥:《论一般利润率下隆规律》,武汉大学出版社 1995 年版。

第八章　商业利润和借贷利息

上一章，假定产业资本独立完成资本循环的三个阶段，产业资本家独占全部剩余价值。本章研究剩余价值的两种具体形式——商业利润和借贷利息，侧重研究商业资本和借贷资本如何参与剩余价值的分配。

第一节　商业利润

商业资本是从事商品买卖的资本，它又称为商人资本，是一种古老的资本形态。这里，着重研究的是资本主义社会的商业资本和商业利润。

一、商业资本的形成

在资本主义初期，不论是由手工业主还是由商人包买主转化为产业资本家，由于当时生产规模较小，市场范围不广，产业资本家往往是既生产商品，又设门市部来推销其商品，独自完成产业资本循环的三个阶段。随着资本主义生产的发展，国内市场的形成，产业资本循环中的商品资本就独立出来，专门从事商品买卖的资本，形成商业资本。商品资本从产业资本运动中分离出来转化为商业资本，客观上有两种可能性。第一，商品资本的职能具有相对的独立性。货币资本的职能是购买生产资料和劳动力，为生产剩余价值作准备；生产资本的职能是在生产过程中把这两种生产要素结合起来，生产剩余价值；而商品资本的职能则是销售商品，实现商品价值，包括其中的剩余价值。可见商品资本的职能与生产资本和货币资本的职能是有所区别的，因而就有可能在资本家之间进行分工，产业资本家主要从事商品生产和生产剩余价值，商业资本家专门从事商品买卖，实现商品的价值和剩余价值。第二，从社会总资本的运动来看，总有一部分资本经常处于流通领域。就是说，商品资本和货币资本与生产资本既同时并存，又具有相对独立性，从而有可能使商品资本独立出来转化为商业资本。

商品资本独立化为商业资本，不仅有上述可能性，而且有其必要性。随着商品生产的不断增长和市场的日益扩展，滞留在流通中的商品资本大大增加，流通时间也大为延长。如果这时产业资本家仍兼营推销，就必须增加流通中的资本，建立庞大的商业机构，增雇推销员，多付商务开支。其结果必然相对或绝对地削减生产资本，造成产业资本的利润率下降。于是客观上必然要求商品资本的职能专门由商业资本家去完成。

应当指出，虽然商业资本是产业资本中的商品资本独立出来的部分，但是，商业资本与商品资本是有区别的。商品资本是产业资本家的资本的一个组成部分、一种职能形式，它处在产业资本循环中的第三阶段，即 $W'—G'$阶段。而商业资本则是一个独立的资本，它属于商业资本家，在流通领域独立发挥作用，并有自己的运动公式，即 $G—W—G'$。

商业资本从产业资本中独立出来，必须具备两个条件：一是在资本家中间进行分工，有一部分人是专门经营商品买卖的商业资本家，不再由产业资本家兼任或由他的雇员、代理人来推销商品；二是商业资本家必须有自己的资本独立经营，自负盈亏。商业资本有自己的循环公式：$G—W—G'$。

二、商业资本的职能和作用

具有独立形式的商业资本，它所执行的职能仍然是商品资本的职能，即实现商品的价值和剩余价值。这是由于当产业资本家把商品卖给商业资本家之后，对产业资本家来说，他的商品价值已经实现，他的商品资本已经变成了货币资本，即 W′—G′的过程已经完成，并取得了剩余价值。但是，就商品本身而言，它并没有因此而退出流通领域，只不过是变更了所有者，即由产业资本家手里转到商业资本家手里。这时，商品中的价值和剩余价值并没有最终实现，商品资本的职能还有待商业资本家继续去完成。只有当商业资本家把商品卖给消费者之后，商品从流通领域进入消费领域时，商品资本到货币资本的转化过程，即 W′—G′的过程才算真正结束，商品资本的职能也才最终完成。

上述过程在流通顺畅的情况下，是不容易被人们所察觉的。可是，一旦商品流通阻塞，人们就会清楚地感觉到。这时，不仅商业资本家要受商品滞销之苦，就是产业资本家也会由于商品没有销路，商业资本家不能继续购买他的下一批商品，而不得不压缩生产或停止生产。可见，商业资本的职能和商品资本的职能实际上是相同的，商业资本家的一切买卖活动，就是把产业资本家的商品资本转化为货币资本所必需的各种活动，也是商品资本在流通过程乃至再生产过程内所必须完成的职能。所不同的，只是在商业资本独立化之前，这些职能是由产业资本家作为自己的附带业务来完成的，而现在则成为商业资本家的专门业务了。

商业资本独立承担商品资本的职能，对于产业资本的经营和发展起着重要的作用。它表现在：

第一，由于分工和商业专门化，商业资本家比产业资本家更熟识市场情况，了解消费者的需求和各种销售条件，这就可以缩短商品流通时间，加快商品资本的实现。对于产业资本来说，就可以节省流通资本，增加生产资本，专注于生产的经营管理，从而可以生产更多的剩余价值，提高利润率。

第二，在商业事务开支方面，商业资本家投资要比产业资本家节省。这对于个别产业资本或社会总资本来说，都是节省了流通费用，减少了流通资本的数量，从而增加生产资本，带来更多的利润。

第三，从社会总资本的角度来看，一个商业资本家可以为许多部门的各个产业资本家推销商品，因为商业资本的周转速度不受个别产业资本周转的限制，它可以交替地完成多次的周转。这样，从全社会范围来看，有助于加快许多部门各产业资本的周转，从而增加年剩余价值量，提高年利润率。

应当看到，商业资本的这些积极作用，只是在它的数量不超过社会必要的比例的限度内才是如此。如果商业资本的数量超过了社会必要的比例，那就会产生相反的结果，即由于商业机构的臃肿和商品流通环节增加，造成各种浪费，延缓社会资本的周转速度，致使利润减少。

商业资本有促进资本主义经济发展的一方面，同时，存在着加深资本主义各种矛盾的另一方面。首先，它会加剧资本主义生产的无政府状态和经济危机。由于商业投机，造成社会需求虚假现象，破坏再生产的比例、生产和消费的比例，最终导致经济危机。其次，它会加剧资本主义社会的阶级矛盾，主要表现在资本家对雇佣工人剥削加深，激化资产阶级与无产阶级的矛盾；同时，资本家之间、商业资本和小商人之间为争夺利润，不可避免地会使矛盾进一步尖锐化。

三、商业利润的来源

商业资本作为一种独立发挥职能的资本，它也和产业资本一样，也要获取利润，而且必然要求与产业资本一样获得平均利润。商业资本在商品流通领域中所获得的利润，叫做商业利润。

商业资本是在流通领域中发挥作用的资本。在流通领域中，从事商品的包装、保管和运输等的劳动，属于生产性劳动，它同产业资本中的雇佣劳动一样能够创造价值和剩余价值。这里，研究商业利润，仅从纯粹的商品买卖活动进行考察。我们知道商品买卖活动是价值形式的变化，它是不能创造价值和剩余价值的。那么，商业利润究竟从何而来呢？从现象上看，商业利润是从商品的购买价格和销售价格之间的差额得来的，是在流通中贱买贵卖的结果。显然，这是完全错误的。其实，这种现象只是说明商业资本家获取商业利润的方式或途径，并不能揭示商业利润的来源。马克思针对商业利润问题指出："因为商人资本本身不生产剩余价值，所以很清楚，以平均利润的形式归商人资本所有的剩余价值，只是总生产资本所生产的剩余价值的一部分。"①这就是说，商业利润的真正来源，是产业工人在生产过程中所创造的剩余价值的一部分，是产业资本家让渡给商业资本家的。因为：首先，商业资本家垫付自己的资本来专门为产业资本家销售商品服务，分担产业资本的一部分职能，所以产业资本家就不能独占产业工人所创造的全部剩余价值，而必须把剩余价值的一部分让渡给商业资本家。其次，由于商业资本已经成为社会总资本中一个不可缺少的部分，商业资本家的投资和经营，为产业资本家节省大量的商品流通费用，减少商业开支，加速了产业资本的周转，从而能够使产业资本家增大资本量，扩大生产规模，带来更多的剩余价值。如果没有商业资本家专门从事商品买卖，产业资本家势必要么增加流通资本，要么缩小生产规模，分散力量去兼营商品买卖，结果反而减少剩余价值的生产。所以，产业资本家愿意让渡一部分剩余价值给商业资本家，作为商业利润。因此，商业利润的实质是：商业店员的剩余劳动所实现的、被商业资本家无偿占有的、产业工人创造的一部分剩余价

---

① 《马克思恩格斯全集》第25卷，第314页。

值。

四、商业资本参加利润的平均化过程

商业资本家从产业资本家那里得到的剩余价值，是通过商品的购买价和售卖价之间的差价来获得的，即商业资本家按照低于生产价格的购买价买入商品，然后再按照生产价格把商品售卖给消费者。这个价差多大，即商业利润多少，不是由谁的意志决定的，而是受平均利润率规律所制约的。商业资本是社会总资本的组成部分，它在流通过程独立发挥资本的职能，成为社会再生产过程必不可少的阶段。因此，商业资本必然要求与在生产部门中发挥职能的产业资本一样，获取平均利润。如果商业资本的利润率低于产业部门的利润率，商业部门中的资本就会向产业部门转移；反之，商业部门的利润率如高于产业部门的利润率，产业部门的资本也会向商业部门转移。正是通过商业资本和产业资本之间的竞争，资本在商业部门和产业部门之间的自由转移，促使产业利润和商业利润趋于平均化，于是形成工商业资本统一的平均利润率。

商业资本参加利润平均化的过程，可举例说明如下：

假设一年内全社会预付的产业资本为900(亿元，下同)，其有机构成为720c+180v；剩余价值率为100%；不变资本中的固定资本价值在一年内全部转移到新产品中去，这样，一年内生产出来的社会总产品的价值W=720c+180v+180m=1 080，平均利润率为180m/(720c+180v)=20%。如果商业资本家为了销售1 080的商品，需要预付100的商业资本，这样，社会预付总资本就等于900+100=1 000，这样，虽然这100的商业资本不会增殖剩余价值，但却要求与900的工业资本一样获得平均利润，因此工商业共同的平均利润率就均衡为180/(900+100)=18%。产业资本家和商业资本家都按照18%的平均利润率来瓜分剩余价值。产业资本家的产业利润为900×18%=162p，商业资本家的商业利润为100

×18%＝18h。于是，商业资本家向产业资本家购买商品的价格为：720c＋180v＋162p＝1 062，这个价格低于商品的实际生产价格，它是产业资本家的生产价格或称出厂价格。然后商业资本家再加上商业利润 18h，按 1 062＋18h＝1 080 的实际生产价格卖给消费者。虽然各种商品的实际生产价格并不等于其价值，但从全社会看，各种商品实际生产价格总额与它们的价值总额相等，都是 1 080。这里还要补充说明两点：(1)这里的商业资本 100，仅指商业资本家向厂家购进商品的价款，不包括下面要提到的流通费用。由于商业资本的周转速度比产业资本快得多，就上例来说，商业资本的周转速度为 10.62 次，因此这 100 的进货可以经过 10～11 次周转，按 1 062 的出厂价购进价值 1 080 的商品。(2)每次 100 的进货资本，在商品销出后就回到商业资本家手中，所以，它不能加入卖给消费者的价格之内。从上面例子的说明可见，商品的实际生产价格至此便分解为：成本价格＋产业利润＋商业利润。用公式表示为：k＋p＋h。

总之，商业利润是商业资本通过商品的销售价格高于购买价格之间的差额来实现的。这个差额是商品的价值或实际生产价格与产业生产价格的差额(1 080－1 062＝18)，因而它是产业资本家转让给商人的剩余价值的一部分。这是商业利润的基本来源。

五、商业的纯粹流通费用及其补偿问题

在考察商业资本如何参加利润的平均化问题时，商业资本家垫付100 进货资本，它只是商人预付资本的一部分，这一部分资本在多次周转中重复使用，并随每次商品的售出，自然地收回了，因而，不必研究它的补偿问题，然而在实际上，商业资本家在流通过程中，还必须支出一系列的流通费用。这些费用也是商业资本家投资的一部分，当然也要参加利润平均化过程，并获得相应的利润(其道理与前面相同)。它会使社会的平均利润率和资本家各自的

利润量发生变化。

资本主义生产具有二重性，必然使流通费用有两大类：一是由使用价值的流通引起的，它是再生产过程在流通领域的延续，称为生产性流通费用。二是由价值的形式变化引起的，称为非生产性流通费用或纯粹流通费用。流通中所发生的这两类费用，其性质迥异，因而，其补偿的来源和方式各不相同。

凡是从事商品的分类、保管、运输和包装等的劳动，都是生产过程在流通过程的延续，属于生产性劳动。这部分资本的支出能增加商品价值，其不变资本转移价值，可变资本增殖价值，并在商品销售之后，通过商品价值的实现，既收回了这部分流通费用，同时还能为商业资本家带来相应的利润。这部分费用支出之所以会使价值增殖，并通过利润平均化而重新分配，其原理与产业资本的消耗完全相同。然而，必须指出，如果商业资本家为了投机而引起保管、运输费用增加，它不能形成商品的价值。

但是，纯粹流通费用是同单纯的商品买卖相关的费用，它属于非生产性流通费用。

这种单纯的商品买卖活动譬如广告、洽谈、簿记和店员工资等的资本支出，是不会创造价值和剩余价值的。因此，商业资本家为了进行商品买卖活动而支出的纯粹流通费用，既不能够增加商品的价值和剩余价值，也不能把已消耗的价值转移到商品上去。这就是说，商业资本家投在纯粹流通方面的资本，不能从他出卖商品的实际价值中得到补偿。尽管如此，在商业实践中，仍然会把垫支的纯粹流通费用，通过加价的方式，加到商品售卖价格中去。商品的实际价值没有增加，然而其“名义上的价值”①或价格却因此而提

① 《马克思恩格斯全集》第25卷第321页在提到纯粹的商业流通费用问题时指出：它虽“不会形成商品价值的实际追加，也会形成一个名义上的价值”。

高了。商业资本家支出的纯粹流通费用，就是靠提高商品的售卖价格而得到补偿的。当然，加价的程度，是由同一部门的商业资本家之间的竞争，由销售一定量商品平均必要的纯粹流通费用来决定的，绝不是可以任意加价的。

商业资本家垫付的纯粹流通费用，既然是他预付资本的一部分，那么，这部分的资本不但要从商品的价格中得到补偿，而且还要参加利润的平均分配，取得相应的平均利润。正是由于这种原因，商业资本家参加剩余价值瓜分以后的平均利润率，比我们在前面计算过的18%还要低一些。如上例中，假定为了实现1 080的商品价值，商业资本家除了购买商品要预付资本100外，还需要追加投资50作为纯粹流通费用。商业资本家不但要把这50收回，而且还要使这50也获得相应的平均利润。于是，这时180的剩余价值总额，就将在900的产业资本和150的商业资本之间平均分配。这样，平均利润率就从18%下降为$\frac{180}{900+150}=17\frac{1}{7}\%$*了。因此，产业资本家应分得的利润是$154\frac{2}{7}$，商业资本应分得利润是$25\frac{5}{7}$，产业资本家按照$900+154\frac{2}{7}=1\ 054\frac{2}{7}$的价格把商品卖给商业资本家，然后商业资本家加上商业利润和他垫付的纯粹流通费用，即按照$1\ 054\frac{2}{7}+25\frac{5}{7}+50=1\ 130$的价格把商品出卖给消费者。这样，商业资本家和产业资本家一样，都按社会平均利润率获得平均利润；纯粹流通费用则通过加价方式获得补偿。

商业资本家的纯粹流通费用，在形式上是通过提高商品售卖

---

* 如果产业资本家自己推销商品，则所需的这种流通资本就不是150，而可能需要200，那么社会总资本就是1 100，平均利润率$=\frac{180}{1\ 100}=16\frac{4}{11}\%$，比$17\frac{1}{7}\%$更低。

价格，即加价的方法来获得补偿的。然而，从社会资本再生产和流通的角度来看，这种补偿归根到底仍然来源于工人创造的剩余价值，是剩余价值的扣除。因为商品售卖价格的提高表明消费者要用高于商品价值的价格来购买商品。如果商品的购买者是资本家，那么他由此所多付的价格，便只能由其剩余价值中扣除，成为纯粹流通费用的补偿来源；如果商品的购买者是工人，他便会因商品加价而减少一部分工资，这也成为纯粹流通费用的来源。但是，从理论上来说，劳动力的买卖是按其价值进行的，消费品价格的提高，就意味着维持劳动力再生产的费用增加了。在等价交换的条件下，为了维持劳动力的正常再生产，资本家就必须相应地给工人增加工资。在国民收入(v＋m)既定的情况下，增加工资就表明减少了剩余价值。所以，这说明了纯粹流通费用终究还是由剩余价值来补偿的。

纯粹流通费用不仅需要从价值上得到补偿，还必须从物质上获得补偿。所谓纯粹流通费用物质上补偿，就是要求社会有些生产部门，为经营商品买卖的需要再生产出一部分物质资料，如商业部门的设备、办公用品、柜台、账本、纸张、文具、计算器、商用机器等等流通资料，以补偿纯粹流通费用的物质损耗。这种物质补偿，实质上是社会再生产过程中对剩余产品的一种扣除。马克思说："一切只是由商品的形式转化而产生的流通费用，都不会把价值追加到商品上。……这种费用必须从剩余产品中得到补偿，对整个资本家阶级来说，是剩余价值或剩余产品的一种扣除。"①我们体会这句话就是指纯粹流通费用，归根到底，在价值上是从剩余价值中扣除的，在物质上是从剩余产品中扣除的。

现在许多教材中论述纯粹流通费用的补偿问题时，采取直接扣除法。因为他们认为在形式上用加价补偿的方法，使价值 1 080

---

① 《马克思恩格斯全集》第 24 卷，第 167 页。

的社会总商品，最后以 1 130 的名义价值或价格卖给消费者，造成价格和价值不一致，这是最大的缺点，所以改用直接扣除法。他们的例子和我们相同，在计算方法上，先从 180m 中扣除 50 纯粹流通费用来计算平均利润率：$\overline{p}' = \frac{180m - 50}{900\text{产业资本} + 150\text{商业资本}} = \frac{130}{1\,050}$ = 12.38%，产业利润 p = 900 × 12.38% = 111.43，商业利润 h = 150 × 12.38% = 18.57，产业资本家按照 720c + 180v + 111.43p = 1 011.43的价格把商品卖给商人，商业资本家按照 1 011.43 + 18.57h + 50纯粹流通费用 = 1 080 卖给消费者。这样社会总商品的价格和价值一致，都是1 080。

我们之所以没有采用这种观点，是因为：(1) 事物的现象和本质往往是不一致的。补偿的形式和补偿的最终来源并不是一回事。(2)形式上用直接扣除法，并没有真正解决价格和价值不一致的“缺点”。我们只要认真分析价值 1 080 的社会总产品，就可看出其中价值 50 的产品是供商人的纯粹流通费用使用的物质资料，实际上卖给消费者(包括生产消费和生活消费)的只有价值 1 030 的商品，这样，按照它们的算法，实际上是只有价值 1 030 的商品，按1 080的价格卖给消费者，同样存在价格与价值不一致的矛盾问题。商人买去价值 50 的物质资料，用于纯粹流通费用而消费掉，这种消耗是社会必要的虚耗，但并不能将其价值转移到10 030的商品上去，所以他们还是用加价的办法，将它加到价值1 030的商品上，按1 080的价格卖给消费者。

六、商业资本家对职工的剥削

商业资本参加瓜分剩余价值，是通过剥削商业职工的剩余劳动来实现的。与产业资本家一样，商业资本家只是预付一定数量的资本，自己是不参加劳动的。至于商品的采购和销售业务活动，完全是由他们所雇用的商业职工(店员)来进行的。可是商业职工所从事的单纯的商品买卖活动，是一种非生产性劳动，并不创造价值和剩余价值。商业资本家通过商业职工实现商品价值和剩余价值的劳动，从产业资本家那里分得产业工人创造的剩余价值的一部分，作为商业利润。这是否意味着商业职工并不受商业资本家的剥削，或者说商业职工也参与了对产业工人的剥削呢？当然不是。因商业职工和产业工人一样，自己也没有生产资料，也是靠出卖劳动力来维持生计的无产者。他们的劳动力价值同样是由生产和再生产劳动力商品所必需的社会必要劳动时间来决定的。因此，商业职工的工资同样也是劳动力价值或价格的转化形式。在这里，与产业工人不同的是商业职工是在流通领域里工作，他们从事购销商品的劳动虽然不创造价值与剩余价值，而只是实现商品的价值和剩余价值，但这种劳动却是社会再生产过程所必需的，所以他们是在流通领域直接受商业资本家的剥削。

商业职工的劳动和产业工人的劳动一样，他们的全部劳动时间也分为必要劳动时间和剩余劳动时间。在必要劳动时间内，商业职工所实现的剩余价值，用以补偿商业资本家购买他们的劳动力所支付的可变资本，即劳动力价值或工资；在剩余劳动时间内，商业职工所实现的剩余价值，则被商业资本家无偿占有，从而使商人能够以商业利润的形式，占有了产业工人在生产过程中所创造的剩余价值的一部分。

这就是说，商业资本家是依靠商业职工的剩余劳动，来占有产业工人创造的剩余价值的一部分，这就是资本主义商业资本剥削的实质所在。所以在商业资本家看来，商业职工的剩余劳动，也就是商业利润的源泉。因此，商业资本家总是力图延长劳动时间，加强劳动强度，改进销售技术和服务方法，提高劳动生产率等，来加强对职工的剥削，而剥削程度越高，商业职工无酬劳动越多，则商务开支就越低，商业资本家以商业利润形式占有的剩余价值便越多。“商业工人不直接生产剩余价值。但是，他的劳动的价格是由他的劳动力的价值决定的，也就是由他的劳动力的生产费用决定的……资本家为他支出的费用，和他带给资本家的利益，是不同的量。他给资本家带来的利益，不是因为他直接创造了剩余价值，而是因为他在完成一部分无酬劳动的时候，帮助资本家减少了实现剩余价值的费用。”[①]可见，商业职工和产业工人一样，都是被剥削者，其差别仅在于：前者是在实现剩余价值的流通领域内受商业资本家的剥削；后者是在创造剩余价值的生产领域内受产业资本家的剥削。而商业资本家对商业职工的剥削实质，是迫使他们在剩余劳动时间内，无酬地实现产业资本家让渡给商业资本家的那部分剩余价值。

第二节　借贷利息

上一节，假定职能资本家进行经营的全部资本都是自有资本，但实际上随着资本主义的发展，职能资本家的资本有相当部分是借入资本，因而，出现了借贷资本。

一、借贷资本及其特点

借贷资本是生息资本的一种形式。借贷资本是为了获取利息而暂时贷给职能资本家使用的货币资本。生息资本和商业资本一样，也是一种历史悠久而古老的资本形式。它在资本主义以前的奴隶社会和封建社会中，表现为高利贷资本，而在资本主义社会中则表现为借贷资本。

借贷资本是在资本主义条件下，为适应产业资本和商业资本

---

① 《马克思恩格斯全集》第 25 卷，第 335 页。

的需要而产生和发展起来的。借贷资本的形成和资本主义再生产过程有着密切的联系。它的主要来源是产业资本和商业资本在其循环和周转过程中暂时闲置的货币资本。这是由于,第一,固定资本的折旧费。固定资本在更新以前,逐年提取的折旧费,成为一笔暂时闲置的货币资本。第二,暂时闲置的流动资本。在资本周转过程中,当商品出售而流动资本回归,但还不需要立即购买原材料和支付工资时,这一部分流动资本也会以货币形式暂时闲置起来。第三,逐渐提取的积累基金。逐渐积累起来的剩余价值在用于追加资本扩大再生产之前,也是一笔暂时闲置的货币资本。与此同时,在资本主义再生产和流通过程中,还存在着另一种情况,有些资本家恰需进行固定资本更新、购买设备和原材料、扩大生产、支付工资等,急需补充货币资本,对于生产有季节性的部门更是如此。处于前一种情况的工商业资本家手中有暂时闲置的货币资本,它既然停止发挥职能,也就不能为其所有者带来剩余价值、提供利润,这是与资本的增殖本性相矛盾的。于是拥有闲置货币资本的所有者就不能任其闲置,必然竭力寻找增殖价值的出路,把它贷出去。而处于后一种情况的工商业资本家,则因上述种种原因急需补充货币资本,使其资本能顺利周转,必然寻找门路,借入别人的货币资本。这样闲置的货币资本就被它的所有者暂时贷给急需货币的资本家去使用,形成了借贷资本。必须认识到,借贷资本既不是职能资本,也不是产业资本中货币资本职能的独立化,而是从产业资本和商业资本的周转中暂时游离出来的闲置货币资本的转化形式。总之,借贷资本是借贷资本家为了取得报酬即利息,而暂时贷给职能资本家使用的货币资本。当然,职能资本家把借入的货币资本用于生产或流通,是为了榨取剩余价值,获得利润,并将其中的一部分作为利息付给借贷资本家。因此,借贷资本同其他资本一样,体现着资本家和雇佣工人之间的生产关系;体现了职能资本家和借贷资本家共同瓜分剩余价值的关系。

借贷资本是在职能资本运动的基础上产生，并为其服务的，所以，借贷资本是依存于职能资本的。借贷资本从职能资本中游离出来，形成一种特殊的资本形式，它具有区别于职能资本的特点。

第一，借贷资本是一种表现为商品的资本，也可称为资本商品。在资本主义条件下，货币作为资本使用时，它有双重的使用价值，不仅有货币的使用价值，充当一般等价物，可以购买任何商品，而且更重要的是货币作为资本的使用价值，即生产剩余价值或利润的能力。借贷资本家把货币作为资本的使用价值，让渡给职能资本家，这就像商品生产者把商品的使用价值让渡给购买者一样，所以借贷资本是一种资本商品。马克思说："资本本身所以表现为商品，是因为资本被提供到市场上来，并且货币的使用价值实际上作为资本来让渡。但它的使用价值是：生产利润。"[①]

资本商品虽然表现出商品买卖的某些特征，但实际上它根本不同于普通的商品交换。普通的商品买卖，生产者出卖商品，必须把商品的所有权转让给买方，而买方要取得商品的使用价值，必须同时付出相等价值的货币，即价格。而借贷资本则并非如此，贷出者让渡货币资本的使用价值，并没有同时收回它的价值，也没有转移它的所有权；贷款到期时，作为借款人的职能资本家必须连本金带利息还给借贷资本家。利息并不是资本商品的价格，如果像庸俗经济学家那样把利息说成是"资本的价格"，那么，货币资本的价值就有双重存在：一是资本本身的价值；二是与此不同的价格，因为价格是价值的实现程度。同时，借贷资本在贷出到收回的一段时间里，货币资本的价值始终完好无损，根本不能说成是由于让别人使用，对其价值损耗的补偿，或说成是它的再生产费用。因此，这种资本商品的运动，实际上不是买卖关系，而是借贷关系，利息不是它的价格，只是使用借贷资本生产利润能力的一种报酬。

---

① 《马克思恩格斯全集》第 25 卷，第 398 页。

第二，借贷资本是一种作为财产的资本。借贷资本在借贷资本家手里只是一种财产资本，它并没有发挥资本的职能。它之所以是资本，是因为它潜存着生产利润的能力，借贷资本家凭借着对资本的所有权，到一定时期可以从职能资本家那里获得利息收入。只有当货币资本转到职能资本家手里，用于购买生产资料，雇佣工人，开工厂办商店，生产剩余价值或实现剩余价值时，才转化为职能资本，发挥其职能。这样，同一个借贷资本便取得了双重的身份：对借贷资本家来说，它是财产资本；对职能资本家而言，它是职能资本。于是造成财产资本和职能资本的分离，即资本所有权和使用权相分离，使得一些人既不从事商品生产，又不经营商品流通，单靠货币资本的所有权收取利息为生。

第三，借贷资本是最具有拜物教性质的资本形式。从借贷资本的运动形式看，它表现为贷放出去的货币资本自行带来更多的货币，其公式是 G—G′。这种特殊的运动形式造成一种假象，似乎不经过生产和流通过程，货币本身天然能够生出更多的货币，好像桃树天然会生出桃子一样。借贷资本的这一特点，进一步掩盖了资本主义的剥削关系，使资本拜物教达到了顶峰。其实，货币本身不能生出货币，它只有被产业资本家用来购买生产资料和劳动力，组织进行生产时才能增殖价值。因此，借贷资本完整的运动形式应是 G—G—W…P…W′—G′—G′。运动的开始和最后阶段，即 G—G 和 G′—G′，都是货币资本在借贷资本家和职能资本家之间的转手运动，前者是产业资本循环前的借入货币资本，后者是已经实现剩余价值后的还本付息，这两阶段都不能发生价值增殖，只有中间阶段 G—W…P…W′—G′的生产过程才发生价值增殖。所以，借贷资本运动公式 G—G′，实际上只是上述公式的简化。这种简化，不仅完全抹煞了最关键的中间阶段，而且还省去了借贷资本在两种资本家之间的转手，只从借贷资本家角度反映其货币资本的运动，会产生货币自然增殖的表面现象。

二、借贷利息和企业利润

借贷资本是生息资本。借贷资本家贷出货币资本，把生产利润的能力转让给职能资本家，后者利用借来的货币资本从事商品生产或商品流通，获取利润后，必须向借贷资本家支付一定数量的货币作为使用这笔货币资本的报酬，这就是利息。职能资本家不能独占他所获得的平均利润，否则借贷资本家就不会把钱借给他。同时，借贷资本家也不能把职能资本家所生产的利润以利息的形式全部拿走，否则，职能资本家无利可图，也不会借钱经营企业。因此，职能资本家用借贷资本经营企业取得了平均利润后，必须和借贷资本家共同瓜分。前者取得企业利润，后者取得利息。可见，利息不是货币自身增殖的，而是平均利润的一部分。平均利润是剩余价值的转化形式，所以利息不过是剩余价值的特殊转化形式，是职能资本家作为使用货币资本的代价，而交给借贷资本家的一部分剩余价值。这表明，利息反映了各资本集团共同剥削工人阶级的关系，即职能资本家直接剥削工人，借贷资本家则间接剥削工人。

由于借贷利息的产生，使平均利润分割为两个部分，一部分是归借贷资本家占有的利息，余下的一部分是归职能资本家占有的企业利润，这种分割是由资本所有权和使用权相分离所引起的。当这种分割成为较为普遍的现象之后，使用自有资本的职能资本家也会把平均利润分割为两个部分，一方面他作为资本的所有者，他要收取利息，另一方面他作为资本的使用者，他要获得企业利润。这样一来，使平均利润的“这两部分硬化并且互相独立了，好像它们是出自两个本质上不同的源泉”①。就是说，利息同资本的所有权结合在一起，它表现为资本所有权的收益，似乎是资本自身的产物；企业利润同单纯的资本职能结合在一起，似乎是职能资本家从

---

① 《马克思恩格斯全集》第 25 卷，第 421 页。

事企业经营管理的“劳动报酬”。这是一种假象，然而它进一步掩盖了资本家之间剥削和瓜分剩余价值的本质。其实，利息既不是资本自身的产物，企业利润也不是职能资本家经营企业的劳动报酬，它们都是剩余价值的转化形式。“二者不过是剩余价值的不同部分，并且它的分割丝毫不能改变剩余价值的性质、它的起源和它的存在条件。”①

三、利息率

在借贷资本额已定的情况下，利息量的多少取决于利息率的高低。利息量＝借贷资本数量×利息率。利息率是以百分数表示的一定时期内的利息量和借贷资本量的比率，即利息率＝利息量/借贷资本量。例如，10 000 的借贷资本，每年可以带来 900 元的利息，则年利息率就是 900/10 000＝9%，习惯上称为年利息率 9 厘。如果说月息 9 厘，即每月的利息率为 9‰，年利息率就是 10.8%。在通常条件下，利息率的最高限不能超过平均利润率，因为利息只是平均利润的一部分，利息率一般要比平均利润率低得多。但在特殊情况下，如经济危机时期，货币资本奇缺，职能资本家为了急于偿还债务，出于无奈，被迫借用利息率等于或高于平均利润率的贷款。当然利息率最低界限也不能等于零。一般地说，利息率只能在平均利润率和零的界限之间摆动。利息率的高低取决于两个因素：第一，平均利润率的高低。平均利润率的提高或降低会引起利息率的升降。第二，借贷资本的供求。如果借贷资本供给大于需求，利息率就会下降；反之，借贷资本供不应求，则利息率就会提高。

但是，随着资本主义的发展，利息率呈现出下降的趋势。这是由于：(1)平均利润率存在着下降的趋势，而平均利润率是利息率的最高界限，因此利息率也必然趋于下降。(2)随着资本主义的发

---

① 《马克思恩格斯全集》第 25 卷，第 427 页。

展，借贷资本的供给有超过需求的趋势，从而影响利息率的下降。这是由于随着资本主义的发展，一方面食利者阶层人数不断增加；另一方面，由于信用制度的发展，促使社会各阶层的货币资本或货币收入更加容易集中起来，形成了大量的借贷资本，从而使借贷资本供给的增长超过需求的增长，引起利息率的下降。如果发生通货膨胀，则要扣除物价上涨因素后，来考察实际利息率的变化。

四、资本主义的信用形式

借贷资本的运动形成了资本主义的信用。因为它不断地由资本的所有者贷给资本的使用者，然后又由资本使用者按约定日期还本付息归还给资本的所有者。所以，信用是以偿还为条件的价值运动的特殊形式。信用就是借贷资本的运动形式。无论是赊销商品，还是借贷货币，买方和借方都要坚守信用，按照约定日期偿还货款和贷款，并支付利息。总之，资本主义信用就是借贷资本的运动形式。

资本主义信用形式主要有：商业信用和银行信用。商业信用是指职能资本家之间以赊账方式买卖商品时双方相互提供的信用。以这种方式购销商品，虽然商品转手了，但买者尚未支付现金，只是先签发延期付款的票据，承诺在一定时期后再支付货款。这样，卖方成了债权人，买方便是债务人，双方形成了债权债务关系。赊销的商品价格往往高于现金交易，两者之间的差额就成了赊购者向赊销者支付的利息。

商业信用的工具是商业票据，它是商业信用中借者与贷者之间的债务凭证。商业票据又分为期票和汇票两种。期票是债务人向债权人签发的承诺在一定时期支付款项的凭证。汇票是由债权人发出的命令，责成债务人向第三者或持票人支付一定款项的凭证。然而，汇票须在债务人签名盖章后才能生效。商业票据经过“背书”可以流通。

商业信用在简单商品生产的条件下已经产生，但到了资本主义社会得到广泛的发展。这是因为：(1)商业信用适应了产业资本的循环和周转的需要。由于各部门资本周转的时间不同，当有些资本家要出售商品时，而需要购进这种商品的另一些资本家，却因自己的商品尚未出售而没有现款购买。这样，为了再生产的顺利进行，就必须发展商业信用。(2)商业资本家一时没有足够的货币资本购进产业资本家要出售的商品，产业资本家为了及早脱手生产出来的商品，愿意把商品赊销给商业资本家。于是，商业信用便应运而生并得到了广泛发展。

资本主义商业信用的主要特点是：第一，商业信用的对象是处在产业资本循环一定阶段上的商品资本。这是职能资本家之间以商品形式提供的信用。第二，商业信用的债权人和债务人都是职能资本家，因而体现着职能资本家之间的关系。第三，商业信用的发展程度直接取决于资本主义的生产和流通的状况。在繁荣阶段，生产发展，商品流通扩大，商业信用也随之扩大；反之，在危机阶段，生产下降，流通停滞，商业信用也随之缩小。

商业信用是整个资本主义信用的基础。但是，由于它只是职能资本家个人之间所提供的信用，有一定的局限性，表现在：(1)商业信用的规模受到职能资本家个人拥有的资本量的限制；(2)商业信用是以商品资本形式提供的信用，因而受到商品使用价值流转方向的限制；(3)商业信用的规模还受到职能资本家的资本归流快慢的制约。因此，商业信用不能满足资本主义经济迅速发展的需要。于是，在商业信用的基础上，银行信用便应运而生并迅速发展起来。

银行信用是银行或货币资本家以贷款方式向职能资本家提供的信用。它在许多方面既具有不同于商业信用的特点，又突破了商业信用的局限性。首先，银行提供的信用不是商品资本，而是货币资本。其次，银行信用实质上是货币资本家通过银行同职能资本家之间发生的信用关系，它不是职能资本家之间的信用关系，债务人是职能资本家，债权人是货币资本家。第三，银行信用的运动在经济周期的各个阶段上和产业资本的运动并不完全一致。由于银行能把社会上各种闲置的资本和货币收入集中起来，形成巨额的借贷资本，因此银行信用不受个别资本数量和周转的限制；同时银行提供的信用是货币资本，而货币资本可以自由投向任何一个部门，因此，银行信用也就不受商品流转方向的限制。这样，银行信用可以在更大程度上满足资本主义扩大再生产的需要，也为资本家在经营上进行投机提供了方便。

五、资本主义银行和银行利润

银行信用主要由银行来办理。资本主义银行是经营货币资本，充当债权人和债务人中介的资本主义企业，是资本家进行投资的一个特殊领域，是资产阶级维持再生产的重要工具。银行资本家就是经营货币资本的商人。银行一方面把大量闲置的货币集中起来，形成庞大的借贷资本；另一方面，则把这些货币资本贷给职能资本家使用。所以，银行成为存款者和借款者、债权人和债务人之间的中介人。银行业务主要的有三个方面：负债业务（运用存款职能组织资金来源的业务）；资产业务（运用贷款职能进行资金运用的业务）；中间业务（为顾客办理汇兑、承兑、托收等服务性的业务）。

银行所支配的货币资本包括两个部分：一部分是银行资本家投资的自有资本；另一部分是从社会上吸收进来的存款，即借入资本。借入资本比自有资本要大得多，构成银行资本的主要部分。银行存款主要来源于三个方面：一是职能资本家存入的暂时闲置的货币资本。职能资本家把闲置资本存入银行是为了便于收支和取得银行的贷款。二是货币资本家或食利者阶层为了获取利息而存入银行的货币资本。三是工人、农民和手工业者以及社会各阶层居民的储蓄存款。这些小额货币本身虽然不是资本，但它一经集中于银行，便变成了银行资本家的借贷资本，并发挥借贷资本的作用。银行的资产业务主要是贷款和投资，其形式有：(1)通知贷款和定期贷款。贷款时没有约定还款期限，银行随时可以通知贷款者还款的方式，称之为通知贷款。定期贷款是指贷款时约定还款日期的贷款。(2)票据贴现。票据包括汇票和期票，票据持有者为了融通资金，把没有到期的票据经过“背书”手续后交给银行，以兑取现金，就叫票据贴现。票据贴现是商业信用转化为银行信用的重要途径。银行在办理票据贴现时，要按当时的贴现利率先扣取相应的利息。(3)抵押贷款和信用贷款。抵押贷款是以商品、票据、有价证券和不动产等作抵押，向银行取得的贷款。不需要任何抵押品作担保而获取的贷款，叫做信用贷款。这种贷款的利息率一般高于抵押贷款。(4)长期投资。这是指银行以购买股票、债券等方式向企业进行的投资。银行购买企业的股票就成为企业的股东。

银行资本家经营银行业务，与工商业资本家经营工商业一样，是为了获取利润。银行资本家经营银行业务所获得的纯收入就是银行利润。

银行利润获取的方式是银行贷款的利息收入和存款的利息付出之间的差额以及中间业务收入。存贷款的利息差加上中间业务收入扣除银行各种业务费用之后，便构成银行利润。银行利润同银行资本家投到银行的自有资本的比率，就是银行的利润率，用公式表示：

$$\text{银行利润率}=\frac{\text{贷款利息收入}-\text{付出存款利息}+\text{其他收入}-\text{各种业务费用}}{\text{自有资本}}$$

银行是充当借贷资本运动中介人的资本主义企业，银行资本家为了经营银行，必须投下自有资本，并负责企业经营的盈亏，因而不同于由闲置货币资本形成的借贷资本那样只收取利息，而必然要求按其自有资本，比照工商业职能资本家一样根据等量资本获得等量利润的原则，获得平均利润。但是，从上述银行利润率的公式来看，银行利润来自贷款利息收入（扣除各种支出后）的一部分，而利息率一般低于平均利润率，两种利息率的差额则更小得多，那么，银行家如何有可能获得平均利润呢？关键在于银行利润率是按照其自有资本计算的，而自有资本只占银行家运用的全部银行资本的一个很小部分。举一个简单例子说明：假设某银行的自有资本为 100 万元，借入资本为 900 万元，银行家可运用的全部资本共1 000万元，全部贷出，贷款年利率为 8%，存款年利率为 5%，银行各种业务开支为 15 万元，那么，

$$银行利润率=\frac{1\ 000\times8\%-900\times5\%-15}{100}$$

$$=\frac{20}{100}=20\%$$

相当于社会的平均利润率。但这只说明银行有可能获得平均利润。这种可能性又如何转化为现实性呢？这还是由于部门之间的竞争，通过资本的自由转移来实现的。如果银行利润率偏高，则工商业资本中必然会有一部分转移到银行部门来；反之，银行利润率偏低，银行资本中也会有一部分转移到工业或商业部门去，从而使银行按其自有资本计算的利润率，大体相当于社会的平均利润率。

银行利润的源泉是产业工人生产的剩余价值。产业资本家和商业资本家利用银行贷款来补充货币资本，从事剩余价值的生产或剩余价值实现的经营活动，然后将剩余价值（转化为平均利润）的一部分，以利息形式支付给银行资本家，就成为银行的利润来源。因而银行资本家也参与了剩余价值的瓜分。但必须指出，银行资本家参加剩余价值的瓜分，是通过剥削银行雇员的剩余劳动而实现的。银行职工的劳动同商业职工一样，虽然不能创造价值和剩余价值，但他们的劳动如做结算业务和货币借贷的中介性服务活动，对于工商业资本的循环周转得以顺利进行，起了十分重要的作用。银行雇员的劳动也分为必要劳动和剩余劳动，在剩余劳动时间

内为银行资本家实现银行利润。所以，银行资本家既间接剥削生产部门的产业工人，又直接占有银行雇员的剩余劳动。

第三节　股份资本和股息

职能资本家除了通过商业信用和银行信用获得借入资本，还可以组织股份公司，通过发行股票募集股份资本以获得借入资本。因此，股份资本是资本主义信用的另一种形式。

一、股份公司

在资本主义生产不断增长和信用制度日益发展的基础上，股份资本和股份公司也得到了广泛发展。股份资本，是指以发行股票的形式，集中许多分散的私人资本，变为股份合资经营的联合资本。股份公司是通过发行股票的方式合资经营的资本主义企业或企业集团。随着资本主义生产的发展和科学技术的进步，以及资本有机构成的提高，企业规模不断扩大，建立现代化重型或大型企业需要巨额资本，单个私人资本的财力有限，不能适应产业现代化建设的需要，因此就出现了股份公司，通过发行股票来筹集资金，在短期内便可集中大量资本，兴建大型企业。所以，股份公司是单个私人资本和社会化大生产之间矛盾发展的产物。

在资本主义国家，股份公司通常分为股份无限公司和股份有限公司，并以后者为主要形式。股东也分为无限责任股东和有限责任股东。前者指股东对于公司所负债务，负有连带无限清偿责任，而不受其股份金额的限制；后者是股东对于公司所负债务，只负有限责任，即仅以投入该公司的股份金额为限，而不以其本人的全部财产来负责，或者说以公司全部资产对公司债务承担清偿责任。这里，侧重介绍股份有限公司。

股份有限公司的设立方式有两种：一为发起设立，即公司设立时，由发起人自行认购第一次发行的股份总额，而不对外募集认股。二为招股设立，即公司设立时，发起人仅认购第一次股份发行总额的一部分，而将其余部分向社会招股筹资。

股份有限公司成立后，一般设有两个内部组织机构，一是股东大会，二是董事会。股东大会是股份公司的最高权力机构，有权选任和解任董监事，并对公司的经营范围有广泛的决定权。股东大会有两种：法定年会和特别会议。董事会是股份公司的业务执行机构，主管公司的宏观决策，并选任公司经理负责日常事务；董事长是公司的法定代表，代表全体股东对公司的事务进行管理。此外，为防止董事会滥用职权、检查公司财产和董事会业务执行情况，还设立监事会或监察人，负责监督董事会的工作。

股份有限公司或因经营不善，或因财务困难，或因其他一些主客观原因而致使公司无法维持或面临破产时，处理办法通常是三种：重整、改组（或合并）和解散。

二、股票发行和股票

所谓股票发行，是股份公司将具备法定方式的凭证，经主管部门核定发行登记后出售给投资者。股份公司发行股票是为了向社会筹集资本，满足其建立和发展的资金需要。股票发行分为两种情况：一是为设立新公司第一次发行股票；二是为发展已有公司的资本规模而发行增资股票。也有些股票发行目的与筹集资本无关，比如将当年红利或历年未分配的红利转为资本，以发行股票形式代替分配现金股息，或以公司债券转换成公司股票。

股票是股份公司投资入股并用以取得股权收入的凭证，它是股份资本所有权的证书，是股份资本参加收益分配的权利证书。股票可以从不同的角度分类，一般分为两大类：普通股和优先股。

普通股是股票中最常见的一种，它是股份有限公司资本构成中最重要、最基本的股份，也是风险最大的一种股份。普通股的特点在于其收益并非在购买时约定，而是事后根据发行公司的经营实绩来确定。凡是购买普通股的股东，可享受的权利有：投票选举权、收益分配权、资产分配权和股份转让权。优先股是股份有限公司专为获得优先特权的投资者而设计的一种股票。其特点是预先定明股息收益率，在某些情况下还可以享受投票权，因此，它是介于普通股和债券之间的折中性证券。优先股的优先权主要有两方面：领取股息优先权和分配剩余资产优先权。

股票买卖成交后，即应进行款项和证券的转移，这称之为股票的交割。股票的交割通常由代客经手买卖的经纪人代为办理。如果股票买卖双方违约，不能交付证券或款项，或所交证券有伪造、背书不全等问题，均应由经纪人对交易所负责。

三、股票指数和股票价格

股票价格波动的衡量指标有两大类：一是股票价格平均数；二是股票价格指数。股票价格平均数又称为股价平均数或股价平均，它以具体金额表示。其功能是通过不同时期股价平均数的比较，显示股票价格在不同时期的涨跌动态，而且是制作股票价格趋势的依据，股票价格平均数由于是具体金额，从中看不出股票价格的波动幅度，于是，产生了股票价格指数。股票价格指数简称为股价指数，是将某一时期的股价平均数化为以某一时期股价平均数为基准而得出的百分比。通过股价指数可以明显看出某一时期的股票价格较基准股票价格增减的比率，它是股票市场上衡量股市行情的一种综合性指标，投资者可用之以检验自己的投资效果，并据以预测市场动向。计算股票指数或平均数，要考虑三个因素。一是抽样，即要在众多的上市公司股票中选出主要行业少数具有代表性的股票作为计算的对象，称为“成分股”；二是加权，根据选定的成分股按单价或总值加权平均，或不加权平均；三是计算程序，计算算术平均数、几何平均数，或兼顾价格与总值。

世界各国或地区均有其编制的股票价格指数，在一个国家或地区也可能有好几个不同的股票价格指数，目前，世界上著名的有：美国的道·琼斯平均数、标准普尔指数、价值线综合指数；英国的工业普通股指数、股票交易所指数以及全部股票综合指数；日本的东京交易所平均数、日经225种股票平均数、500种股票平均数与店头市场平均数；香港的恒生指数、香港指数。股票价格指数的计算方法，以恒生指数为例说明：

$$\text{恒生指数}=\frac{\text{计算的资本总市值}}{\text{基日资本总市值}}\times 100$$

公式中的计算资本总市值系指以被选为成分股(35种)每天收市价，算出当天这些上市公司的总市值；基日资本总市值是指以1964年7月31日为基准日的资本总市值。

指数单位称为点，点是衡量股票价格起落的尺度。

目前，在金融市场上，还出现了股票指数期货。股票指数期货交易始于1982年2月美国的堪萨斯交易所，以后，在芝加哥、纽约也相继出现。股票指数是若干种成分股价格升降的指标，代表了这些成分股价格变动情况，但不代表具体股票。因此，在股票指数期货交易到期时，不可能把指数中所有成分股组成一个组合，以现货交割，所以采用以现金结算的办法代替。股票指数期货交易的价格是按合约成交时的指数计算的。指数期货合约的金额均为指数的500倍。指数每上下一个点合约的价格就相应升降500元。假定成交时指数为100，则合约金额为50 000元，如指数涨到101，买方就赚了500元；最小的波动为0.05点，合25元。

股票持有者是股份资本的所有者，他有权根据股票面额从公司的盈利中分得一份收入。这种凭股票获得的收入，叫做股息。股息实质上是剩余价值的一部分，它一般低于平均利润。股东可以凭股票领取股息，但却无权向公司退股，抽回自己的投资。如果股东想把资本收回，他只能在证券市场上按一定的价格把股票转卖给他人，这种价格叫做股票行市，即股票在市场上买卖的价格。股票本身没有价值，但有价格，这是因为凭股票可按期领取一定的股息收入。所以，股票价格不外是股息的资本化。所谓资本化，就是把股息当作利息，按照银行利息率推算出存款数量，以此确定股票的价格。

股票价格和股票票面金额不同。股票价格的高低取决于两个因素：一是股息收入，一是银行利息率。股票价格与股息大小成正比，而与利息率高低成反比。它的计算公式为：

$$\text{股票的平均价格}=\frac{\text{股息}}{\text{利息率}}=\frac{\text{股票票面额}\times\text{股息率}}{\text{利息率}}$$

假定某公司的面额 100 元的股票，一年可按 6％的股息率分得股息 6 元，而当时银行存款的年利息率为 5％，那么，这张股票的平均价格为 120 元。就是说，如果将 120 元存入银行一年，同样可得 6 元的利息。

股息量和利息率是决定股票价格的两个基本因素。在实际经济生活中，影响股票价格的因素还有：经济因素、政治因素、人为投机因素。经济因素包括经济周期、企业经营状况、物价变化、金融财税政策、通货膨胀和股票供求关系等等。政治因素如国际形势的变化、战争、政局变动、社会是否安定、国家政策的重大变化和重大国际政治事件等等。人为投机和心理因素有少数人要阴谋手段，散布谣言，制造股市混乱，以及偶发事件或传媒错误等，都会在公众心理上引起广泛的反映，引发股票价格的猛涨或暴跌；特别是垄断组织或金融巨头的操纵，他们通过套购或抛售，人为地抬高或压低股票价格，使股票价格变化无常，股市混乱，以便从中牟取暴利，从而达到吞并他人股份资本的目的。

四、有价证券和证券市场

有价证券，是指具有一定的票面金额，代表资本所有权或债权的证明书。有价证券的主要形式是股票和债券。在资本主义国家，除了通过发行股票来筹集资金外，还可以通过发行债券的方式扩大资本。债券是债权的证书，它注明面值、利息率和还本期限。债券发行者承担到期还本付息的义务。债券既是集资者的集资手段，又是购买者的投资工具。债券的持有者就是债权人。债券与股票不同，它不是投资入股的凭证，而是一种借款的凭证。债券持有者与发行公司之间是一种借贷关系。他不是股东，无权参加公司的经营管理，债权人的利益与公司的经营状况没有直接关系。债券持有者不但可按期取得利息，而且在债券到期时可向债券发行者收回本金，即公司应偿还本金，赎回债券。

债券因其发行主体不同，可分为公司债券、国家债券和金融债券。公司债券是股份公司为取得追加资本而发行的借款凭证。国家债券是由国家即中央政府或地方政府为了筹集资金而出具的借款凭证。这类债券的持有者，可以按规定向国家或地方政府取得利息，到期收回本金。金融债券是银行和非银行的金融机构为了筹集资金而发行的借款凭证。上述几种有价证券，它们本身并没有价值，但是能够在证券市场上买卖，具有价格。这是因为它能为其所有者带来一定的收入。有价证券的价格＝有价证券的预期收入量/银行存款利息率。有价证券的价格经常变动，这又为证券的投机者提供了条件。在投机活动中，有的暴富，有的破产。在资本主义国家，股票、债券等有价证券的买卖活动，都是通过证券交易所或银行来进行的。所谓证券市场是指进行有价证券交易的场所。

证券市场根据其不同的职能，可以分为：证券发行市场，即初级市场；证券流通市场，即二级市场。证券发行市场是由新证券发行而形成的市场。它的发行方式有两种，一是直接发行，即证券发行者向投资者直接推销出售证券;二是间接发行,就是由发行者委托银行或信托投资公司等中介机构代理推销出售证券。初级市场发行新证券,可以扩大投资者的投资,是筹集社会资金的重要形式。证券流通市场是对已经发行的证券进行交易的市场,包括证券交易所和场外交易市场。证券交易所是专门为股票、国家公债、公司债券的交易而设立的固定场所。证券交易所按组织形式可分为会员制证券交易所和公司制证券交易所。交易所本身不从事证券买卖,它是有组织的、公开的、为买卖有价证券服务的中介机构。交易所制定一整套交易法规和管理制度,提供各种设备,配备管理人员和服务人员,为会员的证券交易提供服务。只有申请后取得交易所会员资格的人,才能从事场内交易。至于场外交易市场,是指分散的无组织的证券市场,没有固定的场所,买卖双方往往通过电信联络,商议成交。而且买卖的对象是以未在交易所上市的证券为主。证券流通市场的证券买卖,虽然不能增加新投资,但它使证券具有流动性,有利于证券的发行。证券发行市场和流通市场互相联系,形成了统一的证券市场体系。

证券市场是有价证券买卖的中心,是筹集社会资金的中心,通过证券市场,一方面能够大规模地集中资金以适应社会化大生产的需要;另一方面,它调节社会资金的投向,有利于国家对经济进行宏观调节。但由于证券市场行情变化莫测,波动极大,因而往往又是资本家之间赌博证券行市涨落,进行买空卖空的投机场所。少数大资本家靠其雄厚的资本优势,人为地制造行市涨落,兴风作浪,从中牟取暴利。正如马克思描绘的:“在这种赌博中,小鱼为鲨鱼所吞掉,羊为交易所的狼所吞掉。”[①]这就使证券投资带有很大的风险性。

---

① 《马克思恩格斯全集》第 25 卷,第 497 页。

五、创业利润和虚拟资本

股票是定期获得股息收入的凭证，股东们只是要求股息收入不低于存款利息，因此只要股息率高于利息率，股票就可以按高于票面价值的价格出卖。这样，股份公司创办人发行股票时，股票出售价格总额就会大于实际投入企业的资本价值总额，两者之间的差额就成为资本主义公司创办人的创业利润。所以，创业利润就是股份企业创办人出售股票价格总额和实际投入企业的资本总额之间的差额。假定一个股份公司投资 100 万元，发行 100 万元的股票，以后如果一年可获得利润 8 万元，而当时的银行利息率只有 5%；这样，100 万元的股票就可以卖 160 万元，其中的差额 60 万元，就是创业利润。创业利润是大资本掠夺中小资本和其他股票购买者的一种手段。但股份公司的创办者未必在任何条件下都能获得创业利润。如果新创办的公司经营不好，股息率低于银行利息率，就不能得到创业利润。公司的创办者为了保持对股份公司的控制和经常获得利润，通常不是把股票全部卖出，总是自己保留一部分，待公司经营转好，股票价格涨到票面面额以上时再出卖。

股票、公司债券、国家公债等有价证券，是作为资本进行运动的。但是，它们不是实际的真正的资本，而是虚拟资本。所谓虚拟资本，就是以有价证券形式存在的，能给其持有者定期带来一定收入的资本。有价证券之所以成为资本，在于它们是现实资本所有权的证书，持券者凭证券可取得定期收入；同时有价证券虽然本身没有价值，但能够被当作商品来买卖，并且又有着自己独特的决定价格的方法，可换取现实货币资本，因此，很自然地被人们当成资本。有价证券之所以是虚拟资本，是因为它本身没有价值，也不是价值的符号，并且不能在资本主义再生产过程中发挥资本的职能。就以股票来说，当人们用货币购买了股票以后，真正的资本就转移到公司去了，并投在厂房、机器、设备、原材料上，投在劳动力上，成为生产剩余价值的手段。与此同时，留在股票所有者手里的股票，不过是一种资本所有权的证书，是“现实资本的纸制复本”[①]。但是，人们凭借它可以向公司领取股息，而股息实质上是剩余价值的一部分，为此，对它的所有者来说，股票似乎就是资本。不过，它毕竟不是真实的资本，只是由于股票收入资本化而虚拟出来的，称为虚拟资本。

虚拟资本和实际资本，在质和量两方面都是有区别的。在质的方面，实际资本本身有价值，并且在资本主义再生产过程中发挥着资本的职能。而虚拟资本本身既无价值，又不能在生产过程中发挥资本的职能，只不过是资本所有权的证书。在量的方面，(1)由于股票票面价值可能大于企业实际投入的资本量，特别是由于股票价格通常比票面价值高，所以虚拟资本的数量总是大于实际资本总量。(2)虚拟资本数量的变化取决于各种有价证券发行量和它们的价格水平，在通常情况下，有价证券的价格的涨落引起虚拟资本数量的变化，但它并不反映实际资本数量的变化。比如股票，不论昨天股票价格暴涨，引起虚拟投资总额增大，还是今天股票价格暴跌，引起虚拟资本总额减少，但在工商业企业中发挥作用的实际资本的价值仍然一样多，没有变化。(3)随着资本主义的发展，虚拟资本的增长速度总是快于实际资本的增长速度。这是因为平均利息率的下降趋势引起股票价格上涨；还由于独资企业改组为股份公司，使股份资本增多；以及国家债务有增长趋势等。

股份公司的发展和虚拟资本的迅速增长，使资本所有权和使用权进一步分离，资本所有者把企业的经营管理委托给经理以及由他所组成的管理阶层，他们自己靠剪息票为生。同时，使投机、冒险、欺诈、诓骗、买空卖空的活动发展到骇人听闻的地步。

---

① 《马克思恩格斯全集》第 25 卷，第 540 页。

小结

剩余价值除了转化为产业利润，还必须转化为商业利润、借贷利息、银行利润、股息等具体形态。商业资本是独立的资本形式，为产业资本实现剩余价值，因此，要求等量资本获取等量商业利润；商业利润是通过产业和商业之间购销价格差额获得的。商业的纯粹流通费用也由剩余价值扣除。借贷资本是独立的资本形式，借贷资本家把货币资本借给职能资本家使用，自然也要求获得报酬即利息，平均利润在职能资本家与借贷资本家之间的分割主要是根据货币资本的供求关系决定的。银行资本是借贷资本与职能资本之间的中介企业，银行利润是通过存贷利息率差获得。股票是虚拟资本，股票价格是股息资本化。剩余价值转化为这些具体形态是以平均利润率为转移的。产业、商业利润就等于平均利润；借贷利息是平均利润的扣除；银行利润相当于平均利润；股息也是平均利润的扣除，但股息率一般是高于利息率的。社会各阶层这些具体收入的总和等于全社会产业部门生产的剩余价值总量。

关键词

商业利润　纯粹流通费用　利息　银行利润　股票　股票价格　创业利润　虚拟资本

思考题

1. 什么是商业资本？它的职能是什么？有哪些作用？

2. 商业利润来源是什么？商业资本家怎样参与剩余价值的分割？

3. 商业流通费用有哪些？它们各自是怎样获得补偿的？

4. 借贷资本是怎样形成的？利息率的高低是怎样决定的？

5. 商业信用和银行信用各有什么特点？银行利润率为什么会

等于平均利润率？

6.什么是股份公司？为什么说它本质上是大资本控制小资本的形式？

7.怎样以平均利润理论去说明剩余价值转化为它的各种具体形式？

指定参考书

1.厦门大学经济学系选编：《〈资本论〉选读》第3卷第4、5篇，厦门大学出版社2000年版。

2.蒋学模主编：《政治经济学教材》第6章第2、3节，上海人民出版社1999年版。

3.卫兴华主编：《马克思主义政治经济学原理》第6章第1、2节，武汉大学出版社1999年版。

第九章 资本主义地租

资本主义地租是剩余价值的另一种形式。本章着重研究地租的本质，级差地租和绝对地租形成的条件、原因、构成、来源和土地价格的决定问题，揭示农业资本家和土地所有者共同瓜分剩余价值的矛盾。

第一节 资本主义土地所有权和地租

地租是土地所有权在经济上的实现形式。资本主义地租是由土地所有权、土地的资本主义租赁经营所引起，并由土地自然条件所形成的农业超额利润转化而来的。其来源在于农业工人创造的剩余价值，所以，它是剩余价值的转化形式，并在性质上不同于封建地租。资本主义地租有级差地租和绝对地租两种形态。

一、资本主义土地所有权的形成和特点

土地所有权是某些人或集团占有土地的形式在法律上的体现。不同的社会制度，有不同的土地所有权。资本主义土地所有制，是从封建土地所有制和个体农民所有制，以及历史上遗留下来的其他土地所有制形式演变而来的。在封建社会末期，商品经济的发展，引起小商品生产者的分化，农业中出现了资本主义的萌芽。随

着资本主义的不断发展，资本主义生产关系不仅在工商业中占统治地位，而且在农业中逐渐确立和发展起来。根据各个国家不同的历史条件，资本主义在农业中的发展和资本主义土地所有制的形成，有各自不同的途径。

英国在资本原始积累时期，经过长达三个世纪的“圈地运动”，用暴力剥夺农民的土地，以形成最初的现代的无产者。这些无产者流入城市做工。以后资本主义逐渐侵入农村，16 世纪末出现农业资产阶级，他们投资农业，向土地所有者租地，并雇佣工人从事劳动。资本主义生产关系在农业中建立起来了。

资本主义土地所有制的形成，除英国的资本原始积累道路外，还有列宁概括的两条典型道路，即普鲁士式道路和美国式道路。

普鲁士式道路指逐渐用资本主义剥削手段代替封建农奴制剥削手段的改良道路。封建地主在农奴交纳大量赎金的条件下，免除其封建义务，使农奴转变为自由劳动者，地主阶级则逐渐按资本主义经营方式改造封建农庄，采用雇佣劳动，组织资本主义农场。这种改良方式不可避免地保留着农奴制的残余，发展非常缓慢。尽管如此，封建土地所有制已被资本主义土地所有制所代替，生产关系已发生了质的变化。所以，它是一条改良的道路。这条道路在当时欧洲的普鲁士表现得最为典型，故称“普鲁士式道路”。德国、沙皇俄国、意大利和日本等国农业资本主义的发展，走的就是这条道路。

美国式道路是指用革命手段废除农奴制大地产，使小农经济迅速发展；在小农经济两极分化的基础上，产生出土地的资本主义所有制和农业雇佣工人。这种农业中资本主义发展的道路，以美国为代表，故称之为“美国式道路”。法国等也是通过类似方法实现资本主义土地所有制的。

虽然资本主义土地所有制形成的途径不同，但是都有两个明显的特点：一是土地所有权和经营权完全分离，占有大量土地而又不从事经营的土地所有者,他们往往把土地租给农业资本家去经营,向农业资本家收取地租。二是土地所有权和劳动者之间人身依附关系彻底分离,资本主义土地所有制使土地所有权从封建制度下解脱出来,排除了封建社会下的人身依附等超经济强制关系,但广大农民失去了土地,成为一无所有的、自由的雇佣劳动者。

二、资本主义地租的本质

地租是土地所有权在经济上的实现。但在不同的社会制度下,由于土地所有制的性质不同,地租的性质、内容和所反映的生产关系也不相同。资本主义地租的实质是农业资本家租种土地所有者的土地而缴纳给土地所有者的超额利润。它是农业工人创造的超过平均利润的那部分剩余价值,即农业中的超额利润。这反映了农业资本家和土地所有者共同剥削农业工人的经济关系。

资本主义地租有别于封建地租。分清两者的区别,有益于对资本主义地租本质的认识。其区别在于:第一,资本主义地租是以资本主义土地所有权为前提的,并彻底摆脱了农业工人对土地所有者和农业资本家的人身依附关系,它们之间表现为纯粹经济上的契约关系;封建地租则以封建土地所有权为前提,并在一定程度上存在着封建的超经济强制,即农民对地主阶级的人身依附关系。第二,资本主义地租是土地所有者占有农业工人创造的超过平均利润以上的那一部分剩余价值,即农业中的超额利润;封建地租则是封建地主无偿占有的农民的全部剩余劳动或剩余产品,有时还包括一部分农民的必要劳动或必要产品。第三,资本主义地租体现农业资本家、土地所有者共同瓜分农业工人创造的剩余价值的剥削关系;封建地租则体现封建地主对农民的剥削关系。总之,两种地租反映两类不同的剥削形态。

三、地租和租金

科学意义上的资本主义地租是农业资本家由于使用土地而缴给大土地所有者的超过平均利润以上的那部分剩余价值，必须把它和习惯上所说的租金区别开来。租金是农业资本家租种土地而向土地所有者交纳的全部货币额，除了科学意义上的地租外，往往还包括以下内容：(1)土地上固定资本的折旧费和利息。出租土地时，土地所有者通常是连同土地上附属的灌溉设施、仓库或其他农用建筑物一并出租给农业资本家的，农业资本家使用这些固定资本，应按时交纳折旧费和利息。(2)有时可能包括租佃农业资本家的一部分平均利润。一些中小资本家无力在其他部门投资而转向农业时，大土地所有者可能乘机索要高于一般水平的租金；土地租金往往是一经确定则几年不变，当经营不善或遇不利的气候环境时，出售农产品的超额利润不足以支付租金，农业资本家只能让渡一部分平均利润给土地所有者。(3)有时还包括农业工人的部分工资。为了支付高额租金，农业资本家总是设法压低农业工人的工资，将其变为租金的一个组成部分。

资本主义地租按其产生的原因和条件不同，可以分为级差地租和绝对地租两种基本形式。

第二节　级差地租

级差地租产生的原因是土地的资本主义经营垄断，形成条件是各个地块的自然条件不同，来源是农业工人剩余劳动所创造的剩余价值。土地自然条件的差异又是由不同因素引起的，所以，级差地租可归纳为两种形态。

一、级差地租的形成

级差地租是由土地的自然条件、不同等级所形成的地租，它是经营较优土地产生的、并归土地所有者占有的超额利润，在量上等于农产品个别生产价格与社会生产价格之间的差额。

土地优劣的不同等级是形成级差地租的条件或自然基础。土地是农业生产最基本的生产资料，客观上总存在优、中、劣等不同的等级，同量资本投资在面积相同但优劣程度(如土地的肥沃程度)不同的土地上，会有不同的收益。优等地劳动生产率高，产量多，单位产品的个别生产价格低；劣等地劳动生产率低，产量少，单位产品的个别生产价格高。租种优等地的农业资本家可以获得超额利润，这个超额利润将转化为级差地租。在优劣不同的土地上，这种地租显现出级差性。

级差地租产生的原因是土地的资本主义经营垄断。首先我们假定农产品和工业品一样，是按生产价格出售的，也只有这样，经营农业的资本家才能得到平均利润。但由于土地的资本主义经营垄断，农业的超额利润对比工业的超额利润来说，有两个显著的特点。第一，农业的超额利润是经常的和稳定的。在工业中只有少数先进的企业能暂时地获得超额利润，一旦新技术普遍推广，超额利润就会消失。但在农业中土地的数量是有限的，优等土地的数量更是有限。资本家一旦租种优等土地，优地的使用权被资本家独占，也就取得了经营垄断权，排除了他人利用这种好的生产条件的可能性。这种情况在一定程度上阻碍了农业内部的竞争，经营优等土地的资本家有较高的劳动生产率，能够长期稳定地取得超额利润。第二，由于土地的经营垄断，使得农产品的社会生产价格由劣等地的生产条件所决定。如果农产品的社会生产价格也像工业品那样由社会平均的生产条件来决定，经营劣等地的资本家就得不到平均利润，就会退出农业经营。这样势必造成农产品数量减少，供不应求,从而引起农产品价格上涨,一直涨到经营劣等地也能得到平均利润,农产品供求平衡为止。由于农产品的社会生产价格由劣等地决定,不仅优等地,而且中等地生产条件好于劣等地,产量较多,收益较高,产品的个别生产价格不同程度地低于社会生产价格,也可以获得超额利润,形成级差地租。

级差地租的源泉是农业雇佣工人创造的剩余价值,与土地所有权无关。土地所有权只是使超额利润以级差地租的形式从农业资本家手中转入土地所有者手中的原因。土地所有者凭借着对土地所有权的垄断,把中等地和优等地的地租定得高于劣等地,使超额利润转到自己的手中,而租种中等地和优等地的资本家,在能够获得平均利润的前提下,也愿意把超额利润作为级差地租交给土地所有者。

从表面上看,级差地租似乎来源于较好的土地条件。其实不然,土地作为自然条件,它本身并不能创造价值,包括这种超额利润。较好的土地条件只是为农业中创造超额利润提供了一个自然基础。马克思指出:“自然力不是超额利润的源泉,而只是超额利润的一种自然基础,因为它是特别高的劳动生产力的自然基础。”[①]他又指出:“地租不是来自土地,而是来自农产品……来自农产品的价值,来自投入土地的劳动,而不是来自土地本身。”[②]这就是说,构成级差地租的这种超额利润,同农业中的全部剩余价值一样,它的唯一源泉只能是农业工人的劳动创造的剩余价值。只是在资本主义制度下,资本才能把它所使用劳动的生产力,当作它自己的生产力来占有,才会产生这种超额利润,而土地所有者又凭借土地私有权,把它转化为级差地租而据为己有。

根据不同的形成条件,级差地租可以分为级差地租I和级差

---

① 《马克思恩格斯全集》第25卷,第728页。

② 《马克思恩格斯全集》第26卷II,第158页。

地租Ⅱ两种形态。

二、级差地租第一种形态

级差地租Ⅰ是由于土地的肥沃程度不同和位置不同而形成的。同量资本分别投入面积相同但肥沃程度不同的土地，其生产率是各不相同的。如表9－1所示，假定有A、B、C三块面积相同但肥沃程度不同的劣等地、中等地和优等地，每块地上各投资100元并在一个生产周期中全部耗费，三块地的产量分别为200、250、300公斤，当时社会平均利润率为20%，这三块地上产品的个别生产价格均为120元，但由于产量不同，每百公斤单位产品的个别生产价格也不相同，分别为60元、48元和40元。由于农产品是按劣等地A所决定的社会生产价格即每百公斤60元出售的，所以，A地没有超额利润，经营B、C两地的资本家就能从产品的社会生产价格高于个别生产价格的差额中，分别得到30元和60元的超额利润，转交给土地所有者，形成级差地租Ⅰ。

表9－1　由土地肥沃程度不同形成级差地租Ⅰ

单位：百公斤，元

土地等级	投资	平均利润	产量	个别生产价格		社会生产价格		级差地租Ⅰ
				全部产品	每百公斤	每百公斤	全部产品	
A	100	20	2	120	60	60	120	0
B	100	20	2.5	120	48	60	150	30
C	100	20	3	120	40	60	180	60

土地位置差别也会形成级差地租Ⅰ。不同的地块距离市场、车站、港口等的远近不同，在经营过程中耗费在农产品、农用生产资料上的运输费用也各不相同。即使土地肥沃程度都一样，经营距离

远或交通不便的地块，运费高，而经营距离近或交通方便的地块，运费低。运费是成本价格的一部分，它的高低会影响农产品的个别生产价格。农产品的社会生产价格要由地理位置和交通条件最差的土地来决定。这样经营地理位置有利的农业资本家所耗费的运输费用少，农产品个别生产价格低于社会生产价格，可以获得构成级差地租I的超额利润。

表9—2　由土地位置不同形成级差地租I

单位：百公斤，元

地块	产量	与市场距离	耗费资本			平均利润	个别生产价格	社会生产价格	级差地租I
			生产中费用	运费	合计				
甲	2	10	100	20	120	24	144	216	72
乙	2	20	100	40	140	28	168	216	48
丙	2	40	100	80	180	36	216	216	0

土地肥沃程度和位置不同这两个形成级差地租I的因素往往是结合在一起的。农产品社会生产价格由劣等地决定。这里所说的劣等地是指在满足市场需要范围内，土壤肥沃程度和地理位置的综合条件最差的土地。就是说，这种决定社会生产价格的劣等地可以是这两个因素都是最差的土地；也可以是肥力或位置之中只有一个因素最差，但另一个因素并非最不利的土地。

三、级差地租第二种形态

级差地租II是对同一土地连续追加投资而生产率不同所产生的超额利润所转化来的地租。

级差地租II是在农业集约化条件下，即资本连续在同一土地上追加投资，采用新技术新设备，提高单位面积产量而产生的。只要追加投资的生产率高于原劣等地的生产率，就有超额利润，这种超额利润构成级差地租Ⅱ。仍以表 9－1 的例子为基础，假定经营 A、B、C 三地的资本家分别追加了 50 元、70 元和 80 元的投资，A 地追加资本增产 100 公斤，与原投资生产率相同，没有超额利润；B、C两地在追加投资后分别增产 150 公斤和 200 公斤，投资生产率均高于决定社会生产价格的原 A 地投资生产率 200 公斤/百元，个别生产价格分别为每百公斤 56 元和 48 元，低于每百公斤 60 元的社会生产价格，从而分别又形成了 6 元和 24 元的超额利润，即级差地租Ⅱ。如表 9－3 所示。应当说明的是，追加资本事实上是和原资本一起发挥作用的，农产品的产量也难以截然分开，不是两次投资、两次收入，只是为了理论分析的需要，把它们分开说明。

表 9－3　追加投资的不同生产率形成级差地租Ⅱ

单位：元，百公斤

土地等级	投资	平均利润	产量	个别生产价格		社会生产价格		级差地租		
				全部产品	每百公斤	每百公斤	全部产品	Ⅰ	Ⅱ	合计
A	100	20	2	120	60	60	120	0	/	0
	追加 50	10	1	60	60	60	60	/	0	
B	100	20	2.5	120	48	60	150	30	/	36
	追加 70	14	1.5	84	56	60	90	/	6	
C	100	20	3	120	40	60	180	60	/	84
	追加 80	16	2	96	48	60	120	/	24	

土地租约总是一订若干年不变，在租约有效期内，追加投资带来的超额利润归农业资本家所有，这会刺激农业资本家的投资积

极性。但租约期满重新缔约时，土地所有者会提高地租，使这种超额利润全部或部分地流入自己的腰包。在租期问题上，土地所有者和农业资本家存在着尖锐的矛盾，土地所有者力求签订短期租约，而资本家则要求长期租约。

虽然级差地租Ⅰ和级差地租Ⅱ形成的条件不同，但二者有着十分密切的关系。表现在：(1)两种级差地租产生的原因，都是对土地的经营垄断。(2)两种级差地租的实质都是超额利润，都由农产品个别生产价格和社会生产价格的差额构成。它们的唯一来源都是农业工人创造的剩余价值。(3)级差地租Ⅰ是级差地租Ⅱ的基础和出发点。一方面，在历史上级差地租Ⅰ先于级差地租Ⅱ。在资本主义初期，农业生产主要靠粗放经营，扩大耕地面积，由此产生的级差地租是级差地租Ⅰ；随着资本主义发展对农产品的需求增加，可开垦荒地愈来愈少，农业生产的增加转而依靠集约经营，对已耕地追加投资，如采用农业机械，施用化肥，改良土壤，实行专业化生产等，以提高单位面积产量，级差地租Ⅱ便在级差地租Ⅰ的基础上迅速发展起来。另一方面，从理论上看，级差地租Ⅱ的形成，以肥力不同、位置不同的土地同时被耕作为前提，只有追加投资的生产率高于劣等地生产率时，才会产生级差地租Ⅱ。

第三节　绝对地租

绝对地租的产生原因是土地所有权的垄断，形成条件是农业的资本有机构成一般低于工业，来源是农业工人剩余劳动创造的剩余价值。级差地租与绝对地租之和就是总地租，它等于农产品市场价值与个别生产价格的差额。

一、绝对地租产生的原因和条件

考察级差地租时，我们是假定耕种劣等地的资本家只得平均利润，没有超额利润也不缴纳级差地租，但这不是说租种劣等地的资本家不必缴纳任何地租。地租是土地所有权在经济上的实现，不缴纳地租等于否定了土地所有权。资本家不论租用什么土地，哪怕是租种劣等地，也要缴纳地租，否则土地所有者宁可让土地荒芜。这种租种任何土地都必须缴纳的地租，叫做绝对地租。

产生绝对地租的原因是土地所有权的垄断。那么，产生绝对地租的条件又是什么呢？在资本主义发展的很长的历史时期内，农业资本的有机构成低于工业，农业工人创造的剩余价值大于社会上的平均利润。在其他条件相同下，同量的投资在农业中形成的剩余价值要大于工业。由于土地的所有权垄断，阻碍了资本在农业和工业间的自由转移，使农业的剩余价值不参加利润平均化的过程，农产品可以按高于生产价格的价值出售。这样，就能在保证为农业资本家提供和工业一样的平均利润的前提下，把农产品价值和生产价格的差额，留在农业内部，转化为绝对地租交给土地所有者，否则农业资本家就不能使用土地从事农业生产经营。因此绝对地租植根于土地所有权的垄断。如表 9－4 所示，在剩余价值率为100％时，假定工业平均资本有机构成是 80c ∶ 20v，平均利润率20％，则每百元资本的剩余价值是 20 元，商品的价值和生产价格均为120 元。农业资本的有机构成是 62c ∶ 38v，每百元资本的剩余价值是 38 元，农产品按其价值 138 元出卖。根据同量资本得同量利润的原则，农业工人创造的 38 元剩余价值虽然可以留在农业内部，不参加利润平均化过程，但农业资本家只能参照工业资本家得到 20 元的平均利润，其余的 18 元就成了交给土地所有者的绝对地租。从例中我们可以看出，在农业资本有机构成低于工业时，绝对地租来源于农业工人创造的剩余价值的一部分，也就是剩余价值超过平均利润的部分。马克思在《资本论》等著作中就是这样坚持按价值规律来解释绝对地租问题的，这也符合很长的历史时期里资本主义农业的现实。

表 9—4　农业资本有机构成低于工业时绝对地租的形式

单位：元

生产部门	资本有机构成	剩余价值 ($m'=100\%$)	平均利润 ($\bar{p}'=20\%$)	产品价值	生产价格	绝对地租
工业	80c＋20v	20	20	120	120	
农业	62c＋38v	38	20	138		18

二、级差地租和绝对地租的综合分析

在分析资本主义地租时，我们采用了从抽象到具体的研究方法，先舍象绝对地租，分析构成级差地租的超额利润来源于农产品社会生产价格和个别生产价格之间的差额，然后再来考察绝对地租问题。由于土地私有权一定要索取绝对地租，使农产品不能按生产价格出售，而必须提高到按其价值出售。从而，农产品价值和生产价格之间的差额，更明确地说是农产品的个别价值和个别生产价格之间的差额，则又形成一种超额利润，转化为绝对地租，交给土地所有者。如前面(表 9—4)所示的情况，每百元投资所生产的农产品的个别价值为 138 元，其个别生产价格为 120 元，二者的差额 18 元，就转化为绝对地租。

事实上，资本主义农业是一开始就存在绝对地租的，那么，把两种地租一并考虑综合分析时，对于前面抽象分析级差地租的规定就要作必要的修订。

马克思在《剩余价值理论》中指出："我们用 AR 表示绝对地租，用DR 表示级差地租，用 GR 表示总地租，用 MW 表示市场价值，用IW 表示个别价值，用 KP 表示费用价格。这样，我们就得出如下的方程式：

"(1)AR＝IW－KP＝＋y

"(2)DR＝MW－IW＝x

"(3)GR＝AR＋DR＝MW－IW＋IW－KP＝y＋x＝MW－KP。"[①]这里所说的市场价值 MW 即社会价值，由劣等地农产品个别价值所决定；费用价格 KP 即生产价格，是各块土地上农产品的个别生产价格，而不是社会生产价格。根据上述公式，我们可以分别计算出绝对地租、级差地租及总地租的量。这里应该注意的是：第一，绝对地租是价值与生产价格的差额，是指个别价值与个别生产价格的差额，在面积相同的各种等级的土地上，投下同量的资本，它们的绝对地租的量是相同的。第二，由于级差地租是优、中等地与劣等地之间的差额价值所构成的，现在农产品既然已提高到按劣等地个别价值决定的市场价值出售，那么，级差地租的量的规定应修改为市场价值与个别价值的差额，而不是前述的社会生产价格和个别生产价格之间的差额。我们把表 9－1 和表 9－4 的例子加以综合整理，得出表 9－5，它具体地说明在综合考察绝对地租和级差地租时各种地租的量的规定。

表 9－5　两种地租和总地租的定量分析　　单位：元

土地等级	投资	产量百公斤	个别生产价格 KP	个别价值 IW		市场价值 MW		级差地租 DR＝MW－IW	绝对地租 AR＝IW－KP	总地租 GR＝DR＋AR＝MW－KP
				全部产品	每百公斤	每百公斤	全部产品			
A	100	2	120	138	69	69	138	0	18	18
B	100	2.5	120	138	55.2	69	172.5	34.5	18	52.5
C	100	3	120	138	46	69	207	69	18	87

① 《马克思恩格斯全集》第 26 卷Ⅱ，第 329 页。

在一些教材和论文中有这样一种观点，认为在综合考察总地租时，虽然农产品按劣等地决定的市场价值出售，但级差地租量的规定仍然不变，还是社会生产价格与个别生产价格的差额，从而绝对地租就是市场价值和社会生产价格的差额。按这种观点将会出现以下几个问题：(1)中、优等地与劣等地的产量差额和各级土地上级差地租的货币差额不符。如按此方法计算，则表9—5中的B、C地的级差地租仍分别为30元和60元，折算成农产品量分别为43.48公斤和86.96公斤，同A地与B、C两地的实际产量差别50公斤和100公斤不相符。(2)各块地的绝对地租量不等。A地18元，B地22.5元，C地27元，呈级差状态。按理在相同面积地块上的等量投资形成的"绝对地租的量和率本来就是相同的"[①]，但按此计算方法是把一部分级差地租当作绝对地租了。(3)从理论上讲，它混淆了两种超额利润的差别。绝对地租是实际的剩余价值的一部分，而级差地租则是虚假的社会价值。[②]

现将绝对地租和级差地租的异同用列表法加以概括和比较(见表9—6)。

两种地租的共同点在于：(1)二者都是土地所有权在经济上实现的形式，都是以土地所有权作为它们存在的前提条件：(2)二者的来源都是农业工人创造的剩余价值的一部分，即由平均利润以上的超额利润转化而来。

---

① 《马克思恩格斯全集》第26卷Ⅱ，第282页。

② 由于土地的资本主义经营垄断，农产品价值或生产价格不能像工业品那样，由中等生产条件决定，而由劣等生产条件决定。于是农产品社会生产价格或价值总和就会大于农业生产实际耗费的个别劳动量总和，其差额就是级差地租。因此，马克思在《资本论》第3卷第745页，把级差地租称为虚假的社会价值。

表 9—6 绝对地租和级差地租的区别比较表

	绝对地租 AR	级差地租 DR
产生原因	土地所有权垄断	土地的经营垄断
形成条件	农业资本有机构成低于工业	DRⅠ:土地肥沃程度和位置的不同 DRⅡ:追加投资的不同生产率
与土地所有权的关系	产生原因	转归地主占有的原因
与农产品价格的关系	农产品价格上涨的原因	农产品价格已经上涨的结果
地租的构成	AR=IW-KP	DR=MW-IW(假定无 AR 时,DR=社会 KP-个别 KP)
转化为地租的超额利润的性质	实际剩余价值的一部分	虚假的社会价值(由差额价值构成)

三、战后发达国家农业中的绝对地租问题

第二次大战后,随着科学技术的发展,农业生产技术和装备程度迅速提高,其资本有机构成有赶上甚至超过工业的趋势,60 年代以后,在一些发达国家这已逐步成为现实。在这种情况下,农产品价值和生产价格的差额消失,绝对地租又会发生什么变化呢?

特别是 60 年代以后,美国等一些发达国家的农业已发展成为一个以大功率、多功能农业机械为主要生产工具,用石油、电力等为动力,广泛采用各类化肥、农药等化工产品,消耗工业部门提供的大量物资和能源,实行专业化分工,有高度生产力的现代化农业。农业资本有机构成的提高主要表现在农业资本投入增加、农业劳动力减少上,农业人均生产性资本超过工业。1970—1980 年,美国农场经营性支出增长了近 3 倍,同期农场就业人员却减少 18%。1977年美国农业资本投资已达到平均每个劳动力 12.1 万美元,而工业资本投资平均每个职工不到 10 万美元,最高的石油和煤炭工业也只有 11 万美元。

农业资本有机构成的提高是否意味着绝对地租消失呢？答案是否定的。因为土地所有权垄断是产生绝对地租的原因。只要土地所有权垄断存在，租用他人土地仍必须支付地租，不同的只是绝对地租的来源发生了变化。

解释当代资本主义条件下绝对地租来源的变化，论坛上有两种主要观点：一种观点认为，这时绝对地租“只能来自市场价格超过价值和生产价格的余额，简单地说，只能来自产品的垄断价格”[①]。其事实依据是，战后国家垄断资本主义通过国家财政等手段，大量支付农业休耕补贴、农产品保证价格及出口津贴等。另一种观点则认为是土地所有者“在租金的名义下，把他的租佃者的一部分利润甚至一部分工资刮走”[②]。其事实依据是战后发达国家农场主的利润和农业工人的工资均低于工业。

当代有些发达国家的农业资本有机构成赶上和超过工业，是在60年代以后，即在垄断资本主义的统治已有半个多世纪的历史之后，才出现的情况。因此，我们研究当代某些发达国家的绝对地租的来源问题，必须以垄断资本主义的统治严重干扰了平均利润率和生产价格规律的贯彻作为基本前提。在这个时代，垄断占统治地位，垄断和竞争并存，就是说，在非垄断的中小企业之间还存在着自由竞争，但是居于从属地位，各部门的中小企业只能获得较低水平的利润，并且也有平均化的趋势。那么，它们的生产价格(即生产成本加较低的平均利润)，必然低于其商品的价值和(原来意义的)生产价格。当代的农业资本基本上属于中小企业之列，也只能求得较低水平的利润，而不可能以垄断高价出售农产品来支付绝对地租。用平均利润等来扣除，则过于笼统，不能区别说明各行业的中小资本之所以只能获得较低利润的问题和绝对地租来源的问

---

① 《马克思恩格斯全集》第25卷，第863页。

② 《马克思恩格斯全集》第26卷Ⅱ，第448页。

题，同时也无法指明这时绝对地租量的规定。

我们认为从理论和实际的结合上说明此时的绝对地租问题，可以参照马克思关于绝对地租构成的原来规定，结合现实加以适当修改。《资本论》中指出：绝对地租就是价值超过生产价格的余额或这个余额中的一部分，而余额的另一部分则参与社会上的利润平均化。[①] 根据垄断资本统治下的实际情况，我们考察此时的绝对地租，要把原来的规定修改为：它由农产品价值大于中小企业较低的生产价格的差额的一部分，即剩余价值大于较低的平均利润的差额的一部分构成；而差额的另一部分则因农产品价格低于价值而被垄断资本所侵吞。就是说租佃农场主在缴交绝对地租和得到政府的补贴之后，大体上可以得到相当于中小工商企业的较低的利润。我们在理论上考察此时绝对地租的本质，应当把上述再分配中的复杂现象加以舍象，只能认为绝对地租是由农业工人创造的实际剩余价值超过中小资本的较低利润的余额的一部分构成，不能因为有政府补贴，就说它是来自社会上的剩余价值的一部分，而否定它是来源于农业内部的实际剩余价值。

第四节　其他各种地租和土地价格

资本主义农业地租的理论是分析其他行业用地地租和土地价格的理论基础。土地不是劳动生产物，没有价值，因此，土地价格不是土地价值的货币表现，而是土地地租收取权的出让价格，是地租的资本化。

---

① 《马克思恩格斯全集》第 25 卷，第 859 页(引述大意)。

一、垄断地租

在资本主义制度下，除级差地租和绝对地租两种基本的地租形式外，还存在着垄断地租。垄断地租是由垄断价格产生的超额利润所构成的地租。这种垄断地租产生的条件是某些土地具有特殊的自然优势，适合种植某些名贵而又稀少的产品，如质量特别好的水果、茶叶等。这种土地及其产品数量极为有限，社会对这些产品的需求又大，这类产品可以按大大超过生产价格而且超过其价值的垄断价格出售。马克思把这种垄断价格称为“真正的垄断价格”[①]。这种垄断价格不由产品的价值或生产价格决定，而由购买者的购买欲和支付能力决定。这种垄断地租产生的原因是资本主义经营垄断，对这种土地进行垄断经营的人，可按垄断价格出售所生产的农产品，由此获得超额利润形成垄断地租。土地所有权与超额利润的形成无关，但土地所有权垄断的存在，决定了这部分超额利润将转化为垄断地租，归土地所有者占有。

这种真正的垄断价格不以垄断资本的存在为前提，所以不同于垄断资本主义时期的垄断价格。

二、矿山地租

矿山地租是采掘业资本家租用矿山开采矿产而向其土地所有者交纳的地租。矿山地租的决定方式和农业地租相同。

对于大多数矿山来说，采矿业资本家要同时交纳绝对地租和级差地租。在采矿业资本有机构成低于工业平均水平的历史时期，由于土地所有权垄断产生绝对地租，使得矿产品必须按其价值出售，采矿资本家也只能按社会上的平均利润率，获得平均利润。因为当时价值高于生产价格，这样，个别价值和个别生产价格之间的

---

① 《马克思恩格斯全集》第 25 卷，第 861 页。

差额所构成的超额利润，就转化为绝对地租，归矿山地主所有。由于土地的资本主义经营垄断而产生的级差地租，其形成条件在于各矿山的矿产蕴藏量、矿层深度、矿产品质不同，以及矿山距离矿产品市场远近和交通条件不同等，从而各个矿山生产同类矿产品每吨的个别价值有很大差别，而矿产品的市场价值是由劣等矿山的生产条件决定的。这样，开采中等、优等矿山的资本家由于其个别价值低于市场价值，就能获得超额利润，而土地所有权的垄断使这种超额利润转化而来的级差地租，转归土地所有者占有。由于现实上两种地租同时并存，级差地租应为市场价值与个别价值的差额。如抽象分析级差地租，可以认为它是由个别生产价格与社会生产价格之间的差额构成。

对于稀有矿产的资本主义经营垄断和稀有矿产品供不应求，使这些稀有矿产会按高于价值的垄断价格出售，就还要向土地所有者交纳垄断地租，这种垄断地租“只能以真正的垄断价格为基础”①。

至于战后因科学技术长足发展，发达国家的采矿工业资本有机构成大为提高，甚至高于制造业，而且发达国家各种矿产品的生产和销售已被国际垄断资本所掌握，垄断资本集团可以按垄断高价出售矿产品，从中分出一部分支付绝对地租之后，他们仍然可以得到高于平均利润的垄断利润。这一点，既与稀有矿产以“真正垄断价格为基础”的垄断地租不同，也与战后发达国家农业中的绝对地租在来源和构成上有所区别，因为其经营者是非垄断的中小资本家。

三、建筑地段地租

建筑地段地租是资本家租地建筑工厂、商店、住宅或其他建筑

① 《马克思恩格斯全集》第 25 卷，第 861 页。

物向土地所有者支付的地租。它同样有级差地租、绝对地租和垄断地租。当然,应把建筑地段地租与房租区别开来。房租中除了房屋地基的地租之外,还包括建筑物的折旧费和利润、建筑费用的利息以及房屋维修费等。

但和农业地租相比,建筑地段地租有自己的特征。第一,位置对级差地租有决定性影响。所租土地是否在城市里,是否靠近原材料产地、销售中心、水电供应和交通运输中心,是否有利于分工协作,住宅是否方便居民生活等,对资本家的经营会产生极大影响,占据有利地段的资本家往往能因此取得他人所达不到的超额利润,它转化成为工业地租、商业地租。第二,包含明显的垄断地租因素。这种垄断地租完全由购买者的购买力和支付能力决定。产生这种垄断地租的原因,是位置特别有利的地段求大于供,供求关系使地价及土地租金上涨。尤其在城市,因工商业投资的发展和人口的增加,形成了对住宅、办公楼及其他非农业用地如工厂、商店的大量增加,土地所有者也就趁机大幅度提高地价和地租。当代资本主义国家地价飞涨、高楼林立的一个重要原因就是这种垄断地租的存在。第三,城市土地经营的巨资性和土地投机。由于上述两个特征,使用城市土地或其他位置特别有利的土地,必须支付高额的地租,这就使得经营城市房地产业要有雄厚的资金作后盾。而且建筑地段是否有利往往是和其他政治、经济条件相联系的。这些条件的变化,会使位置优势发生明显变化,相应地地租也会发生极大变化,这就产生了土地投机。许多土地经营者和房地产商就利用同一地块在不同时期可能出现的地租差价,开展房地产投机活动,以谋取暴利。

四、土地价格

土地不是劳动产品,本身没有价值。但在资本主义条件下,土地可以作为商品进行买卖交易,也就有了价格。土地价格不是土地价值的货币表现，而是资本化的地租，是以后每年土地所能提供地租的购买价格。马克思指出："实际上，这个购买价格不是土地的购买价格，而是土地所提供的地租的购买价格，它是按普通利息率计算的。但是，地租的这种资本化是以地租为前提，地租却不能反过来由它本身的资本化而产生并得到说明。"①就是说，只能由地租的资本化决定土地价格，不能反过来用地价来决定和说明地租。

土地能给其所有权者带来地租收入，土地所有者要把这个地租的获取权转让给他人时，必然要索取一定的代价。土地价格和股票价格很相似，股票价格是股息的资本化。土地价格相当于能够取得相应地租收入的货币资本，用公式表示，即土地的平均价格 $=\frac{\text{地租}}{\text{利息率}}$。例如某块土地每年可得地租 100 万元，而银行存款利息率是5%，那么，这块土地的平均价格 $=\frac{100\text{ 万元}}{5\%}=2\ 000$ 万元。地价的高低取决于两个因素，一是地租额的多少，二是利息率的高低，即和地租成正比，和利息率成反比。

如前所述，随着资本主义的发展，地租有增长的趋势，同时，由于资本有机构成的提高，利润率的下降趋势以及借贷资本供过于求等原因，引起利息率呈现下降趋势，从而，土地价格有不断上涨的趋势。

上面讲的是决定土地平均价格的基本因素以及土地价格变动的长期趋势。至于土地的市场价格则是时常变动的，因为除了上述二个基本因素外，土地市场的供求变化，通货膨胀、政治形势和税收政策的变动，再加上土地市场的投机因素等，都会引起土地市场价格时常发生涨落变化。比如就土地供求因素来说，由于土地的有限性，而人口的自然增长、农村人口转移到城镇引起城镇用地增加、工业区建设以及商业、金融业、旅游业等第三产业的发展，要占

---

① 《马克思恩格斯全集》第 25 卷，第 703 页。

用农业土地，必然引起土地供不应求的情况，使土地价格上涨。特别是当农业用地改变或将要改变为上述事业用地时，必然使该地的地租和土地价格突然倍增。

小结

地租是剩余价值转化的具体形式，是农业剩余价值中平均利润以上的超额利润。由于土地的资本主义所有权垄断和租赁使用，这部分超额利润就会转化为地租，它包括级差地租和绝对地租。级差地租的产生原因是土地的资本主义经营垄断；形成条件是土地肥沃程度、地理位置、在同一块土地连续追加投资等因素所导致的不同劳动生产率。因为土地有限、劳动生产率高的优等土地更有限，致使农产品的社会生产价格是由劣等地的个别生产价格决定的，所以，级差地租是由各类等级土地的个别生产价格与社会生产价格的差额构成的。绝对地租产生的原因是土地所有权垄断；形成条件是农业有机构成低于工业，致使农产品价值高于工业品的生产价格。因为不提供级差地租的劣等地必须交纳地租，导致农产品的市场价格不能受生产价格决定，而必须以劣等地农产品的个别价值作为社会价值，所以，绝对地租是由农产品价值和生产价格的差额构成的。

土地价格是地租的资本化。农业地租理论是分析城市各类地租的理论依据。

关键词

资本主义土地所有权　地租　级差地租　级差地租Ⅰ　级差地租Ⅱ　绝对地租　垄断地租　土地价格

思考题

1. 怎样理解资本主义级差地租产生的原因是土地的资本主义经营垄断？

2. 什么是级差地租？它有哪些形式？各种形式产生的条件是什么？

3. 怎样理解绝对地租是资本主义土地所有权垄断？它产生的条件是什么？

4. 土地为什么能够买卖？土地价格是怎样决定的？

指定参考书

1. 厦门大学经济学系选编:《〈资本论〉选读》第3卷第6篇,厦门大学出版社2000年版。

2. 毕宝德主编:《土地经济学》第12、13章,中国人民大学出版社1998年版。

3. 卫兴华主编:《马克思主义政治经济学原理》第6章第3节,武汉大学出版社1999年版。

第十章　私人垄断资本主义

随着社会生产力的发展，资本主义经历了两个大的发展阶段：自由竞争的资本主义阶段和垄断的资本主义阶段。本书前面各章所分析研究的，就是自由竞争的资本主义阶段有关生产、分配、交换和消费等方面的问题。19 世纪末 20 世纪初，资本主义从自由竞争阶段发展到了垄断阶段。在垄断阶段，资本主义也经历了三个小的发展阶段：私人垄断、国家垄断和国际垄断。因此，从第十章到第十二章，就要着力对垄断资本主义这三个小阶段分别进行比较深入的分析研究。

第一节　生产集中必然会产生垄断

资本主义时代是从 16 世纪开始的。16—18 世纪这 300 年，是从封建社会向资本主义社会过渡的时期。18 世纪后半期开始的产业革命以及世界市场的形成，使资本主义制度最终确立，自由竞争在经济领域里居于统治地位，这就是自由竞争资本主义阶段。在 19 世纪60—70 年代，自由竞争发展到了顶点，此后就逐渐向垄断过渡。到 19 世纪末 20 世纪初，垄断组织已经在一切发达资本主义国家里，成为全部经济生活的基础。这时就进入了垄断资本主义阶段。

一、从自由竞争到垄断的转变

自由竞争是资本主义和一般商品经济的基本特征。在资本主义国家里，每个资本家在剩余价值规律的驱使下，为了争夺最有利的生产条件和销售条件，彼此之间进行着激烈的竞争。资本主义自由竞争规律发生作用的结果，总是大企业战胜中小企业，大资本吞并中小资本。因此，所谓生产集中就是在市场竞争过程中，整个社会的生产资料、资本和劳动力必然日益集中到少数大资本家手中，使其在整个社会生产中所占的份额不断增大。生产集中之所以迅速发展，原因在于：第一，大企业拥有雄厚的资本，容易取得银行贷款、尽快采用新技术、开发新产品、降低商品成本，获取高额利润。第二，19 世纪 70 年代出现的以电的发明和应用为标志的第二次科技革命，大大地加快了生产的集中步伐。因电力工业、化学工业、冶金等重工业处于主导地位，产业结构的变化，客观上迫切要求资本和生产的进一步集中。第三，自由竞争促进了资本主义信用制度和股份公司的广泛发展，而信用制度和股份公司的发展则更加速了生产集中和资本集中，使更多的生产资料和劳动力集中于少数大企业。因此，自由竞争和信用制度，是推动生产集中和资本集中的两个强有力的杠杆。第四，从 19 世纪 70 年代到 20 世纪初连续爆发了五次经济危机，造成大批中小企业的破产或被大企业所吞并，也是促使各主要资本主义国家生产和资本的集中过程大大加快的重要因素。

自由竞争引起生产集中，而生产集中发展到一定程度，就必然产生垄断。这是资本主义经济发展的一般规律和基本趋势。

生产集中发展到一定程度之所以必然产生垄断，其原因在于：

首先，生产高度集中产生了垄断的可能性。当某一个部门的产品生产和销售是由几百个甚至几千个企业分散进行的时候，企业之间很难达成协议，以控制整个部门的产品生产和销售，因而不可能形成垄断。但是，当某一个部门的生产集中发展到大部分产品生产和销售只由几个或十几个大企业操纵时，它们就比较容易达成协议；而且它们的经济实力雄厚，也有力量去操纵和控制整个部门的生产和流通，这就形成了垄断的可能性。

其次，生产高度集中产生了垄断的必要性。少数大企业规模巨大，资本雄厚，彼此之间势均力敌，如果像以前那样进行激烈竞争，必然使双方都遭受重大损失。为了避免两败俱伤，同时也为了操纵产品的生产和销售市场，以保证获取高额利润，少数大企业之间就有必要谋求暂时的妥协，通过协议而联合起来，形成垄断。此外，由于生产高度集中而形成的少数大企业，不仅使众多的中小企业无法与它们较量，而且使要建立能与大企业相抗衡的新企业变得很困难。这就使少数大企业自然而然地在本部门内占据垄断地位。可见，所谓垄断，是指在生产集中和资本集中高度发展的基础上，少数几个大企业联合起来，对某一个或几个部门的产品生产和销售市场实行控制或独占。

垄断的形成和发展过程，大体上经历了三个时期：第一个时期，是从 19 世纪 60 年代到 70 年代。这个时期自由竞争发展到了顶点，垄断组织已开始在德国、美国等比较发达的资本主义国家出现。但是，从整个资本主义世界来看，这个时期垄断还处在萌芽状态。第二个时期，是从 19 世纪 70 年代到 90 年代。1873 年经济危机的爆发，极大地加快了资本集中和生产集中，使垄断组织在各资本主义国家获得了广泛发展。但当时的垄断组织还不稳固，还是一种暂时的现象。第三个时期，是从 19 世纪末到 20 世纪初。在这个时期，由于工业生产的发展与经济危机的爆发交替进行，使生产集中加速进行，垄断组织迅猛发展。到 1900—1903 年经济危机时期，垄断组织和垄断资本已经在各主要资本主义国家的经济领域中占据统治地位，垄断代替了竞争，成了这些国家全部经济生活的基础。这标志着自由竞争资本主义已经转变成垄断资本主义。

二、垄断组织的形式与实质

随着垄断的形成，必然产生垄断组织。垄断组织是指在一个或几个部门中，占据垄断地位的资本主义大企业或大企业的联合。垄断组织所拥有的资本就称为垄断资本。

垄断组织有多种多样的形式。最简单的形式就是短期售价协定，即生产同种商品的各企业之间达成统一销售价格的短期协定。这种形式很不稳定，一旦市场供求关系发生变化，垄断组织就会瓦解。比较复杂的垄断组织形式主要有卡特尔、辛迪加、托拉斯和康采恩。

所谓卡特尔，就是生产同种商品的大企业为了垄断市场、获得高额利润，通过签订各种协议(如划分销售市场，规定商品产量，确定商品销售价格等)而建立起来的垄断组织。这是一种初级形式的垄断组织。参加卡特尔的各个企业要受所签订协议的约束，违反者要被罚款并要负法律责任。但各自在生产上、商业上和法律上仍然保持独立性。这就决定了卡特尔内部各企业之间的关系比较松散。为了争夺有利的销售市场和扩大销售限额，各企业之间必然要展开激烈的竞争。一旦企业之间的经济实力发生变化，原来的卡特尔就会瓦解。可见，卡特尔是一种很不稳定的垄断组织。

所谓辛迪加，就是由生产同种商品的一些大企业，为了共同采购原材料和销售商品，通过签订协议而建立起来的垄断组织。参加辛迪加的各企业仍然保持在生产上和法律上的独立性，但却丧失了商业上的独立性，各企业的原材料采购和商品销售业务均由辛迪加总办事机构统一办理。由于辛迪加建立了统一的购销机构，严格限制了内部各企业在市场上的竞争，使各企业之间可以按照协议互相供应产品，节省了流通环节上的耗费，并使各企业可以摆脱商业事务而专事生产活动。这一切都有利于促进生产管理水平和劳动生产率的提高。因此，辛迪加是一种比卡特尔较为高级的垄断组织形式。

所谓托拉斯，就是由生产同种商品或者与该种商品有密切联系的许多大企业联合组成的垄断组织。参加托拉斯的各个企业已经丧失了生产上、商业上和法律上的独立性。托拉斯董事会及其委任的经理统一负责经营管理所属企业的供、产、销及财务活动。托拉斯的领导权掌握在最大的资本家手中，没有担任领导职务的其他企业主则成为该托拉斯的股东。这就使托拉斯成为一个统一的、庞大的经济实体，各企业之间利害关系密切相关，互补盈亏，共荣共存。可见，托拉斯是一种比辛迪加更高级的垄断组织。托拉斯在美国最流行。自 1882 年美孚石油公司成为第一个托拉斯组织以来，美国的托拉斯获得了广泛的发展。

所谓康采恩，就是以一两个实力强大的垄断企业为核心，把不同部门、不同行业的许多大企业联合起来组成的垄断企业集团。它不仅可以联合工业、商业、运输业等部门的企业，而且可以联合银行、保险、信托等金融机构。参加康采恩的各个企业在形式上仍然保持独立性，但实质上是受占统治地位的大工业企业或大银行的直接操纵和控制。因此，康采恩是各种垄断组织形式中出现较晚，但更复杂更庞大的一种高级垄断组织形式。20 世纪 30 年代，康采恩首先出现在法国。二次大战后，随着垄断资本主义的发展，它日益成为最重要的垄断组织形式。

垄断组织的形式并不是固定不变的，随着垄断资本主义的发展，垄断组织的形式也会发生相应的变化。例如，20 世纪初德国占优势的垄断组织形式是卡特尔，法国更多的是辛迪加，美国则是托拉斯相当普遍。第二次世界大战后，垄断组织日益向综合性多样化经营发展，康采恩也就日益成为占优势的垄断组织形式了。但是，无论哪一种垄断组织形式，其实质都是垄断资本家为了垄断生产和市场，以获取垄断利润的工具。哪一种垄断组织形式更有利于他们获取高额利润，他们就采用哪一种。

三、垄断利润与垄断价格

建立垄断组织的根本目的是保证资本家获得垄断利润。所谓垄断利润,是指垄断企业凭借其在生产和流通过程中的垄断地位而获得的大大超过平均利润的高额利润。这种垄断利润不同于自由竞争时期的超额利润。在自由竞争资本主义时期,资本可以在不同部门之间自由转移,使不同的利润率平均化,因此,大多数资本家只能获得平均利润。只有某些首先采用最新生产技术的资本家,其商品的个别生产价格低于社会生产价格,又按照社会生产价格所决定的市场价格出售商品时,才能获得高于平均利润的超额利润。但是,他们所获得的超额利润仅仅是一种暂时的现象,一旦最新生产技术被其他企业普遍采用,超额利润就会随之消失。但在垄断资本主义时期,垄断组织凭借其垄断地位,通过控制某一个部门绝大部分产品的生产和销售,就可以采用规定垄断价格等办法,获得经常性的高额利润。

垄断企业所获得的垄断利润主要包括两大方面:一是垄断企业内部全体职工从事生产经营活动而得到的平均利润以及率先采用新技术而得到的超额利润。二是垄断企业凭借垄断地位,通过规定垄断价格,把其他企业的一部分平均利润和一部分国民收入占为己有,形成垄断利润。在当代资本主义条件下的垄断利润,无论是来自国内企业还是来自国外企业,无论是来自国内消费者还是来自国外消费者,也无论是来自国家订货、减免税收、优惠贷款还是来自财政补贴、科研资助等等,都是通过错综复杂的市场关系或者国内与国外的经贸关系来实现的。

垄断组织获取垄断利润的主要手段是规定垄断价格。所谓垄断价格,是指垄断组织为获取垄断利润而规定的商品市场价格。它包括垄断高价和垄断低价两种基本形式。垄断高价是垄断组织销售商品时规定的、高于该商品价值和社会生产价格的价格;垄断低价则是垄断组织购买原材料或其他生产资料时规定的、低于该商品价值或社会生产价格的价格。

尽管垄断组织可以通过规定垄断价格而获取垄断利润，但垄断价格的确定并非可以随心所欲的，而是要受多种因素的制约的。首先，要受竞争规律的制约。在垄断资本主义条件下仍然存在着激烈的竞争，如果某个垄断组织把垄断价格规定得过高，竞争对手就会用比较低的价格抛售商品，夺取市场。其次，要受商品供求关系的制约。如果垄断组织把某种商品的垄断价格规定得太高，一方面会使人们对该种商品的需求减少，使高价格无法维持下去；另一方面，高价格带来的高额利润必然吸引众多企业争相生产同类商品，使该商品产量激增，出现供过于求，导致价格下跌。最后，还要受生产价格规律的制约。因为垄断价格的存在并不等于生产价格规律的消失，它无非是高于或低于生产价格的市场价格。所以，正如商品价值是生产价格的基础那样，垄断价格也要受生产价格的制约，而不能无限制地偏离生产价格。例如，自行车垄断组织无论如何都不能把一辆自行车的销售价格定得比一辆汽车的价格还高，也不能把一吨钢的收购价格定得比一吨生铁的价格还低。

垄断价格的这些制约因素，表明垄断价格并没有否定价值规律的存在及其作用。因为第一，垄断价格的基础仍然是商品的价值。尽管垄断价格和商品价值会有较大的偏离，但垄断价格不会增加或减少整个社会所生产的商品价值和剩余价值总额。这表明垄断价格的形成和变化始终是受到商品价值的制约，即受生产该商品的所耗费的社会必要劳动时间多少的制约。第二，垄断价格形成后，全社会商品的价格总额和总价值额仍然是相一致的。因为垄断价格高于商品价值或生产价格的部分，正是国内外非垄断企业和劳动人民所失去的部分。所以，垄断组织通过规定垄断价格所得到的高额垄断利润，不过是商品价值和剩余价值在社会范围内的重新分配而已。从整个社会来看，垄断价格与非垄断价格的总和，大体上等于商品价值的总和或生产价格的总和。

综上所述可见，在垄断资本主义阶段，平均利润率规律仍然存在。但是，垄断资本的统治已经使这个规律的作用发生扭曲变形，表现为：在垄断部门之间和非垄断部门之间分别存在着利润率的平均化趋势。由于垄断资本的统治，在一定程度上阻碍了部门之间的竞争和资本流动，使垄断部门能够长期维持商品的垄断价格并获得高额利润，其他非垄断部门则只能获得比较低的利润率。因此，整个社会统一的平均利润率不可能形成，垄断部门的利润率必然经常高于非垄断部门的利润率。但是，在非垄断部门之间的自由竞争和资本流动从来就没有停止过，平均利润率规律必然仍在发挥作用。即使在垄断部门之间，竞争和资本流动也不可能完全停止，因而也就不可能消除不同利润率平均化的趋势。可见，垄断部门之间和非垄断部门之间两种平均利润率的同时并存，正是平均利润率规律在垄断资本主义条件下的具体表现形式。

四、垄断和竞争的关系

垄断代替自由竞争是垄断资本主义的本质特征。但是，垄断并没有也不可能消除竞争，而是与竞争同时并存。其原因在于：(1)竞争是商品经济发展的必然产物。垄断的形成和发展，不但没有消灭商品经济，反而在广度和深度上促进商品经济的更大发展。因此，各个商品生产者之间以及经营者之间的竞争不仅仍然存在，而且更复杂，更激烈。(2)从自由竞争发展并形成的垄断，仍然是以资本主义私有制为基础的。任何资本家的一切生产经营活动，都是以利润为目的，以剥削为手段的，这就决定了他们之间必然存在各种利益上的矛盾和冲突，因而他们之间在经济领域里发生竞争是不可避免的。(3)无所不包的纯粹垄断是不存在的。在垄断资本主义条件下，仍然存在着大量的非垄断部门和非垄断企业，在这些部门和企业之间必然存在着自由竞争。即使在垄断资本占统治地位的同一个部门内部，几个垄断企业之间也存在着竞争。

在垄断资本主义阶段，自由竞争变成了次要的竞争形式，主要的竞争形式是以垄断资本为主体而展开的竞争。这种以垄断资本为主体而展开的竞争就称为垄断竞争。垄断竞争主要包括：(1)垄断组织内部的竞争；(2)垄断组织之间的竞争；(3)垄断组织与非垄断企业之间的竞争。

垄断竞争与自由竞争的区别突出表现在：第一，竞争的目的不同。自由竞争的目的，是获取平均利润或者超额利润。垄断竞争的目的，则是获取高额垄断利润。第二，竞争的性质不同。自由竞争是在各部门各企业数量众多而规模和实力差别不大的条件下进行的，彼此之间的竞争是相对平等和比较自由的。垄断竞争则是在少数大企业在某个部门或几个部门占据垄断地位的条件下进行的。垄断大资本与非垄断的中小资本之间已不可能是相对平等和比较自由的竞争关系，而是表现为大资本与中小资本之间控制与反控制、扼杀与反扼杀的关系。第三，竞争的手段不同。自由竞争的手段，主要是通过改进技术，提高劳动生产率，改善经营管理，降低商品成本，提高商品质量，用价廉物美的商品战胜竞争对手。垄断竞争的手段更加多样化。除了继续采用自由竞争手段以外，更重要的是凭借垄断组织强大的经济实力和政治上的统治地位，采取经济的或非经济的手段，甚至不惜采用暴力手段打垮竞争对手。第四，竞争的范围不同。自由竞争的范围主要是在国内的经济领域，在国内市场。垄断竞争的范围已经从国内扩展到国外，从经济领域逐渐延伸到政治、军事、文化等各领域。由此可见，资本主义进入垄断阶段以来，垄断的发展不仅没有消除竞争，反而使竞争更复杂更剧烈。

第二节　金融资本的形成和金融寡头的统治

自由竞争资本主义的特点是工业资本的统治。垄断资本主义的特点“恰恰不在于工业资本的统治，而在于金融资本的统治”[①]。金融资本的形成是与银行业的集中和垄断相联系的。

一、银行业的垄断和银行的新作用

随着资本主义经济的发展，在工业部门形成集中和垄断的同时，银行业自由竞争的结果也形成了银行业的集中，使银行资本和银行存款日益集中到少数大银行手中。银行业的集中发展到相当高程度的时候，也就自然而然地形成银行垄断，产生了银行垄断资本。

银行垄断形成以后，银行的作用发生了根本性的变化。在自由竞争资本主义阶段，银行的主要任务就是单纯办理吸收存款、发放贷款等中介性业务，通过给各工业企业办理信贷业务而取得相当于平均利润的银行利润。因此，银行的作用仅仅是充当普通信贷关系的中介人。但是，银行业形成集中和垄断以后，银行与工业企业之间的关系就发生了巨大变化。

银行垄断形成以后，大银行拥有充足的货币资本，能够向大工业企业提供长期的巨额贷款，大工业企业所需要的巨额贷款也只能从大银行取得。这就必然使大银行与大工业企业之间建立长期的、固定的信贷关系。大银行为了保证贷出的货币资本的安全并取得高额银行利润，必然要了解和掌握借款企业生产经营活动的状

① 《列宁选集》第2卷，第885页。

况，从而对工业企业使用贷款的状况进行监督检查，用扩大或减少贷款或收回贷款等办法来影响和控制工业企业，乃至决定工业企业的命运。这使银行在实质上起着生产要素公共分配的作用。

大银行凭借自己雄厚的资本实力，除了经营信贷业务以外，还开展其他金融活动，如代理国家和大工业企业发行有价证券，经营各种证券的买卖业务，直接或间接地购买工业企业的股票，从而操纵和控制大工业企业的生产经营活动。

大银行把自己的董事或经理直接派到它所控制的大工业企业去担任领导职务，实行人事结合，从而直接控制大工业企业的生产经营活动。可见，银行业垄断形成以后，银行就从普通的中介人变成了万能的垄断者。

二、金融资本的形成

银行垄断的形成和银行新作用的出现，必然促使银行垄断资本与工业垄断资本逐渐融合起来形成一种新型的垄断资本即金融资本。所谓金融资本，就是银行垄断资本与工业垄断资本相互渗透、相互融合或混合生长而形成的一种资本形式。

金融资本形成的主要途径是：(1)大银行通过提供贷款或购买股票等方式来控制和支配大工业企业；或采用直接投资的办法创办工业企业。(2)大工业企业通过购买大银行的股票，或自己创办新银行等方式千方百计地控制和支配大银行。(3)在大工业企业与大银行之间进行资本交织的基础上实现人事结合，双方的垄断资本家或其代理人互相兼任对方的要职。正是通过金融业务、资本交织和人事结合这三条途径，使银行垄断资本与工业垄断资本相互融合起来，形成一种既控制生产和流通，又操纵金融系统乃至整个市场体系的万能垄断资本——金融资本。

三、金融寡头在经济和政治上的统治

在金融资本形成的同时,也就产生了金融寡头。金融寡头是指掌握金融资本,操纵国民经济命脉,并在实际上控制着国家政权的少数最大垄断资本家或垄断资本家集团。在资本主义国家里,一小撮金融寡头控制着大量的社会财富,操纵着整个国家的经济命脉和上层建筑各个领域,成为各主要资本主义国家的真正统治者。因此,在垄断资本主义阶段,金融资本的统治,实质上就是金融寡头的统治。

金融寡头在经济领域的统治,主要是通过"参与制"来实现的。所谓"参与制",是指金融寡头采用购买或持有一定数量股票的办法,来实现层层控制其他股份企业的一种方式。金融寡头首先采用购买股票的办法,把某一个大工业企业或大银行控制起来作为"母亲公司",然后再用"母亲公司"的资本去购买另外一些企业的股票,掌握这些企业的股票控制额,从而把这些企业控制起来,作为它们的"女儿公司"或"子公司",接着再用同样的办法通过"女儿公司"或"子公司"去控制更多的企业,把这些企业变成"孙女公司"或"孙公司"。如此层层控制下去,必然形成一座经济上的金字塔,站在塔尖顶上的就是金融寡头。金融寡头通过"参与制"不仅可以无偿占有别人的劳动,而且可以支配比自有资本大几十倍甚至上百倍的他人资本。此外,金融寡头还通过创办企业、发行有价证券、办理公私债券、从事金融和房地产投机活动等等方式,获取高额利润,并加强其在经济领域的统治。

金融寡头除了加强在经济领域的统治以外,还控制着资本主义国家政治生活和社会生活的一切领域,特别是加紧控制国家政权和上层建筑等各个方面的统治。其主要手段是:(1)把过去历届政府的军政要人聘请到企业里担任董事或经理,以实现对国家政府机关的影响和控制;(2)金融寡头亲自出马或者委派代理人到国家机关担任要职,以实现对国家政权的直接控制;(3)建立各种政策研究机构和咨询机构,对国家的内外政策施加影响;(4)运用自己强大的经济、政治实力控制报纸、出版、通信、广播、电视、科学、文艺、体育、教育等各种企业和机构,以实现对上层建筑和社会生活的全面统治。

第三节　战后私人垄断资本主义的发展变化

第二次世界大战后,生产集中和垄断有了很大的发展变化,私人垄断资本的统治不仅没有削弱,反而进一步增强了。

一、生产和资本更高度集中,垄断程度不断提高

二次大战后,第三次科技革命的迅猛发展,使资本主义竞加激烈,在部门内部、各部门之间,甚至各国之间的企业兼并浪风起云涌,从而使生产和资本更加集中到少数大企业手中。随着生产和资本集中程度的提高,少数垄断企业的规模更加扩大,垄断程度也在日益提高,因而必然涌现出一些控制各个产业部门或跨部门控制的大企业、特大企业或垄断巨头。以美国为例,美国拥有10亿美元以上资产的大工业企业,1901年只有1家,1960年增为28家,1970年为107家,1983年达269家,1992年已经超过316家。60年代以后,在美国的工业企业中,拥有100亿美元以上资产的特大型企业1960年只有1家,1970年增为2家,1980年增至19家,1989年增至34家,1992年更达49家,其中还涌现出3家拥有1 000亿美元以上资产的垄断巨头。在英国、德国和日本等西方发达国家中,大企业、特大企业和垄断巨头也在不断增多。

目前,这些大企业、特大企业或垄断巨头已经控制着西方各国

几乎所有重要的经济部门。例如，美国三大汽车公司（通用、福特、克莱斯勒）生产的汽车占有全美国汽车总产量的90%以上。其中仅通用汽车公司一家的汽车产量，就占全世界汽车总产量的15%左右。日本三大汽车公司（丰田、日产、本田）控制了日本3/4的汽车市场。法国的两大汽车公司（雷诺和普吉奥—雪铁龙）几乎垄断了全法国的汽车市场。美国和西欧的一些石油巨头（如埃克森、英荷壳牌、莫尔比、德士古、美孚等）垄断了资本主义世界石油的开采、加工、运输和销售活动。1997年美国波音飞机公司兼并麦道公司而组成的新公司，占有全世界飞机市场70%的份额。

电子计算机制造业是新兴工业中垄断程度最高的部门之一。美国的电子计算机制造业是被国际商用机器公司所垄断的。在50年代初电子计算机刚刚问世的时候，国际商用机器公司就占有90%的产量。到80年代末，它所生产的大型电子计算机在美国大型计算机总产值中占65%；1991年它的销售额在美国最大的25家计算机公司销售总额中占46%①，一家公司在一个产业部门中占有如此高的份额，这在美国是罕见的。半个世纪以来，国际商用机器公司不仅在美国计算机市场上独霸一方，而且在其他发达国家的计算机市场上也没有任何一家公司可与之相匹敌。因此，它一直是世界上最大的计算机制造者和出口商。

二、垄断组织经营方式日趋多样化，"混合联合公司"广泛发展

第二次世界大战后，各垄断组织日益朝着多样化经营的方向发展。它们的经营范围已不再局限于某一个行业、某一个部门，而是实行跨行业、跨部门的垄断兼营，向不同行业、不同部门扩展。例如，在70年代美国最大200家公司的经营范围包括2 200个部

① 美国《幸福》杂志，1988年8月15日第82页；1991年4月20日，第133页。

门，平均每家大公司跨 11 个行业。本来从事电讯器材业务的国际电话电报公司，如今却经营着食品、塑料、造纸、旅馆、自动售货机、金融、保险、地产、建筑、军火、汽车零件、医院、图书出版等五花八门的业务。

垄断组织发展多样化经营的结果，必然会形成许多规模巨大的"混合联合公司"。这种"混合联合公司"，就是一种以多样化经营为特征的、跨行业跨部门的新型垄断组织。

"混合联合公司"与康采恩很相似，都是大型垄断组织。但两者之间又有不同之处，其主要区别表现在：

(1)康采恩垄断组织一般都是以一两个实力强大的垄断企业作为核心，把不同部门不同行业的许多大企业联合起来组成一个垄断集团或集团企业；而"混合联合公司"内部则没有固定的核心企业，它无非就是进行多样化经营的大公司。

(2)康采恩垄断组织所属各企业之间在生产上或商业上存在着一定的联系。"混合联合公司"所属各企业之间在生产上或商业上则没有多少联系，甚至几乎毫不相关。

(3)康采恩垄断组织是由不同行业不同部门若干个垄断企业联合组成的，参加康采恩的各个企业都还保持着形式上的独立性。"混合联合公司"则是由某一个私人垄断资本独立组建的，所有下属各企业都是它的子公司或附属机构，在生产经营管理上都必须直接受总公司的领导和指挥。

20 世纪 50 年代以来，接连不断的兼并浪潮，对"混合联合公司"的广泛发展起了巨大的促进作用。据统计，1960 年美国有 69％的制造业和采矿业是采用混合联合方式实现大企业之间的联合，到 1968 年采用这种联合方式的已增为 84％。[①] 1970 年，美国最大的 500 家工业公司中有 86％把它们的业务扩展到 3 个以上的不

---

① 《美国统计摘要》1972 年第 584 页。

同部门。1963—1972年期间,在所有购并的资产中有76%是为了实现混合兼并,其中有一半是在彼此无关的行业之间进行的。[①] 从80年代以来,"混合联合公司"已经遍及美国的所有产业部门。在欧洲、日本等其他西方国家,"混合联合公司"也有相当强劲的发展势头。"混合联合公司"的广泛发展,表明私人垄断资本已经从控制某一行业某一部门的生产和流通,扩展到控制许多行业许多部门的生产和流通,因而大大加强了它们在整个社会经济生活中的统治地位。

三、金融垄断集团的统治出现新变化,具有新特点

第二次世界大战后,特别是50年代以来,金融垄断集团的统治出现了不少新变化,具有一些新特点。

第一,银行规模不断扩大,垄断程度日益提高。

20世纪50年代以来,在西方国家随着工业生产集中和垄断的发展,银行的规模不断扩大,垄断程度也在日益提高。

(1)少数大银行的资本总额迅猛增长。例如,在1960—1980年期间,美国50家大商业银行所拥有的资本总额从1 004亿美元增为9 709亿美元,增长8.7倍。美国10家最大商业银行所拥有的资本总额1960年为560亿美元,1970年增为1 541亿美元,1980年增达5 868亿美元,1982年增达6 274.47亿美元。[②]

(2)极少数最大商业银行的资产所占比重日益提高。随着银行业集中和垄断的发展,在主要资本主义国家里极少数最大商业银行拥有的资产,在全国商业银行资产总额中所占的比重日益提高。据统计,在1982年,德国最大3家商业银行所拥有的资产占全国商业银行资产总额42%;法国3家占55%;英国6家占70%;意大

① 美国《金融世界》周刊,1991年6月25日。

② 转引自英国《银行家》1983年6月。

利5家占47%;加拿大5家占90%;美国10家占34%;日本13家城市银行所拥有的资产占全国各类银行资产总额的53%。①

第二,产生出各种各样的金融机构。

虽然商业银行迄今为止仍旧是银行垄断资本的主要形式,但随着战后社会经济生活的发展变化,西方国家都从商业银行中产生出各种各样的金融机构,如保险公司、投资公司和其他私人金融公司等。这些金融机构虽然不能吸收存款,不属于银行系统,在资金的吸收和应用方式上与商业银行也不完全一样,但它们与商业银行在性质上和职能上却是相同的,都是充当信用的中介人。例如,人寿保险公司的资金来源主要是出售人寿保险单,它不从事吸收存款业务,但它在向工商企业发放贷款或购买工商企业的股票债券方面又与银行一样。投资公司是充当债券发行者与投资者的中介人,促使可资利用的储蓄用于投资;私人金融公司和信用卡公司则是向客户提供信贷,以资助购买日用商品尤其是耐用消费品。显然,这些金融机构所运用的资本也具有银行资本的性质。

第三,银行业务日益多样化。

战后,在吸收存款、发放贷款等传统的银行业务进一步扩大的同时,各种非银行业务也日益发展起来。西方各国银行先后打破长期信贷和短期信贷的界限,逐步实行各类银行业务的通用化,促使商业银行把其他金融机构的许多经营项目都承担起来。此外,随着社会经济生活的多样化发展,银行还开办许多新的业务项目,如财产租赁、代理收款、计算机服务、债券推销和清偿、子女教育贷款、代纳所得税、代管个人财产、投资指导、代买证券或房地产、代办互助基金等等业务。这一切必然使银行业务越来越多样化、全能化。

第四,金融垄断资本加快向国外扩张的步伐。

---

① 宋涛主编:《当代帝国主义经济》,经济科学出版社1988年版,第39~40页。

20 世纪 50 年代以来，一方面科学技术的迅猛发展，极大地促进了国际分工的进一步深化和经济全球化的发展；另一方面金融资本的经济实力急剧膨胀，大量相对过剩的资本需要寻找最有利的投资场所。因此，西方各国的金融垄断资本纷纷加快了向国外扩张的步伐。这突出表现在：各国银行巨头在世界各地建立起庞大的国外分支机构，从事大规模的跨国业务活动。据统计，1976 年美国最大 10 家银行在国外设立的分支机构共有 1 065 家；日本 12 家大银行的国外分支机构有 400 家；法国 4 大银行在国外的分支行有 200 家；英国 4 大银行在国外的分支行有 364 家。随着国外分支机构的建立和跨国业务活动的拓展，西方各国金融垄断资本的经济统治也就从国内伸向世界各地，从而使它们的实力更加强大，影响更加广泛。

小结

私人垄断资本主义产生的必然过程是自由竞争必然引起生产和资本集中。生产和资本集中发展到一定程度就必然产生垄断。

垄断组织的形式多种多样，但它们的实质都是一样的。其根本目的，是利用其垄断地位规定垄断价格来获得垄断利润。

垄断代替了自由竞争，但垄断并不可能消除竞争。它是垄断基础上的竞争，垄断和竞争并存。

在工业垄断形成的过程中，银行与工商业的联系向深化发展，它也同时完成了由集中到垄断的过程。银行垄断形成后，银行产生了新作用，使之从普通的中介人变成万能的垄断者。在这种新形势下，银行垄断资本与工商业垄断资本融合和混合生长，产生了金融资本和金融寡头。

战后私人垄断资本主义获得了新发展，也发生了某些新变化。

关键词

垄断　垄断组织　垄断价格　垄断利润　金融资本　金融寡

头

思考题

1. 自由竞争、生产集中和垄断有什么关系?

2. 什么是垄断价格和垄断利润? 它们与价值规律和剩余价值规律有什么关系?

3. 为什么垄断代替自由竞争但并不可能消除竞争?

4. 银行业的垄断是怎样形成的? 银行垄断形成以后银行的作用发生了哪些变化?

5. 金融资本是如何形成的? 金融寡头怎样进行经济上和政治上的统治?

6. 二次大战后私人垄断资本主义有哪些发展变化?

指定参考书

1. 列宁:《帝国主义是资本主义的最高阶段》,《列宁选集》第 2 卷,人民出版社 1972 年第 2 版。

2. 吴树青、卫兴华、洪文达:《政治经济学(资本主义部分)》第 9、11 章,中国经济出版社 1993 年版。

3. 卫兴华、顾学荣:《政治经济学原理》第 8 章,经济科学出版社 1998 年版。

第十一章　国家垄断资本主义

第二次世界大战后，特别是从 20 世纪 50 年代以来，各主要资本主义国家生产社会化的高度发展和资本主义基本矛盾的不断激化，促使私人垄断资本主义转变为国家垄断资本主义。本章着力分析研究的，是国家垄断资本主义的产生和发展、国家垄断资本主义的基本形式和主要作用，从而揭示国家垄断资本主义的实质。

第一节　国家垄断资本主义的产生和发展

垄断统治使资本主义基本矛盾变得更加尖锐复杂，表明了私人垄断仍然不能适应生产社会化发展的要求，因此资产阶级国家不得不出面直接参与社会资本再生产过程，并对社会经济活动进行必要的调节和干预，从而使私人垄断走向国家垄断。

一、国家垄断资本主义产生和发展的过程

国家垄断资本主义，概括地说，就是资产阶级国家政权与私人垄断资本相结合而形成的一种资本主义。国家垄断几乎是与私人垄断同时产生的。19 世纪末 20 世纪初垄断已在发达国家的社会经济生活中占据统治地位。由于垄断凌驾于自由竞争之上并与之并存的局面造成了尖锐的矛盾和冲突，因而产生了国家政权干预

经济生活的必要性。但是,国家垄断资本主义从产生到在整个社会经济生活中占统治地位,仍经历了一个复杂、曲折的过程,大体上可分为三个时期。

(1)19世纪末到第一次世界大战前夕,是国家垄断资本开始形成时期。当时资本主义国家经营的铁路、兵工厂以及城市的某些基础设施和公用事业等早就是国家财产。因此,这时国家垄断资本主义已处于萌芽状态。在第一次大战期间,各交战国为了战争的需要,空前加强了国家政权对社会经济生活的干预,除了对一些重要生产部门的产品、劳动力、原材料和交通运输工具等由国家直接控制以外,国家还投资建立钢铁企业和军火工厂。有些国家还对一部分私营企业实行国有化等等,从而使国家垄断资本主义发展起来。当然,这只能是一种军事性质的国家垄断资本主义。

(2)第一次世界大战后到第二次世界大战结束初期,是国家垄断资本主义的不稳定发展时期。这个时期,正处在30年代的大危机和两次世界大战期间,各资本主义国家都普遍对社会经济生活实行管制和调节,使国家垄断资本主义的发展出现过三次高潮。但是,危机和战争过去以后,各国政府又都取消了经济管制并大大减少了对社会经济生活的干预和调节,因而又使国家垄断资本主义的发展出现了三次低潮。所以,这个时期国家垄断资本主义的发展,具有暂时性和不稳定性的特点。

(3)从20世纪50年代以来,国家垄断资本主义进入了持续而迅速的发展时期。在第三次科学技术革命的基础上,生产社会化的高度发展,使国家垄断资本主义在生产、分配、交换、消费的各个领域都获得了广泛发展,并在资本主义的经济运行中越来越占据主导地位,在国民经济中的作用日益重要。

一般来说,国家财政支出在国民生产总值中所占的比重,是衡量国家垄断资本主义发展水平的主要指标。当国家财政支出的很大部分投入社会资本再生产过程,从而使国家政权与私人垄断资本在经济上的相结合日益密切，使国家在生产、分配、交换和消费各个领域的经济职能日益加强的时候，国家垄断资本主义的发展水平也就越高。据有关资料统计，现在发达资本主义国家的财政支出已占到国民生产总值的30%～40%，高的达到50%以上，并且主要是投入社会资本再生产过程和对社会经济生活的调控方面。这表明，现在的国家垄断资本主义已经发展到相当高的水平了。

从80年代以来，在美国、英国、法国、德国、日本等西方国家，由于国有企业经营管理不善和经济效益低下，先后多次出现了非国有化即私有化的浪潮。但是，这并不意味着国家垄断资本主义统治的削弱。因为：

(1)推行非国有化政策，把许多国有企业转入私人垄断资本家手中，虽然会使国有经济所占比重有所下降，但它在国民经济中仍然占有相当大的比重。例如，到1995年，法国的重要部门中由国家直接控制和国家控股50%以上的大型国有企业有2 158家，它们的投资额占全国总投资额的21.3%，它们的产值占国内生产总值的15%。德国的国有企业拥有全国95%的铁路、80%的市内交通和75%的公用电话。

(2)私人垄断资本是国家垄断资本主义的深厚基础。实行非国有化以后的私人垄断企业，仍然不可能摆脱与国有垄断资本在社会范围内的密切联系，因而它仍然是国家垄断资本主义的一种基本形式。可见，国有化与非国有化的实质，不过是资产阶级国家为了干预和调节社会经济生活而交替采用的两种措施而已。因此，国家垄断资本主义在西方各国社会经济生活中的地位和作用，不仅不会削弱，反而可以进一步增强。

二、战后国家垄断资本主义持续迅速发展的原因

二战以后，国家垄断资本主义之所以能得到持续迅速的发展，根本原因在于资本主义基本矛盾即生产社会化的发展与资本主义

私人占有制之间的矛盾日趋尖锐。

50年代以来，第三次科学技术革命的迅猛发展，极大地推动了社会生产力的发展，使各主要资本主义国家的生产社会化程度空前提高。但是，随着社会生产力的巨大发展，生产资料和社会财富却越来越集中到少数大垄断组织或大垄断资本家手中。这就必然使生产社会化的发展与资本主义私人占有制之间的矛盾日趋尖锐。其主要表现在：

(1)生产能力的巨大增长与国内外市场相对缩小之间的矛盾日趋严重。第三次科学技术革命迅猛发展，使资本主义国家的传统工业部门得到了技术改造，许多新工艺、新技术、新材料和新产品不断涌现，生产领域和生产规模不断扩大，劳动组织和企业管理不断科学化、现代化。这一切都促使各资本主义国家的生产能力巨大增长，社会产品急剧增加。但是，垄断资本家为了追求高额垄断利润，运用各种手段加强对国内外劳动人民的剥削和掠夺，使千百万群众的消费能力和消费水平被限制在狭小的范围内。其结果，必然使生产能力的巨大增长与国内外市场相对缩小之间发生尖锐的矛盾。同时，经济全球化的发展必然使国际市场上的竞争更加剧烈。为了解决日趋严重的市场问题，私人垄断资本既需要借助国家政权的力量进行干预和调节，采取一些政策措施在适当控制生产力增长的同时，开拓国内市场，刺激消费增长；而且也需要依靠国家政权的力量去争夺国际市场。

(2)现代化经济建设需要巨额投资与私人垄断资本数量相对不足产生了尖锐矛盾。在战后第三次科技革命条件下，随着生产社会化程度日益提高，客观上要求对国民经济进行结构性调整。不仅要求对部门经济结构和地区经济结构进行调整，对传统的工业部门进行大规模的设备更新和技术改造，而且要求建立一系列新兴工业部门和现代化的公共设施，要求进行许多重大的科学研究和技术开发，以及对生态平衡的保护和环境污染的防治等等。这其中无论进行哪一项现代化经济建设，都需要有长期的巨额投资。在这种长期巨额投资面前，任何单个私人垄断资本的数量都会显得相对不足。因此，现代化经济建设需要巨额投资必然与私人垄断资本数量相对不足之间产生了尖锐矛盾。必须依靠各国政府把巨大的财政资金转化为国家垄断资本，才能在相当程度上缓解这一矛盾。

(3)现代生产和现代科技的社会化发展与私人垄断资本单纯追求自身利益和眼前利益产生了矛盾。在当代，随着现代生产和现代科技的发展，各资本主义国家都需要兴建一些公共工程项目或基础设施。虽然这些公共工程或基础设施是私人垄断资本和整个社会资本再生产不可缺少的条件。但是，由于它们不仅投资大、周期长、风险大，而且收效慢、盈利少(甚至亏本)，往往使私人垄断资本家无力承担，或者单纯为了追求自身利益和眼前利益而不愿承担。这就使现代生产和现代科技的社会化发展与私人垄断资本单纯追求自身利益和眼前利益之间产生了尖锐矛盾。必须依靠国家来解决这一矛盾。因为只有作为"总资本家"的国家，才能在相当程度上从垄断资产阶级的整体利益和长远利益出发，研究和解决社会经济发展过程中所产生的各种问题。

(4)生产社会化的高度发展与私人垄断资本盲目竞争、生产无政府状态之间的矛盾加剧了。现代科技进步和生产社会化的发展，使社会分工不断深化，国民经济的部门和行业日益增多，因而客观上要求有计划按比例地调节社会生产。但是，这对于各自为政、追逐私利和处在盲目竞争、生产无政府状态之中的私人垄断资本来说是不可能做到的。因此，生产社会化的高度发展与私人垄断资本之间的矛盾必然加剧。必须依靠国家来解决这一矛盾。因为作为"总资本家"的国家，可以凌驾于私人垄断资本及其私利之上，并且手中直接掌握着巨大的经济力量和各种经济杠杆，就能担负起社会生产和各种经济活动的调控和管理任务。

综上所述，正是国有垄断资本具有"理想的总资本家"、资本实力雄厚、社会化程度最高等重要特点，部分地突破了私人垄断资本的局限性，在一定程度上缓和了生产社会化的发展与私人垄断资本之间的矛盾，因而使国家政权与私人垄断资本相互结合日益密切，使国有垄断资本在资本主义生产、分配、交换和消费各个领域的地位和作用日益重要，其结果必然使国家垄断资本主义广泛、迅速地发展起来。

第二节　国家垄断资本主义的基本形式

当代国家垄断资本主义在不同国家有不尽相同的具体形式。但是，如果按照资产阶级国家与私人垄断资本相结合的不同程度，从国内经济运行过程的角度来看，国家垄断资本主义可分为三种基本形式：国有垄断资本、国家与私人共有垄断资本和国家与私人密切联系的垄断资本。

一、国有垄断资本

国有垄断资本，是指由资产阶级国家直接掌握并投入价值增殖过程的垄断资本，即国家直接掌握的垄断资本。它的表现形式是资本主义国家所有制，它的组织形式是资本主义国有企业。国有垄断资本是国家垄断资本主义的最高形式，也是社会化程度很高的资本形态。

资本主义国有企业在垄断资本主义形成初期就产生了。当时由国家经营的铁路公司、兵工厂以及某些公用事业和基础设施，就是资本主义国有企业的最初形式。二次大战后，随着国家垄断资本主义的迅速发展，各资本主义国家纷纷设立国有企业。它主要是通过两条途径产生和发展起来的，即一是实行“国有化”，二是国家投资创办国有企业。

西方各国的国有化，是指资产阶级国家采用高价收购或支付巨额补偿金等方式，把私人垄断企业转变为国有企业。二次大战后初期，英国、法国、前联邦德国、意大利、奥地利等西欧国家，对电力、煤炭、铁路运输、金融业等许多部门或行业实行国有化。后来，在一些国家里，国有化的范围又有所扩大。到70年代，这些国家的国有企业已经在整个国民经济中占有重要的地位。

在资本主义国家里，由国家财政拨款，直接创办国有企业，在战争期间主要是兴办军事工业，为战争服务。二次大战后，各资本主义国家投资创办的企业，除了银行、金融业以外，主要是一些投资量大、周期较长、利润率低、私人垄断资本不愿或无力兴办，却又是保证社会再生产正常进行不可缺少的部门或企业，例如，基础设施、基础工业和公用事业等，或者是原子能工业、宇航工业等具有重大经济、军事意义的新兴产业和尖端技术部门，以及相应的科技研究机构。

国有企业的性质如何，归根到底是由国家的性质决定的。当今世界有各种不同性质的国家和各种不同性质的国有企业。资本主义国有企业是国有垄断资本的一种组织形式。当代资本主义国家是垄断资产阶级的总代表，它对生产资料的占有并不改变生产资料的资本主义所有制。因此，资本主义国有企业与私人垄断企业之间并没有本质上的区别，同样都是垄断资本主义性质的企业。

资本主义国有企业又有与私人垄断企业不同的特点。首先，国有企业的财产属于国家，企业的生产经营活动受国家控制和管理，企业的盈亏统一由国家负责处理。其次，国有企业具有双重的经营目标。作为商品生产者和经营者，国有企业与私人企业一样，也要按照市场经济规律追求最大限度的利润，但它作为国家控制和管理的企业，还必须考虑国家的宏观经济目标和社会稳定的需要。

资本主义国有企业的性质和特点，决定了它对资本主义国家的经济发展具有重要的促进作用。第一,国有企业是各国政府干预调控社会经济生活的物质力量。各国政府可以通过国有企业,特别是国家银行和其他国有金融机构与私人垄断企业之间的密切联系来影响非国有企业,刺激、引导或抑制非国有企业的发展。第二,有利于产业结构和地区结构的合理化。国家通过实行国有化和投资建立新企业,可以有计划有目的地向需要优先发展的产业部门或落后地区增加投资,促进这些部门或地区经济的迅速发展,使产业结构或地区结构逐步趋向合理化。第三,有利于推动科学技术进步,提高劳动生产率。国家通过对技术落后设备陈旧的部门或企业实行国有化,不但为资本主义经济运行提供必要条件,而且可以帮助这些部门或企业采用先进的技术装备,加速老企业的技术革新和技术改造。同时,由国家投资建立发展起来的科研机构和高新科技产业,也对提高整个国家的科技水平和劳动生产率具有重大意义。第四,可以保证私人垄断资本获得高额垄断利润。各资本主义国家的国有企业,往往是以低价有时甚至低于成本的价格向私人垄断企业提供公路、铁路、港口、航空、通信等基础设施,以及煤炭、钢铁、电力等原材料。这实际上就是帮助私人垄断企业降低成本、提高利润率和竞争能力,以保证他们获得高额垄断利润。

国有企业对资本主义国家的经济发展也有一些消极作用。其一,对私人企业实行国有化,要支付高价补偿金;国有化后对企业进行技术改造需要大量追加投资;技术改造以后依然亏损的国有企业,国家要给予补贴。因此,国有企业的存在和发展,是国家财政的一个巨大负担,从而增加全体纳税人的负担。其二,国有企业是在国家行政机关的监督和支配下从事生产经营活动的,这种经营管理体制难免出现决策不及时、经营管理不善以及资源浪费、效益低下等弊病。其三,国有企业亏损由国家补贴,企业盈利或亏损对经营管理人员没有多大利害关系。实行这种政策必然使国有企业既没有内在动力,也没有外部压力,因此失去生机和活力。

二、国家与私人共有的垄断资本

国家与私人共有的垄断资本，是指国有垄断资本与私人垄断资本在企业内部相结合而形成的垄断资本，即由资产阶级国家和私人垄断资本共同占有和经营的垄断资本。它的组织形式是国家与私人共同投资的合营企业。

第二次世界大战以前，德国和法国等为了备战的需要，曾先后建立了一些国家与私人合营企业。二次大战后，特别是50年代以后，随着国家垄断资本主义的迅猛发展，国私合营企业也获得了较大发展。尤其是在法国、前联邦德国、意大利等一些西欧国家，实行国家参与制的企业集团涉及到许多重要经济部门，在国民经济中占有相当重要的地位，有些企业集团甚至成为世界上最大的工业公司。

国家与私人共有的垄断资本主要是通过三条途径建立合资经营企业的：一是国有垄断资本通过参与制方式与私人垄断资本合办企业；二是国家与私人垄断资本共同投资创办新企业；三是吸收私人垄断资本加入国家或地方政府所拥有的企业。国家与私人合营企业的所有权分别属于国家和私人垄断资本，它可以分为两种基本类型：一种是国家掌握控股权的合营企业。在这种类型的企业中，国有垄断资本占据主导地位，国家对企业的生产经营活动起监督、控制和调节的作用。另一种是国家没有掌握控股权的合营企业。在这种类型的企业中，私人垄断资本占据主导地位，企业的生产经营活动主要由私人垄断资本决定和支配。国有垄断资本参与这类企业，实际上就是国家对私人垄断资本的支持或资助。国家对这类企业的生产经营活动仅仅起间接控制和调节的作用。

国家与私人合营企业和私人垄断企业相比，具有一些新特点。首先，前种企业可以利用国有垄断资本增强自己的经济实力和竞争能力，而且可以更方便地得到国家在定货、补贴、信贷、科技等方面的各种优惠，从而更有保证地获得高额垄断利润。与此同时，它在生产经营活动中也更多地受到国家的干预和调节。其次，这种合营企业的经营目标是追求最大限度的垄断利润，但由于国有垄断资本在这种企业内部的地位和作用，又使它必须考虑国家的宏观经济目标。可见，建立和发展国家与私人合营企业，既有利于垄断资产阶级国家的政治利益和经济利益，也有利于私人垄断资本的发展。因此，50 年代以来，这种形式的垄断资本在北美、西欧、日本等发达资本主义国家获得了迅速广泛的发展，并已成为国家垄断资本主义的一种基本形式。

三、国家与私人密切联系的垄断资本

国家与私人密切联系的垄断资本，是指国有垄断资本与私人垄断资本在社会再生产总过程中的密切结合。这是国家垄断资本主义的低级形式。这种形式仍然是以私人垄断资本为主体，即它仍然具有自己独立的资本循环和周转形式。但是，它在社会再生产总过程中需要依赖国有垄断资本为它提供各种外部条件，因而也就要接受国有垄断资本的参与和调节。因此，国有垄断资本与私人垄断资本之间的经济关系和经济利益也就自然而然地结合在一起了。

国有垄断资本与私人垄断资本在社会再生产过程中的结合，表现在剩余价值的生产、剩余价值的实现和剩余价值的分配等各个方面。

1. 在剩余价值生产方面的结合

(1)国家通过各种形式向私人垄断企业提供生产所需要的固定资本和流动资本。其主要形式有：国家以低廉的价格向私人企业出售或出租国有企业或国家资产；国家采取提供优惠贷款、减免税收、财政补贴等多种形式，来鼓励某些新兴产业的发展，或扶持某些濒临破产的私人企业，或解决某些私人企业进行扩大再生产而

资本不足的困难。

(2)国家投入巨额资本发展基础工业、基础设施、科学研究和教育事业，为私人企业进行生产和扩大再生产提供必需的物质条件、科技人才和熟练劳动力。

2. 在剩余价值实现方面的结合

在垄断资本主义条件下，市场问题日趋尖锐，剩余价值的实现困难重重。为了私人垄断企业的生存与发展，各资本主义国家采取种种政策措施大力开辟国内外市场。在国内，国家作为商品和劳务的采购者，向私人垄断企业大量定货，既为它们提供稳定的商品销售市场，又能保证它们获得高额垄断利润。例如，美国政府采购商品和劳务的支出从 1950 年的 385 亿美元到 1980 年就增为 5 384 亿美元，30 年内增长 13 倍。在国外，各国政府通过国家资本输出等形式，为私人垄断资本向国外扩张开辟道路，创造条件，甚至采取政治、经济、军事、外交等各种手段，帮助本国私人垄断资本争夺国外市场。

3. 在剩余价值分配方面的结合

在当代发达资本主义国家里，利润税在公司利润中占有很大比重。私人垄断组织通过交纳利润税的形式，把利润总额的一半左右转入国家手中，成为国家财政收入的一项重要来源。随着国家垄断资本主义的发展，利润税在国家税收总额中所占比重日益提高。例如，美国 1939 年利润税在税收总额中只占 14%，到 1969 年这个比重就上升到 46.8%。另一方面，国家在与私人垄断组织进行商品和劳务的采购或供应的过程中，通过高价购入低价售出等形式，把国有企业工人创造的大部分剩余价值，甚至部分国家财产转化为垄断组织的利润；或者通过其他种种方式，把集中在国家手中的大量资金转化为私人垄断企业的资本。这一切表明，国家与私人垄断资本在剩余价值分配过程中的结合，是国家与私人垄断资本在社会范围内全面结合的基础。

综上所述可见，国有垄断资本与私人垄断资本在社会再生产总过程中的密切结合，不仅仍然保持着私人垄断企业的组织形式，而且资本所有权乃至生产经营活动的决策权也没有改变。但是，私人垄断资本的运动过程却发生了明显的变化，从过去自身单独运动的过程，变成与国有垄断资本密切联系在一起的运动过程。在国家垄断资本主义的三种基本形式中，国有垄断资本已经成为当代资本主义国家经济基础的重要组成部分，它直接参与并调节社会资本的生产和再生产过程。但是，国家与私人共有的垄断资本在社会总资本中占有一定的比重；与国有垄断资本密切联系的私人垄断资本，则在社会经济生活中大量、普遍地存在。因此，国家垄断资本主义的经济基础，就是由国有垄断资本、国家与私人共有垄断资本以及国家与私人密切联系的垄断资本这三种基本形式共同构成的。

第三节　国家垄断资本主义对社会经济生活的干预和调节

国家垄断资本主义三种基本形式的形成与发展清楚地表明，国家垄断资本主义是作为经济基础的组成部分，直接参与了资本主义生产和再生产过程。但是，实际上国家垄断资本主义还要在上层建筑的各个领域里，发挥其干预和调节全部社会经济生活的重要职能。

一、国家垄断资本主义干预和调节社会经济生活的必要性

国家垄断资本主义干预和调节社会经济生活的必要性，首先在于生产的高度社会化和垄断的高度发展，使社会再生产两大部

类之间、各部门之间所应当保持的各种比例关系比自由竞争资本主义时期更加庞大，更加复杂，使资本主义市场自发调节更加困难，导致社会再生产过程中经常出现局部的比例失调和全面性的比例失调。1929—1933 年世界性特大经济危机的爆发，宣告了单纯依靠市场自发力量调节社会经济生活的时代已经结束，证明了要使社会再生产保持一定的比例关系，除了依靠市场力量自发调节以外，还需要依靠国家政权的力量进行强有力的干预和调节。其次，垄断组织控制生产、垄断市场、追求高额垄断利润的结果，必然造成生产和市场某种程度的呆滞，破坏市场机制的调节作用，从而导致垄断资本与非垄断资本之间以及各阶级之间、各阶层之间的矛盾复杂化、尖锐化。如果没有国家的干预和调节，必将使资本主义国家的经济政治生活动荡不安，从而不利于资本主义制度的稳定与发展。

二、国家垄断资本主义干预和调节社会经济生活的主要政策措施

国家垄断资本主义干预和调节社会经济生活的政策措施，在不同国家或者同一国家的不同时期是不尽相同的。但是，各资本主义国家经常采取的政策措施，主要包括财政政策、货币政策、收入政策、计划调节、劳资关系调节、国际经济关系调节等等。

1. 财政政策

财政是统治阶级凭借国家权力对国民收入进行再分配的最重要渠道。所谓财政政策，就是政府根据对经济形势的判断，增加或减少政府收入和政府支出的政策。因此，财政政策主要包括政府收入政策和政府支出政策两个方面。

资本主义国家的政府收入绝大部分来自税收，所以，政府收入政策实质上就是税收政策。它主要是通过调整税种税率来影响社会经济发展。各资本主义国家的税种名目繁多，其中主要税种可分

为四大类：一是商品和劳务税；二是财产税，即对房地产或其他不动产的课税；三是所得税，包括个人所得税和公司所得税；四是社会保险税。

资本主义国家的政府支出政策，主要是通过增加或减少政府对商品和劳务的采购量，政府的公共工程支出，政府的转移支付水平等措施来干预和调节社会经济发展。各资本主义国家的政府支出主要包括：(1)维持庞大的国家机构和军事机器，以保护私人垄断资本在国内外的经济政治利益；(2)用于国家投资、国家以及其他支出；(3)用于社会福利支出。战后以来，西方国家普遍实行的是凯恩斯主义的扩张财政或赤字财政的政策，即通过扩大政府财政支出，增加国家投资和国家消费以及扩大社会福利支出等办法，干预和调节社会经济活动。实行这种财政政策，对经济增长有一定的刺激作用，但也带来通货膨胀的恶果，形成高赤字——高国债——高赤字的循环，难以达到对社会经济活动进行宏观调控的预期效果。

2.货币政策

货币政策是西方国家根据政府确定的宏观经济目标，通过中央银行控制货币供应量和调节利息率，以实现干预社会经济活动的政策。货币政策作为政府调节社会经济活动的重要手段，只有在废除金本位制度后才真正起作用，因为废除金本位制度后，货币发行量可不受国家黄金库存量的限制而迅速扩大，资本主义国家才有可能采取控制货币流通量的办法来调节整个社会的经济活动。由于资本主义国家的一切经济活动都离不开货币，货币供应量的变动直接影响各种资本的流向和流量，从而影响各部门、企业和个人的生产经营活动，最终影响社会总资本的再生产过程。因此，70年代经济危机以后，各西方发达国家都把干预和调节社会经济生活的重点转移到控制货币供应量上。

西方发达国家控制货币供应量主要采用如下一些办法：

第一，通过调整法定存款准备金比率的办法控制信贷规模。为了保证储户的存款安全，西方各国普遍规定商业银行必须把储户存款中的一定比率（通常为10％～20％）存入中央银行，作为法定存款准备金。各国中央银行都把调整法定存款准备金比率，作为控制信贷规模的重要手段。当中央银行提高存款准备金比率时，商业银行存入中央银行的存款准备金就增多，可用于贷款的货币资本就相对减少。在其他条件不变的情况下，货币供应量就会相应减少，信贷规模也就必然随之缩小。反之，当中央银行降低存款准备金比率时，可用于贷款的货币资本就会增加，信贷规模就会扩大。

第二，通过调整再贴现率的办法，控制信贷需求。贴现是工商业资本家把未到期的商业票据作为抵押，向商业银行要求兑换现金，商业银行按照市场利息率（即贴现率），扣除商业票据从买进之日到兑现之日应支付的利息所给予的现金。商业银行再把它对工商业资本家贴现的票据向中央银行要求贴现，就称为再贴现。中央银行的再贴现率是金融市场利率的准则，提高或降低再贴现率，都会影响金融市场利息率的高低和信贷需求。当中央银行提高再贴现率时，商业银行就要以较高的费用从中央银行获得贷款，从而就会减少它对工商业发放的贷款，在其他条件不变的情况下，货币供应量就会减少。反之，当中央银行降低再贴现率时，商业银行的贷款利息率就会下降，货币供应量就会增加，从而刺激工商业资本家扩大投资，促进经济增长。

第三，通过公开市场业务的办法，调节资金供求关系。这是中央银行通过买卖各种有价证券、调节货币供应量的一种做法。当市场上货币供应量不足时，中央银行就用扩张性货币政策（公开在市场上买进各种有价证券，降低再贴现率和法定准备金比率）以增加货币供应量和降低利率来促进投资和就业。当市场上通货过多时，中央银行就采取紧缩性的货币政策（公开在市场上卖出政府债券，提高再贴现率和法定准备金比率）以减少货币供应量和提高利率来压缩投资和就业。可见，放松银根或紧缩银根已成为调节资金供求关系的枢纽，成为控制金融市场货币资本流出或流进的闸门。

此外，各资本主义国家为了调节借贷资本的分配结构和货币的流向，还通过中央银行实行有选择的信贷管制，即对某些存款或贷款，规定相应的限制或优惠条件，以维护垄断资本集团的利益。

3. 收入政策

收入政策是资本主义国家根据经济发展状况有意识地调节工资、利润和其他收入的政策。这是国家政权对分配领域的政策干预。实行收入政策最根本的目的，就是企图控制物价和工资的上涨。实行财政政策和货币政策都是为了影响总需求的变动。但是，总需求的变动不仅会影响投资和就业，而且会影响工资和物价。在实行扩张性的财政政策和货币政策的条件下，总需求的扩大会带来工资和物价出现螺旋形上涨的势头。西方各国实行收入政策的直接目标，就是企图借助对工资和物价的控制，以制止通货膨胀和实现社会稳定。实行收入政策的另一目标，就是调节收入分配。西方各国政府通过确定最低工资标准等政策措施来调节工资与利润之间的相对份额，从而不仅直接影响工资收入在国民收入中所占的比重，而且影响消费与积累之间的比例，维护资本主义再生产的稳定增长。

4. 实行“经济计划化”

二次大战后，随着国家垄断资本主义的广泛发展，许多发达资本主义国家都通过实行“经济计划化”来干预和调节社会经济生活，运用计划手段调节经济在法国和日本很有代表性。法国从1947—1993年先后制定实施了11个中长期计划，日本从1955—1992年已制定实施过12个中长期计划。资本主义国家经济计划的主要特点在于：一是诱导性、指示性。国家经济计划除了对国有企业规定某种程度的指令性计划以外，对私人企业并无约束力，而仅仅具有诱导性和指示性。因为作出经营决策和承担盈亏责任的是企业自身,企业决策的依据是利润率的高低而不是国家计划。二是国家计划的实施主要不是依靠政府指令或通过行政手段,而是依靠国有垄断资本的参与和调节,依靠政策手段,通过市场机制发挥作用。三是国家计划的制定,必须通过与大垄断公司密切磋商,或者参照大垄断公司的咨询意见。资本主义国家经济计划的主要内容包括三个方面:(1)经济和社会发展的中长期预测;(2)计划期内经济和社会发展的总目标以及相适应的具体目标;(3)为实现经济和社会发展的总目标和具体目标所应采取的政策措施。

5.调节劳资关系

为了缓和劳资矛盾,稳定社会秩序,以保证社会再生产正常进行的外部条件,西方国家采取一些改善工人的劳动条件和生活状况,实行社会福利政策等措施。同时直接在劳资关系上实行某些妥协措施,例如,通过立法承认工人组织工会的权利、罢工的权利和参加劳资集体谈判并在谈判中争取自己利益的权利;在对劳资谈判进行仲裁时,对资方的某些行为加以约束,对劳方的某些要求作出让步等等。通过这些妥协和让步,把工人运动限制在经济领域和经济斗争的范围内。

为了保证资本主义经济的正常运行,保证垄断资本获得高额垄断利润,必须对劳动力再生产进行干预和调节。西方国家采取的主要措施:一方面是直接干预私人企业的劳动力价格和劳动条件,例如通过立法规定最低工资和最高工时,对退休金实行保护,在劳资谈判中支持工人改善工作环境和劳动条件的某些要求等等;另一方面,兴办公共教育事业,实施职业培训,救济失业者和贫困家庭,发放医疗补助等等。

调节收入分配和消费需求,为垄断资产阶级实现剩余价值创造必要的市场条件。西方国家采取的主要措施有:(1)干预劳动力价格,使工资在垄断资本容许的范围内有所增长;(2)运用财政手段对国民收入进行再分配,其中主要是把征收来的一部分税款用于社会福利开支，以扩大消费品市场；(3)调节消费信贷。国家通过私人银行采用发放信用卡、分期付款、住宅抵押贷款等形式对消费者的贷款实行担保，从而刺激和调节社会消费需求。

6. 调节国际经济关系

在国家垄断资本主义条件下，各个发达资本主义国家都形成了一套包括多种政策措施和经济计划的经济干预调节体系。但这套经济干预调节体系，随着经济全球化的迅速发展，完全可能由于各国之间的矛盾和冲突而使实际效果互相抵消。这就迫使各国垄断资本集团不得不谋求某种妥协，通过国际调节来协调彼此之间的经济关系，力求使国内调节与国际调节密切联系起来，以取得较好的效果。

当代资本主义国家调节国际经济关系的主要方法有两种：一种是通过国际经济组织进行国际经济调节；另一种则是通过国际会议进行国际经济调节。

在通过国际经济组织进行国际经济调节方面，第二次世界大战结束后，先后建立了三个有代表性的国际经济组织，即国际货币基金组织(IMF)、世界银行(IBRD)和世界贸易组织(WTO)。国际货币基金组织的宗旨主要是增进国际货币合作，促进国际贸易发展。世界银行的主要作用，是协调发达国家对发展中国家提供长期贷款，以推进经济复兴和经济发展。世界贸易组织的主要宗旨则是协调各成员国之间的贸易政策，通过各国政府之间的谈判互减关税，来促进世界范围的贸易自由化。

此外，在 60 年代末建立了主要由发达国家参加的经济合作与发展组织(共有 24 个成员国)。这个组织与上述三个组织既有共同点又有不同点。它们的共同点，在于调节活动都是经常性的，调节经济的作用都是间接性的。它们之间的不同点，在于国际货币基金组织、世界银行和世界贸易组织都是专业性的国际经济组织，它们的调节活动一般只涉及国际经济关系的某一方面，调节作用也只局限于某一领域，如货币关系领域、信贷关系领域或贸易关系领域。经济合作与发展组织则是非专业性的国际经济组织，它的调节活动是全面性的，几乎涉及到国际经济关系的各个方面。

在通过国际会议进行国际经济调节方面，近十几年来，随着世界范围内经济竞争日趋激烈，发达资本主义国家除了通过国际经济组织调节国际经济关系以外，还通过各种双边或多边会议进行协调，其中影响最大的是由美、英、法、日、意、德国和加拿大七个发达国家的政府首脑参加的首脑会议。这种会议从 1976 年开始每年举行一次，会议内容主要是协调成员国之间的经济政策和当前国际经济政治生活中发生的重大问题。西方七国首脑会议既不是一个经济实体，也不是一个决策机构，它只能提出一些原则性、指导性的协商意见，很难制订出解决问题的方案，对与会成员国也无约束力。因此，这种首脑会议虽有较大影响，但其实际作用却是很有限的。

第四节　国家垄断资本主义的实质与作用

国家垄断资本主义的产生和发展，是适应现代科学技术迅猛发展和生产高度社会化的需要的。因此，对它的实质和作用必须有一个全面和正确的认识。

一、国家垄断资本主义的实质

国家垄断资本主义的形式虽然不同，对经济进行干预和调节手段多种多样，但其实质是一样的。

第一，国家垄断资本主义是资产阶级国家政权与私人垄断资本相结合的资本主义。这种结合使资本社会化和生产社会化的发展达到了新的高度。但是,资本社会化和生产社会化的高度发展丝毫也没有改变资本主义生产关系的本质。无论资产阶级国家政权通过什么形式与私人垄断资本相结合,都是在资本主义私有制范围内进行的。同时,在这种结合过程中,资产阶级国家是作为垄断资产阶级的总代表与私人垄断资本相结合的。因此,资产阶级国家没有也不可能改变它的阶级本质。

第二,国家垄断资本主义的各种形式,从本质上看,无非就是私人垄断资本利用国家政权来维护垄断统治并获取高额垄断利润而采取的一些手段。

第三,资产阶级国家既然是作为垄断资产阶级利益的总代表,就必然不同于个别垄断资本或垄断资本集团,而是凌驾于个别私人垄断资本之上。它不仅作为经济基础的组成部分发挥作用,而且作为上层建筑起作用,采取各种政策措施干预国内经济生活,调节国际经济关系。但是,这一切都是为了缓和资本主义社会固有的各种矛盾,以维护垄断资产阶级的根本利益,乃至资本主义制度的生存与发展。

总之,国家垄断资本主义的实质就是:私人垄断资本与资产阶级国家政权相结合进行剩余价值的生产、实现和分配。同时,国家从垄断资产阶级的总体利益出发,采取各种政策措施干预调节社会经济生活,维护资本主义经济的运行,以保证垄断资产阶级获得高额垄断利润。

二、国家垄断资本主义的二重性作用

国家垄断资本主义对资本主义经济发展具有二重性作用,即既有促进作用的一面,也有阻碍作用的一面。

(一)对资本主义经济发展的促进作用

二次大战后,特别是50年代以来,国家垄断资本主义的发展,是为了适应生产社会化高度发展的需要,对资本主义生产关系进行的一次局部调整，从而在一定时期内和一定程度上缓和了资本主义的某些矛盾。例如，它在一定程度上克服了私人垄断资本社会化程度较低的局限性；它从垄断资本的整体利益、长远利益和全局观点对资本主义经济和社会发展问题进行干预和调节，从而在一定程度上克服了私人垄断资本只顾追求眼前利益和局部利益的局限性，并在一定程度上抑制了私人垄断资本运动的盲目性和无政府状态；国家垄断资本的实力雄厚，在一定程度上克服了单个私人垄断资本数量相对不足的矛盾。这些矛盾的缓和，必然有利于资本主义经济发展。

正是在第三次科学技术革命和国家垄断资本主义发展的推动下，资本主义经济获得了比较迅速的发展。从 50 年代以来，主要资本主义国家的经济发展，不仅表现为在国家垄断资本主义的参与和干预下促进了工业和交通运输业的现代化，而且实现了农业工业化和现代化，实现了商业服务业的现代化，改变了整个社会生产和社会生活的面貌，实现了国民经济的全面现代化。这在资本主义经济发展史上的确是空前和罕见的。但是，这一切发展变化，如果没有国家垄断资本主义的发展所产生的促进作用是根本不可能的。

（二）对资本主义经济发展的阻碍作用

国家垄断资本主义对资本主义经济发展之所以具有阻碍作用，是因为国家垄断资本主义有其自身不可克服的局限性。这主要表现在：(1)它没有也不可能改变资本主义的经济基础——生产资料私有制和资本对雇佣劳动的剥削。(2)它没有也不可能摆脱资本主义经济规律如剩余价值规律、资本积累规律等对经济发展的支配作用。(3)它没有也不可能解决资本主义社会的基本矛盾和其他矛盾，反而使这些矛盾随着资本主义生产社会化程度的不断提高而日趋复杂化和尖锐化。

国家垄断资本主义这些局限性的存在与发展，就为用公有制代替私有制，用社会主义代替资本主义创造了极其有利的条件。因此，列宁明确指出："国家垄断资本主义是社会主义的最完备的物质准备，是社会主义的入口。"①

小结

国家垄断资本主义是国家政权与私人垄断资本相结合而形成的一种资本主义，其本质都是资本主义垄断，但却出现了许多不同于私人垄断资本主义阶段的新现象和新特征。

国家垄断主要是依靠国家政权的力量，采用行政手段、经济手段和法律手段，通过发展国有企业和国私合营企业直接控制一部分社会化程度很高的部门或行业；通过国家采购订货等办法来间接控制一部分社会生产力；通过"经济计划化"对整个国民经济进行综合性的宏观管理和调节等各种方式来实现资本主义垄断。从而形成了在一个国家之内多种经济形式同时并存的新格局，从而使经济结构和经济联系日益多样化、复杂化。

在国家垄断资本主义条件下，资本的运动则是采取国有垄断资本与私人垄断资本相互依存、相互结合的形式共同完成资本的循环和周转过程。其目的主要不是为了使国家自身直接获得垄断利润，而是更加注重它的"社会责任"——维护整个垄断资产阶级的经济利益和政治统治，确保资本主义制度的生存与发展。因此，国家垄断必然要在广泛的范围内发生作用，它不仅包括国内经济、政治和社会生活的各个领域，而且包括国际经济、政治、军事等各个方面。

国家垄断不同于私人垄断的这些新特征，都是国家垄断资本主义发展的具体表现和必然结果。它表明国家垄断是比私人垄断更高层次的垄断，是资本主义发展过程中的一个新阶段。

① 《列宁选集》第 2 卷，第 164 页。

关键词

国家垄断资本主义　国有垄断资本　国私共有的垄断资本　国私密切联系的垄断资本

思考题

1. 什么是国家垄断资本主义？它是怎样产生和发展起来的？

2. 为什么第二次世界大战后国家垄断资本主义能获得持续迅速地发展？

3. 国家垄断资本主义有哪三种基本形式？它们是如何产生和发展起来的？

4. 国家垄断资本主义采取哪些主要政策措施干预和调节社会经济生活？

5. 国家垄断资本主义的实质是什么？

6. 国家垄断资本主义的二重性作用有哪些表现？

指定参考书

1. 卫兴华、顾学荣:《政治经济学原理》第9章,经济科学出版社1998年版。

2. 卫兴华、林岗:《马克思主义政治经济学原理》第5章,中国人民大学出版社1999年版。

3. 吴树青、卫兴华、洪文达:《政治经济学(资本主义部分)》第9章第4节、第10章,中国经济出版社1993年版。

第十二章　国际垄断与经济全球化

各资本主义国家的垄断资本在建立国内垄断统治之后，在经济实力巨大膨胀和追求高额垄断利润的利益驱动下，必然要向国外扩张，组成国际垄断组织，从经济上瓜分世界。第二次世界大战后，特别是20世纪50年代以来，在第三次科技革命迅猛发展的推动下，各发达资本主义国家的生产社会化程度进一步提高，国际分工有了新发展，导致垄断资本主义国际化，出现了区域经济集团化和经济全球化。本章力求全方位多视角地分析研究二次大战后形成和发展起来的两种新型国际垄断组织——跨国公司和欧洲联盟以及经济全球化的形成与发展。

第一节　国际垄断组织的主要形式及其本质

国际垄断组织的传统形式有国际卡特尔、国际辛迪加和国际托拉斯。战后出现的跨国公司和欧洲联盟是两种新形式。

一、国际垄断组织的主要形式

所谓国际垄断组织，是指各资本主义国家的最大垄断组织，通过签订协议而建立起来的国际性经济联盟。各资本主义国家的最大垄断组织首先控制国内的生产和流通，建立国内的垄断统治。随着资本输出和经济全球化的发展，国外市场的重要性与日俱增，各国最大的垄断组织对国外有利的投资场所、商品市场和原料产地展开了激烈的争夺。这种争夺往往给一些垄断组织造成巨大损失。为了避免两败俱伤，争夺双方不得不改变斗争形式，谋求暂时妥协，组成国际垄断同盟，共同从经济上瓜分世界。从国内垄断组织到国际垄断同盟的建立，标志着资本主义的生产集中和垄断已经达到更高的程度。因此，列宁把国际垄断同盟称为“超级垄断”。

国际垄断同盟最早产生于 19 世纪 60、70 年代，直到 20 世纪初期才获得较快发展。它的主要形式有：国际卡特尔、国际辛迪加和国际托拉斯等。国际卡特尔是当时最普遍的一种国际垄断同盟形式。它是由生产同类产品的几个国家的最大垄断组织所组成的。国际卡特尔协定的主要内容是划分销售地区，规定市场价格，分配销售份额，交换技术发明和共同享有专利权等。在第一次世界大战前，缔结正式协定的国际卡特尔已达 116 个。到第二次世界大战前夕已有 1 200 个。

第二次世界大战以后，国际垄断组织有了很大发展变化。这突出表现在：国际卡特尔的作用明显下降，代之而起的是两种新型的国际垄断组织：跨国公司和欧洲联盟。

二、国际垄断组织的本质

无论国际垄断同盟采取哪一种形式，本质上都是少数发达资本主义国家的金融寡头争夺势力范围和获取高额利润的工具。它没有也不可能消除各国最大垄断组织之间的矛盾和冲突。因此，参加国际垄断同盟的各垄断组织之间的关系，必然是既相互联合又相互争夺的关系。

第二节　支配着当今世界经济的新型国际垄断组织——跨国公司

跨国公司在战后世界经济中占据着极其重要的地位，因此，对它的历史沿革、发展原因和主要特征必须有一个全面系统的认识。

一、跨国公司的产生与发展

二次大战前，国际垄断组织的主要形式是国际卡特尔。战后，国际卡特尔因不能适应产业资本国际化迅速发展的新要求而逐渐削弱，一种新型的国际垄断组织形式——跨国公司随之应运而生。

跨国公司亦称多国公司、国际公司、环球公司、超国家公司等，是指资本主义国家中那些以本国为基地，通过对外直接投资的形式在国外设立分支机构或子公司，从事国际化生产经营活动，以追求高额垄断利润为目标的国际性垄断组织。

跨国公司是垄断资本主义发展的产物，是当代产业资本国际化的载体。在19世纪末20世纪初，资本主义刚刚进入垄断阶段的时候，一些早期的跨国公司就已经出现。但是，当时跨国公司的数量比较少，对外投资主要是采取证券投资的形式，直接投资很少。据统计，直到1945年，所有跨国公司的对外直接投资总额仅有83.7亿美元。

跨国公司的迅猛发展，是二次大战后的新现象。50年代，美国的跨国公司率先打入欧洲；20世纪60年代，西欧和日本的跨国公司崛起。1978年全世界跨国公司总数约1万多家，到1995年已增至3.7万家，它们在国外设立的子公司和分支机构超过20万家，遍及160多个国家和地区，雇用职工7 300万人。有些跨国公司非常庞大,1971 年全世界年销售额在 10 亿美元以上的大型跨国公司有 211 家,1985 年就增为 600 家,其中年销售额在 100 亿～1 000亿美元的就有 67 家。1993 年全世界跨国公司的销售总额高达5.5万亿美元。到 1995 年,世界排名前 200 家最大跨国公司的年销售总额就高达 7.1 万亿美元,比当年美国的国内生产总值还多,相当于当年全世界所有国家国内生产总值的 28.3%左右。近几年来,跨国公司更是成为当今世界经济的支配力量。根据联合国贸易发展会议 1998 年底的报告,世界上 100 家最大跨国公司就拥有 2 万亿美元的海外销售额和 600 万名海外雇员。跨国公司从事和控制着世界生产总值的 1/3,世界贸易的 2/3,直接投资的 70%,技术转让及民用技术研究与开发的 80%。

拥有跨国公司最多的国家是美国。目前世界上最大的跨国公司是美国的通用汽车公司,1996 年其销售总额高达 1 683.7 亿美元。目前,美国的跨国公司通过在国外的生产经营活动而实现的销售总额,已经超过直接从美国国内出口商品价值总额的 5 倍。

二、战后跨国公司迅速发展的主要原因

第二次世界大战后,跨国公司之所以能迅速发展,其主要原因在于:

1.垄断资本的统治进一步加强,资本“过剩”日益增多。例如,美国的垄断资本在两次世界大战中发了横财,积聚了巨额资本。战后美国发生了第三次企业兼并高潮,使原有的大公司规模不断扩大,特别是在一些高新技术产业部门,更形成了少数大企业的垄断统治。美国通用、福特和克莱斯勒三家汽车公司的销售额相当于美国汽车行业销售总额的 76%,国际商业机器公司一家就独揽了美国电子计算机市场的 60%～70%。又如日本,在 60 年代出现了企业合并高潮,形成了石川岛播磨重工业公司、三菱重工业公司、新日本制铁公司等在本行业中占绝对垄断地位的大企业。据统计,

1969年日本7家大钢铁公司垄断了日本全国生铁产量的97%,粗钢产量的81%;10大公司垄断了日本尼龙产量的99.6%。这些大企业拥有巨额资本和先进技术,在垄断了国内市场之后,迫切要求跨出国界,到国外寻找新的投资场所和销售市场,以获取高额垄断利润。这是战后跨国公司迅速发展最主要、最根本的原因。

2.第三次科技革命的推动。战后,从50年代开始的第三次科技革命涉及的领域非常广泛,涌现出许多新技术、新工艺、新材料和新产品,不但推动了传统产业部门的技术改造,而且形成了一系列高新技术产业部门,如石油化工、宇航工业、电子工业、合成工业等,使各资本主义国家的国民经济结构发生了很大变化,使各生产部门日益向自动化、专业化和国际分工从旧式的垂直分工向水平分工的发展。这一切都极大地推动了生产力的发展。生产力的大发展要求有更多的原材料和更广阔的市场。这就使国际间的经济交往更加密切,国与国之间的相互依赖关系大大加强,从而进一步推动了生产和资本国际化的发展。

第三次科技革命的迅猛发展,使电子计算机、现代化的交通运输工具和邮电通讯设备先后投入使用,不仅大大缩小了国与国之间的空间距离,而且为跨国公司实现管理方法现代化,对分散在世界各地的子公司的生产、销售、财务活动等进行及时指导、协调和控制提供了物质保证。

3.国家垄断资本主义的支持。战后,随着国家垄断资本主义的广泛发展,各主要资本主义国家不仅日益加强对国内经济生活的干预和调节,而且为了争夺国际市场,一方面国家垄断资本主义直接参与对外直接投资,通过国有企业或“公私合营企业”从事跨国界生产经营活动。另一方面,各国政府采取各种政策措施支持、鼓励跨国公司向国外扩张。例如,国家通过“对外援助”,迫使受援国接受各种条件,为本国跨国公司创造有利的投资环境;国家提供各种资助、补贴和津贴,支持跨国公司采用新技术和新工艺,加速机器设备更新改造，以增强国际竞争能力；国家对跨国公司的国外投资提供投资风险担保，以保证其国外投资的安全；对跨国公司的国外利润，在课税上给予减免待遇，并鼓励在国外进行再投资；国家通过外交途径支持跨国公司从事国外扩张活动等。此外，有些发达资本主义国家还由政府出面组织跨国界的垄断联盟或者区域性经济组织，建立各种国际货币金融组织，签订各种国际条约，使跨国公司的商品、劳务、资本和技术能在日益扩大的范围内自由流动。国家垄断资本主义的这些政策措施，都直接或间接地促进了跨国公司的发展。

4.推行新殖民主义政策的需要。战后，亚、非、拉国家民族解放运动蓬勃发展，殖民地附属国纷纷独立，帝国主义旧的殖民体系崩溃了。但是，帝国主义者为了在新形势下继续保持自己的经济利益和政治地位，极力推行新殖民主义政策，把赤裸裸的军事征服、经济掠夺和政治统治，改变为比较隐蔽的经济渗透和间接控制。因此，西方各国政府都把跨国公司作为推行新殖民主义政策，继续剥削和控制发展中国家的重要工具。

三、跨国公司的主要特征

虽然跨国公司是在二次大战以前的国际卡特尔的基础上发展起来的，但它却具有许多不同于国际卡特尔的特征。

1.实行高度集中统一的管理体制。由于跨国公司实际上就是一个独立的国际性垄断企业，它是由一个国家的大垄断资本集团或者以一个国家的大垄断资本集团为主建立起来的现代国际托拉斯或康采恩，总公司与海外分支机构或子公司之间完全是一种行政隶属关系，所以有可能实行高度集中统一的管理体制。各资本主义国家的跨国公司往往在几个或几十个国家内进行生产经营活动。它们通常是分散进行零部件生产，集中进行装配，国外产品的品种繁多，业务复杂。因此，从经营管理的角度来看，客观上也需要实行高度集中统一的管理体制。在现实生活中，跨国公司的国外子公司从投资、生产、销售、分配、资金筹措、技术研究与开发直到人事安排等重大问题也都统一由总公司决定。不过，在加强总公司集中统一管理的前提下，在经营管理上，特别是在产品销售方面，跨国公司也给国外子公司相当大的经营自主权，以适应世界各地瞬息万变的政治经济形势。

2. 实行灵活多样的企业所有权制度。跨国公司在国外进行扩张的形式是多种多样的，可以分为两大类：股权参与和非股权参与。

所谓股权参与，实质上就是我们通常所说的直接投资。它有三种形式：在东道国投资建立新企业、兼并当地原有企业、在当地原有企业中参与股份组成合资经营企业。

根据跨国公司占有股权份额多少，可以把子公司的所有权划分为四种类型：(1)全部拥有股权。通过投资建新企业和兼并当地原有企业这两种方式建立的企业，跨国公司拥有全部股权(95%以上)，东道国称这类企业为独资企业。(2)多数拥有股权。这是指跨国公司拥有50%～94%股权的合营企业。(3)对等拥有股权。这是指跨国公司拥有50%股权的合营企业。(4)少数拥有股权。这是指跨国公司拥有49%以下股权的合营企业。

跨国公司选择哪种股权参与形式，主要取决于两个方面：(1)跨国公司自身的资本大小、技术力量、产品特点等；(2)东道国有关跨国公司股权份额的政策规定。一般来说，在跨国公司的资本规模、技术力量和产品特点等占优势的情况下，为了保证对子公司的控制，尽量采用拥有全部股权这一参与方式。但是，有些资本规模比较小、技术水平和产品特点等相对比较落后，或刚刚进入国际市场的跨国公司，则往往采取拥有少数股权或者合营的参与方式。

除了股权参与的形式以外，跨国公司还特别重视采用先进技术、管理服务、许可证交易、经营合同、联合销售、联合投标等各种非股权参与的形式进行投资。

在20世纪60—70年代，跨国公司进行对外直接投资，比较偏重于采取建立拥有全部股权或多数股权的子公司这种形式；80年代以来，跨国公司愈来愈多地采用合资经营企业、许可证贸易、经营合同、联合体、产品分成合同等资本参与的新形式，其中建立合营企业更流行。

3. 从全球战略目标出发安排子公司的生产经营活动。战后，科学技术的迅猛发展以及资本和生产国际化程度的空前提高，使跨国公司的规模不断扩大，资本、生产、劳动力和科技力量高度集中，它们的子公司遍布世界各地。这一切决定了当代跨国公司是以国际市场为角逐目标，以多国籍劳动者为剥削对象，以获取国际剩余价值为目的的国际化垄断企业。它必然要从全球性的战略目标出发安排子公司的生产经营活动。例如，它可以根据各国(地区)原材料、劳动力和市场供求状况，对各子公司进行专业化分工，组成跨国界的生产线；也可以在东道国直接投资建工厂、办企业、增设分支机构，就地生产，就地销售，不受关税壁垒的限制，直接占领当地市场，以牟取高额利润；还可以利用各国之间经济行情的变化，在各子公司之间调剂生产；甚至可以利用各国利率的差别在子公司之间调拨资金，以供总公司进行巨额投资之用。

4. 向综合性多样化的经营方向发展。随着国外业务范围的扩大，国际竞争的不断加剧，跨国公司日益向综合性多样化的经营方向发展，形成跨部门、跨行业、多种经营的国际康采恩组织。例如，美国的国际电话电报公司原来是以经营电讯器材为主要业务的。战后，它的经营范围逐渐扩展到建筑、化纤、石油、汽车零件、食品、旅馆、保险、医院、出版以及军火生产等许多互不相干的部门和行业。据统计，国际电话电报公司1969年在国外拥有331家子公司，708家孙公司，在27个国家投资设厂，在70个国家经营，其中在45个国家开设400多家旅馆。

四、当代跨国公司对外直接投资的新特点

跨国公司是对外直接投资的主体。二次大战后，跨国公司的对外直接投资出现了许多新特点，其中主要的特点是：

1. 投资的流向发生重大变化。

二次大战以前，跨国公司的对外直接投资约有70%是流向亚、非、拉殖民地和附属国。二次大战后，跨国公司的对外直接投资约有3/4是流向发达资本主义国家，仅有约1/4是流向发展中国家。目前，世界经济发展的总趋势是集团化和区域化。但是，跨国公司仍然以集团外投资为主。美国主要投资于西欧国家，西欧国家主要投资于北美、澳大利亚和新西兰。在欧洲联盟内部，作为投资大国的英国仍然主要投资于美国，德国则主要投资于欧洲。日本从20世纪80年代以来，也把投资重点转向北美和西欧。跨国公司对发展中国家的投资，主要是集中投资于中等收入国家。20世纪80年代以来，亚洲取代中南美洲成为投资的重点地区，“四小龙”和东盟国家是跨国公司投资的热点地区。

2. 投资的部门结构从采掘业转向制造业和服务业。

二次大战前，跨国公司的对外投资重点是采掘业和初级产品加工业。当代跨国公司的对外直接投资，主要是投资于工业部门中的制造业，对采掘业、交通运输、邮电通信和公用事业等部门的投资较少。目前，跨国公司对制造业的投资，主要是投向一些高新技术产业部门或行业，如微电子、计算机、医疗器械、精密仪器、制药和生物技术等。20世纪80年代以来，跨国公司对服务业的投资迅猛增长。20世纪70年代初，对服务业的投资额占对外直接投资总额的比重仅为1/4，到20世纪80年代下半期，对外直接投资总额中服务业所占的比重已经超过1/2。除了跨国银行和其他金融机构投资于服务业以外，许多工业跨国公司也大量投资于与金融或贸易相关的服务行业。最近十几年来，跨国公司对发展中国家的直

接投资也已转向制造业和服务行业。目前,跨国公司对发展中国家制造业的投资大多是以劳动密集型工业和污染严重的重化工业为主。

3.大型跨国公司之间兼并与合作同时并存。

从20世纪80年代以来,大型跨国公司之间的兼并浪潮迭起,价值达数十亿、数百亿美元,经营几十年、上百年的大公司,顷刻之间“改换门庭”,产权易主。据统计,世界经济巨头之间兼并成交额1988年为3 360亿美元,到1994年高达3 410亿美元。跨国兼并之所以大打出手,主要原因在于:(1)跨国兼并是垄断资本在世界各国之间流动的一种具体形式,是开展国际经济技术竞争的重要手段。跨国公司之间的兼并直接反映了垄断资本集团争夺世界市场、瓜分势力范围、争夺新技术、增强垄断资本实力及其国际竞争地位的图谋。(2)银行垄断资本与工业垄断资本相互融合是当代资本主义经济发展的主要趋势。垄断资本集团在国际范围内仅靠工业垄断资本进行渗透很难实现其扩大势力范围的目的,只有让银行垄断资本深入到世界各国去,与那里的工业垄断资本融合在一起,形成国际范围内的金融资本,才能真正扩展势力,占领更多市场。因此,跨国银行兼并往往是与跨国企业兼并齐头并进的。这也充分说明世界市场的变化是牵一发而动全身,资本市场、商品市场和技术市场是相互联系密不可分的。

20世纪80年代以来,西方各国跨国公司之间的合作,特别是在高新技术领域的合作也在不断加强。据联合国跨国公司中心统计,在1983—1985年期间,151家各国大型跨国公司在电子、信息技术、航空航天、科学仪器等领域签订了大量的合作协议。西方各国跨国公司之间之所以要进行合作,主要目的在于:(1)为了更有效地参与国际市场竞争;(2)为了共同垄断国际市场;(3)为开发新技术新产品共同出资共担风险;(4)为了互相学习先进技术、先进工艺和管理经验,也为了推销商品、增加就业等等。总之,西方各国跨国公司之间的合作是为了互利。但这种合作是不可能消除竞争的。事实上,目前西方各国跨国公司之间几乎都是既紧密合作,又激烈竞争,两种现象同时并存。

跨国公司在发展中国家的直接投资是以股权控制为主的。但是,从 20 世纪 70 年代以来,非股权控制也在加强。所谓非股权控制,主要包括特许权协定、经营合同、销售合同、产品分成合同、技术援助合同、国际分包制等。西方各国跨国公司采用非股权控制办法,既可以节省资本,减少销售技术和商品的费用,又可以达到控制发展中国家部分企业的目的。

五、西方国家对跨国公司的主要政策措施

长期以来,西方国家对本国跨国公司与对外国跨国公司采取了区别对待的双重政策措施。

西方各国政府对本国跨国公司采取了许多鼓励和保护政策。主要有:(1)各国政府出面互相签订条约,内容包括避免双重征税,给予国民待遇,不得歧视,企业如被国有化或被征用时给予足额补偿等。(2)对跨国公司的税收问题,西方各国政府的一般规定是:海外利润可用于当地再投资,如不汇回国内,则不征税。(3)为增强国际竞争能力,各国政府对跨国公司给予科研与发展补贴。(4)为了与美国和日本的跨国公司抗衡,欧盟国家还支持鼓励各成员国企业进行跨国兼并或合作以及研制新产品,以增强跨国公司的资本实力和竞争能力。

西方各国政府对外国跨国公司采取了既欢迎又限制的政策。它们作为东道国,对外国跨国公司进入本国进行直接投资大多实行欢迎政策,如给予国民待遇,外国公司如同本国企业,享受同等权利,承担同等义务。但是,西方各国政府对外国跨国公司还采取了不少限制性政策,其中主要包括:(1)外国资本进入时,必须经批准机构审查认可;(2)外国跨国公司对本国重要企业进行吞并必须

经过批准,本国政府有权出面延缓或阻止吞并。(3)各国政府一般都规定禁止外国跨国公司进入国防、高新科技、邮电通信、交通运输、广播电视、珍稀矿物资源等要害部门。(4)各国政府还对一些关系国民经济的重要部门规定了股权限额。例如,澳大利亚政府规定,在铀矿公司中,外国资本最多只能占25%。法国政府规定,在重要的经济部门中,外国资本所占股权不得超过20%～30%。加拿大政府在1982年颁布的《加拿大石油与天然气法》中规定,在生产阶段,加拿大人必须持有50%的股权,不允许外国资本占有多数股权。日本政府对外国跨国公司的管制最严,它明文规定,在全国300多个产业部门中,外国资本最高持股权为25%。

由于战后发达国家的对外直接投资大多数是双向对流的,因此各国政府在一般情况下都采取资本自由化和互利互惠政策。否则,就会引起有关国家的报复,反而对本国不利。

第三节　成为区域经济集团化高级形式的国际垄断组织——欧洲联盟

区域经济集团化是战后经济一体化的重要组织形式。它是由地域上邻近的一些国家,根据自身经济发展的需要和生产国际化的客观要求,为维护共同的经济利益,通过签订协议而组成的经济或贸易集团。如众所周知的"欧洲联盟"、"北美自由贸易区"、"非洲经济共同体"、"东南亚国家联盟"、"南方共同市场"、"安第斯共同体"、"黑海经济合作区",以及由日本积极策划的"亚洲经济区域合作集团"等等,都属于区域经济集团。在如此众多的区域经济集团中,欧洲联盟是一种比较完备的高级形式。它是由欧洲各参加国政府出面通过签订协议而建立起来的一种国家垄断资本主义的国际垄断组织。它的形成与发展,对整个欧洲乃至世界经济发展都有着重大的影响。

一、欧洲联盟的由来

欧洲联盟初建时称为欧洲经济共同体,又称欧洲共同市场,成立于1958年,当时的参加国有法国、前联邦德国、意大利、荷兰、比利时和卢森堡6个国家。1973年有英国、爱尔兰和丹麦,1981年有希腊,1986年有西班牙和葡萄牙先后加入,使成员国扩大为12个。1995年1月,又有瑞典、芬兰、奥地利3国加入,使欧洲联盟的成员国进一步扩大为15个,总人口超过3.7亿,总面积达323.5万平方公里。

根据1997年12月卢森堡首脑会议所达成的协议,欧盟拟在今后10年内把波兰、匈牙利、捷克、爱沙尼亚、斯洛文尼亚和塞浦路斯吸收入盟。如果这一扩盟计划得以实现,那将是欧盟历史上最大的一次扩展。

二、欧洲联盟的经济、政治一体化

欧盟不是一般的国际性经济组织,而是一个以实现经济、政治一体化为目标的,以国家垄断资本主义为基础的国际垄断组织。

(一)欧盟的经济一体化

欧盟主要从三个方面实现经济一体化:

其一,建立关税同盟。关税同盟是欧盟实现经济一体化的基础和主要内容。关税同盟的目标是:(1)在各成员国之间逐步取消商品进出口关税和数量限制,实行资本、劳动力和商品的自由流通;(2)实行统一的共同对外关税率,建立关税壁垒。

其二,实行共同的农业政策。所谓共同农业政策,是指在欧盟内部建立农产品共同市场和推行农业一体化的政策。它的主要内容是:(1)统一主要农产品的价格,农产品在欧盟内自由流通;(2)

对外实行统一的农产品进口税，排挤外国农产品进口，并设立农业共同基金，用于补贴向欧盟外出口农产品的亏损，调节农产品市场，改善农业结构等。

其三，建立欧洲货币体系，实现欧盟货币一体化。为了巩固和发展经济一体化的成果，摆脱美元的控制和影响，欧共体于1979年3月正式建立欧洲货币体系。欧洲货币体系的主要内容是：(1)发行统一的欧洲货币单位，作为成员国之间进行国际结算的手段。(2)对共同体内部各成员国之间的货币实行固定汇率，而对美元和其他非成员国货币则实行浮动汇率。(3)逐步建立欧洲货币基金，增强共同干预货币金融市场的力量。

欧盟在实现经济一体化的过程中，有三个影响深远的重大事件：

第一，1993年1月1日欧洲统一大市场正式运行，即在12个成员国范围内实现商品、资本、人员和劳务的自由流通。建立内部统一大市场是欧洲面对美日经济挑战的图强之路，为欧洲区域经济的发展注入了极大的活力，并使欧盟成为当今世界上最大的自由贸易市场。

第二，1999年1月1日欧洲统一货币——欧元正式启动，成为欧盟15国中11个成员国的共同货币。欧元的诞生是欧盟经济、政治一体化发展的必然产物，是欧洲历史上一件具有划时代意义的重大事件，同时也标志着世界货币体系开始朝着多极化的方向发展，对欧洲的经济、政治乃至对世界经济发展都将产生重大的影响。

第三，2000年3月24日，在欧盟15国最高级会议上确定了今后10年雄心勃勃的战略目标，就是通过驾驭信息革命的动力让欧盟成为最具竞争力和富有活力的地区，使知识经济能够保持经济的持续增长率，提供更多更好的工作机会。这次会议已决定在未来两三年内采取各种措施，使欧盟全方位走向新经济时代。欧盟领袖除主张大幅降低使用网络费用、提升进入因特网的速度和使用信息的范围外，决定在2001年底前完全开放电信市场；到2001年底前，欧盟境内所有学校都必须接上因特网，同时要有相当数量的教师拥有足够的网络教学知识。

（二）欧盟的政治一体化

欧盟在实现经济一体化的基础上，在政治一体化方面也取得了很大进展，这主要表现在：(1)建立了许多超国家性质的机构，如最高决策机构欧盟部长理事会；最高执行机构欧盟委员会；监督、咨询和立法机构欧洲议会；最高仲裁机构欧洲法院等等。(2)在1979年6月和1984年6月先后举行了欧洲议会的直接选举。(3)确定了欧盟各成员国首脑的定期会晤制度，对世界性的重大问题进行磋商，采取共同的立场和对策。(4)加强防务合作。1984年10月在罗马举行了成员国外交和国防部长联席会议，并发表《大西洋联盟中的欧洲支柱》的声明，确定了发展西欧国家防务合作的原则，决定改组和加强联盟的组织机构，强调各成员国在政治上要"用一个声音说话"。在2000年2月28日举行的欧盟15国国防部长会议上，首次提出欧盟要在2003年之前拥有"自主防务能力"的方案。

三、欧洲联盟形成与发展的主要原因

欧盟的形成和发展并非偶然，而是有其深刻的经济、政治原因的。

第一，是生产和资本国际化的客观要求。二次大战后，在第三次科技革命的推动下，生产和资本的国际化获得了充分的发展，社会资本再生产的国际依赖性大大加强。欧洲是资本主义的发源地，是发达资本主义国家集中的地区。同时欧洲各国之间经济贸易关系中相互依赖性很强，彼此之间资本交织也很紧密。但是，与高度发达的生产力相比，欧洲各国都深感国内市场狭小、资源缺乏。因此，资本主义生产国际化与狭小的国内市场之间存在着尖锐的矛盾。要解决这一矛盾，就必须打破国家疆界的限制，扩大市场，加强各国之间的经济协调和联合。这是欧盟形成和发展的内在动力。

第二，是国家垄断资本主义发展的必然产物。欧洲是国家垄断资本主义出现最早发展很快的地区。20 世纪 60 年代以后，随着国家垄断资本主义的迅速发展，欧洲各国政府加强了对社会经济生活的干预和调节。但是，在生产和资本国际化高度发展的条件下，仅仅依靠各国政府对国内经济生活的干预和调节已经无法对付日趋激烈的国际竞争。因此，欧洲各国垄断资本集团纷纷要求由国家出面组织经济集团，实行国际经济调节和干预。

第三，是反对超级大国，维护自身权益的需要。战后，旧殖民体系的瓦解，使垄断资本的统治地盘大为缩小，从而加剧了各资本主义国家对国际市场的争夺。作为世界市场霸主的美国把拥有高度发达生产力的欧洲作为争夺国际市场的重点地区，从经济、政治和军事各个领域加强对欧洲国家的控制。20 世纪 60 年代以来，欧洲国家的经济实力迅速恢复和增强，纷纷要求摆脱美国的控制，并与美国争夺国际市场。可是，欧洲各国都认识到，它们中任何一个国家都无法单独与美国相对抗，只有联合自强、联合自卫，才能反抗超级大国的渗透和控制，维护自身的权益。因此，它们必然要联合起来，结成国家垄断资本主义的国际同盟与美国分庭抗礼。

第四，欧洲各国的经济发展水平和经济结构相近，历史和文化渊源相似，地理上紧密相连，这些都为欧盟的形成和发展提供了有利条件。

四、欧洲联盟的主要作用及其局限性

欧盟的形成与发展在一定程度上适应了生产力进一步发展的要求，推动了西欧各国的经济发展。

1. 促进了成员国的生产发展和科技水平提高。关税同盟建立

以后，在欧盟内部取消了关税和贸易限额，使商品、资本和人员可以自由流通，这就加剧了各成员国企业之间的竞争。各国垄断资本为了提高本国商品的竞争力和市场份额，不仅要努力改善企业经营管理，以降低生产成本，而且要不断扩大投资，采用高新技术或进行技术创新，其结果必然会推进各成员国的生产发展和科技水平的提高。

2.有利于西欧各国之间保持和平与稳定的关系。长期以来，欧洲一直处于分裂割据状态，是一个冲突不断、战火纷飞的地区。20世纪以来，欧洲大陆又是两次世界大战的策源地。欧盟的形成与发展，有利于改善各成员国之间的相互关系，有利于它们维护和平环境，促进经济发展。

3.有利于改善与发展中国家的关系。欧盟大多数成员国过去在亚、非、拉占有大量殖民地，宗主国与殖民地人民之间存在着极其尖锐的矛盾和冲突。第二次世界大战后，这些殖民地纷纷获得独立成为发展中国家。欧盟建立以后，为了维护其既得利益，采用新殖民主义手法，对发展中国家给予普遍优惠关税，从而对改善与发展中国家的关系起了重要作用。

4.增强了抗衡超级大国的经济实力。从资本主义世界的经济实力对比来看，虽然任何一个西欧国家都不可能与超级大国相抗衡，但联合起来的欧洲联盟，则实力大增，足以抗衡超级大国。据统计，在1958年欧盟刚成立的时候，6个成员国的工业产值还不到美国的50%，黄金外汇储备只有美国的55%，出口贸易额与美国相近。但是，到1979年欧盟9个成员国的国民生产总值已经超过美国。到1981年欧盟10个成员国的出口贸易额是美国的3倍，日本的5倍，黄金外汇储备是美国的5倍多。到1987年，欧盟12个成员国进出口贸易总额已占世界贸易总额的37.35%，国民生产总值达6.76万亿美元，其经济实力已经超过美国和日本。1995年1月，瑞典、芬兰和奥地利三国加入欧盟，更使欧盟的经济实力进一步增强。

可是，欧盟也不可避免地存在一些局限性。这主要表现在：

(1)欧盟的本质仍然是一种国家垄断资本主义的国际垄断同盟。它推进经济一体化和政治一体化的各种政策措施，无非都是为了适应经济全球化的需要，在资本主义制度所能允许的范围内进行一定程度的调节或变革。

(2)欧盟的形成与发展并没有、也不可能改变资本主义生产资料私有制，并没有、也不可能消除资本主义制度所固有的矛盾，反而促使各种矛盾随着欧盟向更高更深的层次发展进一步加深。这不仅表现在欧盟与美国、日本之间的各种矛盾与斗争方面，而且也表现在欧盟内部各成员国之间的各种矛盾与斗争方面。

第四节　经济全球化的形成与发展

一、经济全球化形成与发展的进程

经济全球化是在当今以电子计算机为主要内容的高科技迅猛发展和应用于经济的背景下，在各发达资本主义国家经济实力空前膨胀并向外急剧扩张的形势下，产生的一种资本国际化进程。它要求在世界范围内实现生产要素配置国际化，即资本全球化、生产全球化和贸易全球化。从而把世界经济秩序纳入发达资本主义国家的利益范围之内。

经济全球化又称经济国际化，是指随着科学技术和国际分工的发展以及生产社会化程度的提高，使世界各国、各地区的经济活动日益超出一国或地区的范围而相互联系和密切结合的趋势。经济全球化的形成可以追溯到 19 世纪中期。当时以蒸汽机和纺织机的发明和使用为重要标志的第一次科技革命，使资本主义生产从工场手工业过渡到机器大工业，从而使工农业生产和交通运输业获得了空前的大发展，导致了世界市场的形成，同时也就开始了经济全球化的进程。19 世纪末 20 世纪初，资本主义的发展进入了垄断阶段，资本输出已经在各主要资本主义国家普遍而大规模地发展起来，成为垄断资本主义时期的一个重要经济特征。资本输出不论是借贷资本输出或是生产资本输出，都有力地推动了生产和交换的国际化，加强了世界各国、各地区对国际分工和世界市场的依赖性。这就极大地促使经济全球化进一步发展。

第二次世界大战后，各主要资本主义国家曾经一度出现过实行贸易保护主义和严格限制资本转移，使经济全球化放慢了发展速度。从 20 世纪 80 年代以来，经济全球化的发展进程明显加快，其规模和范围都有了极大的扩展。究其原因，主要在于如下几个方面：

第一，高新技术，特别是电子计算机和电信技术的广泛应用。第三次科技革命以来，在广泛应用电子计算机的当代经济中，信息已成为起决定作用的资源。以微电子技术为基础的信息技术革命以及国际互联网的形成，正在把世界各国、各地区的经济生活和经济活动融合成为全球范围的“网络经济”。

第二，国际贸易自由化的程度不断提高。最近几十年来，发达资本主义国家随着科学技术的发展和生产社会化程度的提高，生产能力急剧膨胀，大量相对过剩的资本和商品急需寻找国外市场；发展中国家也希望通过国际贸易尽快摆脱贫穷落后振兴本国经济。这种种因素必然促使国际贸易自由化程度的不断提高。其明显的表现就是有关世界贸易各项协定的缔结和逐步充实与完善，使许多国家放弃了贸易保护主义，降低了对外贸易关税，拆除了外贸壁垒。此外，世界贸易组织还通过成员国之间互相给予正常贸易关系地位等措施来缓解各国之间的矛盾和摩擦。这些都为国际贸易的迅速发展创造了最重要的条件。

第三，各国各地区都竞相引进外国资本。20 世纪 50 年代以来，随着第三次科技革命的迅猛发展，许多新兴产业部门不断涌现，而传统落后产业则被迅速淘汰或改造，在世界范围内掀起了一股产业结构调整、技术创新和发展高新技术的热潮。为了抓住机遇，加快本国的经济发展，无论是发达国家或发展中国家都竞相出台了一系列吸引外资的优惠政策，热情欢迎外国投资。这就极大地加快了资本全球化从而经济全球化的进程。

二、经济全球化的主要内容

所谓经济全球化，从其本质来看就是生产要素配置的国际化。因此，尽管经济全球化包括许多方面的内容，但其最主要内容无非就是资本全球化、生产全球化和贸易全球化。

(一)资本的全球化发展

从资本主义发展的历史进程来看，资本的全球化是资本输出的必然结果。早在自由竞争资本主义阶段，资本输出就已经存在，但当时它仅仅存在于极少数国家，而且数量较少。当资本主义发展进入垄断阶段以后，资本输出就成为金融资本对外扩张的一种重要手段，大量的"过剩"资本输出到国外去。最近 20 多年来，随着第三次科技革命的迅猛发展，资本输出无论在数量上或规模上都在不断扩大。据统计，到 1985 年，全世界跨国公司在本国境外的投资总额为 6 000 亿美元，到 1995 年就剧增为 2.5 万亿美元，到 1996 年底，国际直接投资总额就超过 3 万亿美元。到 1995 年，美国对外直接投资总额达 7 116 亿，而这一年美国从对外直接投资中所获得的利润总额就达 855.4 亿美元。到 1995 年，外国在美国的直接投资总额高达 5 601 亿美元，而这一年外国在美国直接投资所获得的利润为 318 亿美元。此外，资本的全球化还可以从世界资本市场和国际金融体系来看。1973 年世界外汇市场的交易总额仅有

150 亿美元，但到 1996 年世界外汇市场的交易总额就增为 1.5 万亿美元。1995 年在世界资本市场上各种形式的借款总额高达 1.258万亿美元。

以上事实表明，资本全球化已经成为活生生的现实。在当今条件下，一个国家或一个地区发生金融危机，往往会引发世界范围的金融动荡。例如 1992—1993 年的欧洲货币危机、1994—1995 年墨西哥金融危机和 1997 年的泰国金融危机都对世界范围的金融发展产生了严重的影响。其中 1997 年发生的泰国金融危机，导致了东南亚国家外汇市场的剧烈动荡，泰国、菲律宾、印度尼西亚和马来西亚等国在 3 个月之内货币贬值超过 40%，使世界主要股市发生近 10 年来最严重的巨幅震荡，股价大跌，形成全球范围内的“股灾”。这些现象都是资本全球化的最好例证。

(二)生产的全球化发展

所谓生产全球化，是指随着现代科学技术的发展，许多新技术、新工艺、新材料和新产品的不断涌现，使各国、各地区之间在生产领域的国际分工与协作日益加强的趋势。第二次世界大战后初期，生产全球化还不明显。当时的科技状况使生产领域的国际分工呈现垂直型分工，即殖民地和发展中国家生产初级产品和原材料，发达国家生产工业产品，一些高新技术还处在研究试验阶段。战后 50—70 年代，以原子能、核能和宇航为代表的第三次科技革命极大地推动了生产社会化程度的提高和国家垄断资本主义的发展。进入 80 年代以来，以电子计算机及其应用软件、现代通信设备为代表的信息产业飞速发展，使各国之间在生产领域的分工与协作方式发生了巨大变化，从过去工业产品生产国与原材料生产国之间的垂直分工，转变成以产品和零部件国际专业化生产以及工艺国际专业化生产为主要形式的国际水平分工。进行国际水平分工，就是把各具优势的有关国家或地区组成一条条国际生产流水线，使每个有关国家或地区都成为这些国际生产流水线上的某一个环节，分工协作共同生产出某种产品。

目前，国际水平分工虽然主要是在发达国家之间进行，但由于工业跨国公司对国外直接投资的全球扩张和发展中国家工业化水平的不断提高，使国际水平分工在发达国家与发展中国家之间也不断扩大和发展。这种国际水平分工格局的形成与发展，使某一国家或地区的社会再生产过程逐渐朝着国际再生产过程的方向发展。这就要求生产要素在各国或各地区之间进行合理配置，要求在世界范围内按照经济合理的原则组织生产和经营活动。这一系列发展变化的结果，必然促使区域经济集团化和经济全球化的趋势日益增强。

（三）贸易的全球化发展

贸易的全球化是随着商品经济的发展和世界市场的形成与发展而实现的。国际贸易和世界市场早在封建社会就已经出现，但只有到了资本主义社会才获得了迅猛发展。20 世纪 50 年代以来，第三次科技革命不断向深度和广度扩展，科技成果层出不穷，使世界各国、各地区的生产和生活都发生了前所未有的巨大变化，形成了贸易全球化的趋势。

在当代条件下，促使贸易全球化发展的主要原因有以下几个方面：

(1)在第三次科技革命的推动下出现了世界范围内产业结构调整的新浪潮，许多高精尖的科技密集型产业集中在发达国家，而大量劳动密集型产业则转移到广大的发展中国家。这就在客观上要求发达国家与发展中国家之间必须进行大量的贸易往来，才能互通有无，满足各自在生产和生活上的不同需要。

(2)最近 30 多年来，各国、各地区都创办了许多高新技术产业部门，使劳动生产率获得了极大提高，各种商品生产大幅度增长，各具特色的新商品不断涌现，除了满足本国需要以外，大量剩余的商品必须销往国外市场。另一方面，随着科技进步和经济发展，有越来越多的国家或地区在生产上和生活上需要更多更丰富的、来自各国、各地区的优质商品。这种发展趋势正是促进贸易全球化的巨大动力源泉。

(3)近几年来,在世界贸易组织的支持下,多边贸易体系有关领域的谈判取得很大进展,全球电信产业自由化协议、取消信息技术产品贸易关税协议和全球金融服务协议都先后达成并已实施。这不仅使世界市场更加开放,而且使各国、各地区之间的商品贸易方式和支付方式更加简便,从而使贸易全球化更快发展。

总之,从以上分析研究中可以看出,跨国公司在经济全球化过程中处于核心地位,在资本、技术、管理等方面占有巨大的优势;区域经济集团化本身就是经济全球化的重要组成部分。换言之,经济全球化是在区域经济集团化形成和发展的过程中逐渐实现的。

三、经济全球化是一把双刃剑

在 2000 年 2 月 13 日举行的联合国贸发会议第十届大会上,我国代表团团长在谈到经济全球化时明确指出:“经济全球化是世界经济和科学技术高速发展的必然产物,是世界各国必须面对的客观发展趋势。然而,经济全球化是一柄‘双刃剑’,它在给人类的繁荣和发展提供机遇的同时,也不可避免地带来严峻的挑战和风险。”这就是说,经济全球化既有正面效应,也有负面影响。

经济全球化的正面效应主要表现在:经济全球化进程扩大了市场,加速了生产要素的流动,从而为世界各国、各地区的经济发展提供了新的机遇。经济全球化使国家和地区之间的经济联系更加紧密,在经济上相互依存的程度不断加大。从 20 世纪 90 年代开始加速发展的经济全球化目前已经完成了从有形商品的生产全球化进入到无形信息和金融全球化的阶段性转变。因此,经济全球化为世界范围内的商品生产、贸易发展和资金流动都带来了根本性的变化。

然而，在不公正的国际经济秩序中形成和发展的经济全球化趋势给世界经济发展带来的负面影响也日益显现出来。首先，经济全球化导致市场竞争更加激烈，使本来长期处于弱势的发展中国家的经济陷入更加不利的竞争环境，从而进一步拉大了发展中国家与发达国家之间的贫富差距。这种贫富差距的不断拉大使富国愈富、穷国愈穷，将可能成为经济全球化一种最危险的后果，从而严重威胁世界的安全与稳定。其次，经济全球化所形成的国际产业分工新格局还可能使不少国家或地区的环境和生态状况进一步恶化。因此，如何采取措施有效控制经济全球化可能带来的负面影响，使世界各国、各地能在全球化的进程中实现经济可持续发展，将是新世纪里摆在全世界人民面前的重大课题。

小结

二次大战后跨国公司获得迅猛发展，是第三次科技革命和国家垄断资本主义发展双重作用的必然产物。跨国公司在资本、技术和管理等方面占有巨大优势，对世界经济发展具有举足轻重的影响。如何合理有效地引进跨国公司的资本、技术和管理促进本国的经济发展，是发展中国家急需解决的重要课题。

欧洲联盟是另一种新型的国际垄断组织形式。它是区域经济集团化过程中一种比较完备的高级形式。其形成和发展，既是生产和资本全球化的客观要求，也是反对超级大国维护自身权益的需要。欧洲联盟在实现经济、政治一体化等方面取得了许多重大的进展，但也存在一定的局限性。

经济全球化实质上就是生产要素配置的国际化。它的主要内容包括资本全球化、生产全球化和贸易全球化。经济全球化是一把双刃剑，对世界经济发展既有正面效应也有负面影响。

关键词

国际垄断组织　跨国公司　欧洲联盟　区域经济集团化　经

济全球化

思考题

1.什么是国际垄断组织？它的主要形式和本质是什么？

2.什么是跨国公司？战后跨国公司迅速发展的主要原因是什么？

3.跨国公司有哪些不同于国际卡特尔的主要特征？它在当代对外直接投资方面有哪些新特点？

4.欧洲联盟是怎样形成和发展的？它在实现经济、政治一体化过程中取得了哪些重要进展？

5.欧洲联盟在推动西欧各国的经济发展方面有哪些主要作用和局限性？

6.为什么20世纪80年代以来经济全球化的进程会明显加快？

7.经济全球化的本质是什么？它包括哪些主要内容？

8.如何理解经济全球化是一把双刃剑？

指定参考书

1.列宁:《帝国主义是资本主义的最高阶段》,《列宁选集》第2卷,人民出版社1972年第2版。

2.吴树青、卫兴华、洪文达:《政治经济学(资本主义部分)第14章,中国经济出版社1993年版。

3.卫兴华、顾学荣:《政治经济学原理》第10章,经济科学出版社1998年版。

图书在版编目(CIP)数据

政治经济学.资本主义部分/刘熙钧主编.—5版.—厦门：厦门大学出版社，2018.8(2020.9重印)
厦门大学经济学系列教材
ISBN 978-7-5615-5721-1

Ⅰ.①政… Ⅱ.①刘… Ⅲ.①政治经济学-高等学校-教材②资本主义政治经济学-高等学校-教材 Ⅳ.①F0

中国版本图书馆CIP数据核字(2015)第191852号

厦门大学出版社出版发行
(地址:厦门市软件园二期望海路39号　邮编:361008)
总编办电话:0592-2182177　传真:0592-2181406
营销中心电话:0592-2184458　传真:0592-2181365
网址:http://www.xmupress.com
邮箱:xmup@xmupress.com
厦门集大印刷厂印刷
2015年8月第4版　2020年9月第2次印刷
开本:850×1168　1/32　印张:10.375　插页:2
字数:260千字
定价:28.00元
本书如有印装质量问题请直接寄承印厂调换